王振忠著作集

千山夕阳

明清社会与文化

王振忠——著

上海人民出版社

岑山渡程氏支譜

議例

一娶氏之父祭不稱公家乘藏書原不質之異姓也

一遵朱子名爵辨已身以上生亦稱公已身以下歿亦稱名

今自十三世以下皆名蓋不敢以卑幼直呼尊長名也

一在生不稱事實年未六十不稱享

一無後者圖傳祭書止

一録幼殤早卒遵舊譜已有其名不敢擅易去也

歙县《岑山渡程氏支谱》，清代抄本（王振忠收藏）①

---

① 此后凡未注明收藏单位者，皆为私人收藏。

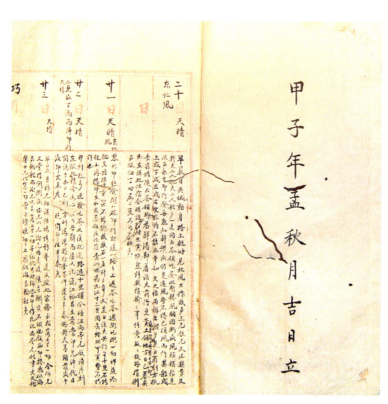

太平天国时期的《日记簿》抄本，歙县上丰宋氏盐商家族文书

晚清婺源墨商信底《詹标亭书束》，抄本

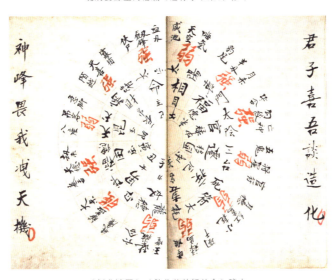

《创业鸿图》，《歙北芝兰轩卦命》稿本

蕪湖關經費各欵項便覽．

一設蕪湖關自成化年間起

本朝定鼎俱係

欽差監督管理照前例收稅至雍正元年始歸

撫憲委員監收如池州太平等府均委管

過關務直至雍正十一年方委

道憲督理

《芜湖关事宜户工则例》，抄本

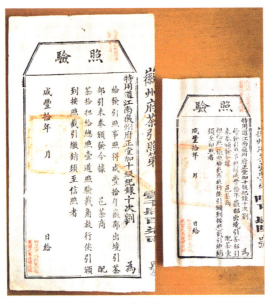

民國七年戊午筆記
夏六月賦閒家居經　雄伯尚
聲正邀出山助理振中五金礦
務公司　秋七月初...日抵嚴陵就
會計事誰料被礦師汪雲甫
哄騙花費各股東資本基鉅
化鍊毫無騙情敗露雄伯將
雲甫送建德縣公署張公究辦
引傳款各友分散余於臘月古
日實舟東下喜抵杭州承饒克
高誼留腐城中新宮橋泰和祥
葦油棧樓上明靜堪為余故記之
又作江湖客
貪癡股東入迷中礦師騙法幻而
工銀錢化作煙雲氣心力徒勞

民国时期徽州画家的《绘事日利》，稿本

太平天国时期的茶引照验

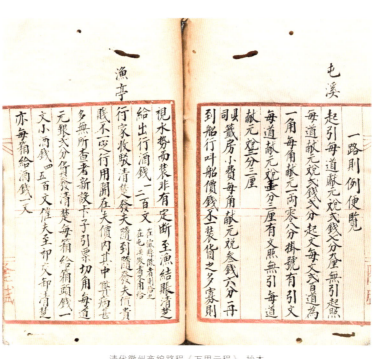

清代徽州商编路程《万里云程》，抄本

道光廿九年己酉廿一歲
　汪汉余氏熙轉　十一月廿三丑時父親世銖公壽終昌年

道光廿八年戊申廿歲
　五月廣回父親与葉波才表叔賣茶江雲座銃同船共寓
　八月身同
　四月廣回九月全父親往上洋賣茶十月回家繼娶

道光廿七年丁未十九歲
　四月十二日辰時媾配江氏福穆卒　九月又復進廣
　是年生意仍全兆叔共夥被洋行倒窒儕本
　自己獨做八月身同

道光廿六年丙午十八歲
　又五月廣回八月三十日娶江氏福轉　十月移厝安葬
　祖母于焦坑向山頂

道光廿五年乙巳十七歲
　三月廣回八月又復進廣

道光廿四年甲辰十六歲
　三月廣回八月又復進廣

道光廿三年癸卯十五歲
　正月廿六隨汪永兄出章埠自己裁絡店就閣十餘日至
　是年父親與上村葉兆表叔合夥祖本家府屋做茶

道光廿二年壬寅十四歲在學堂
　二月十一復隨孫柏喜叔公回家五月初三酉時祖母江氏
　百歲孺人壽終昌年七十八　八月身全上村葉波才表叔合夥進廣東嘉頭茶

道光廿一年辛丑十三歲在學堂
　七月十四和達第生　是年父親祖汪家府屋開茶行
　父親往廣儕本村廣夫蔦伯岡賣堂南發庋茶伯死盧天鍋衕
　父親三月廣回萬鳶發伯吳柩回家

道光廿年庚子十二歲在學堂
　是年父親祖汪家府屋做茶借江溪陳鎮川借廣賣茶

反映晚清廣州貿易的婺源茶商文書，抄本

清末歙县徽州茶商手录遗嘱，抄本

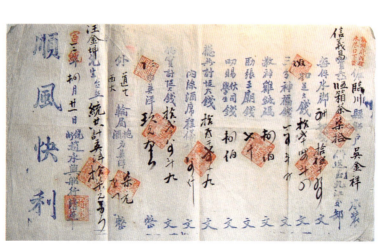

清末运茶合同

少林棍法闡宗

或問曰語云鎗乃藝中之王以其各器難敵也又問

棍為藝中魁首者此何説乎予曰凡藝備裹

器非無妙用但身手足法多不能外乎棍如鎗之

中平拳之四平即棍之四平勢也鎗之騎馬分

鬃拳之探馬即棍之跨劔勢也藤牌之斜行

拳之躍步即棍之騎馬勢也拳之右一撒步長

倭刀之看刀即棍之順步劈山勢也閃刀勒馬登

鋒拳之單鞭即棍之鳳展翅勢也又之理頭

瞭即棍之潜龍勢也鎗之扎鎗拳之滾拳長

《少林棍法阐宗》（美国哈佛燕京图书馆收藏）

孤鴈出群勢

圈外有敗鎗
孤鴈出群走
回打撲鵪鶉
云論单双手

其棍橫在左膝上或单手双手以便勢

敬德倒拉鞭勢

圈裡有敗鎗
拉鞭走救護
風捲殘雲入
刀出鞘回顧
双手劈開鎗
群攔進左步

晚清徽州民间武术秘籍，抄本

前批我右手後手打進我即將左肘逆前身从去
前後俱空先將右手在自己左手上對著他来手
將肩在右绕勁即用右手搂去放鬆迎進一
步右肘外加右手打進豁了前少即將身绕揽左
肘中進左手放住彼右手用右手上部扎進穴道
手前拟之手搭不去即將左手绕右绕上向
上盖下批住他右手在彼右肘外边歪進將
彼左手坐右批去用右手横拟彼左肩或打左臂

民间武术秘籍《达摩第一路拳势图》，抄本（复印件）

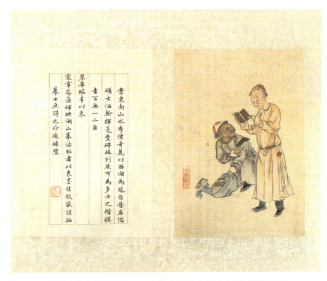

《学拳关书序》，见《契约诗文称呼便览》，民国日用类书抄本

盛清时代的图文图书——《太平欢乐图》（上海图书馆收藏）

徽州《杂算歌诀》，抄本

〔明〕黄汴：《明一统路程图记》（抄本，复旦大学中国历史地理研究所收藏）

《徽州府由饶至西省路程歌》，抄件

彩绘本《长江大观图》(原件吴敏收藏，后收入王振忠主编《徽州民间珍稀文献集成》第1册，复旦大学出版社2018年版)

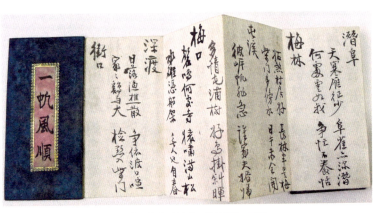

晚清徽州商编路程《一帆风顺》，手折

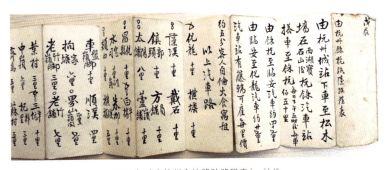

1928 年《由杭州余杭路陆路程表》，抄件

許承堯跋《徽郡竹枝詞》，歙縣芳坑江氏文書之一種

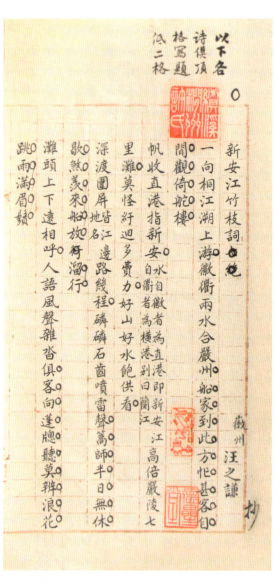

《新安江竹枝词》(见《红树山庄、馨香书屋课草》,抄本,原件许晓骏收藏,后收入王振忠主编《徽州民间珍稀文献集成》第23册

目 录

序　言

应郑培凯教授之邀，2004 年暮秋，我访问香港城市大学中国文化中心，主讲三次"文化讲座"，内容分别是：

梦里徽州——明清徽商与徽州文化

徽州文书的再发现——民间文献与传统中国研究

小说中的徽商与徽商撰写的小说——《我之小史》的发现及其学术意义

这三个讲座主要是介绍近年来徽州研究的新进展以及我的研究心得。

"欲识金银气，须从黄白游，一生痴绝处，无梦到徽州"，地处皖南低山丘陵的徽州，虽然历经了数百年的世事沧桑，但仍保留着极为可观的地表人文遗存。迄今，完整或残破的牌坊、宗祠和古民居，依然矗立于僻野荒陬，散发出浓郁的乡土气息，为人们展示着日渐消逝的生活方式。此外，浩繁无数的传世历史文献，更是引起了学术界的关注。徽商不仅在明清商业史上曾有如日中天般的辉煌，而且在文化上的建树亦灿若繁星。故此，徽州文化不仅受到史学界的高度重视，文学、哲学、艺术、宗教、民俗、建筑和医学等相关领域的学者，亦纷纷将目光投向黄山白岳间的这一域热土。"梦里徽州——明清徽商与徽州文化"一讲，主要是从比较宏观的角度对明清徽商的活动及徽州文化之地位和影响作较为系统的阐述。

在此基础上，我对徽州文书的遗存及其学术意义，作了专题性的阐述——近数十年来，中国各地都陆续发现了一些契约文书，但还没有一个区域的民间文献有徽州文书那样数量庞大、历时长久且内容丰富。学术界对于徽州文书的重视始于二十世纪四五十年代，而徽州文书大规模的发现，曾被有的学者称作是继甲骨文、敦煌文书、大内档案和秦汉简帛之后二十世纪中国历史文化的"第五大发现"。八十年代以来，散落民间的徽州文书面临着一个"再发现"的过程，除了文书实物的收集之外，另一个更为重要的"再发现"，是指对文书研究内涵多向度的重新认识——亦即随着学术视野的拓展，人们将从狭义文书（即契约）的研究转向全方位民间文献的探讨，这一再发现，将赋予徽州文书以更为丰富的内涵，它大大拓展了徽州研究乃至明清史研究的领域，多侧面展示了中国传统社会的丰富内涵。有鉴于此，第二讲即从历史文献学的角度，专门探讨了徽州文书的发现及其学术价值。

而第三讲"小说中的徽商与徽商撰写的小说"则介绍了新近发现的徽商小说《我之小史》，指出：在传统历史文献中，"徽商"的登场极富传奇色彩。而在三言二拍等明清小说中，"徽州朝奉"更是频繁亮相，概乎言之，小说家笔下的徽商形象总体上颇为负面且脸谱化。而婺源"末代秀才"詹鸣铎的《我之小史》抄稿本二种，是新近发现的徽商章回体自传小说，此为目前所知唯一的一部由徽商创作、反映徽州商人阶层社会生活的小说，具有多方面的学术价值。作者以生花妙笔自述家世，感物叹时。透过书中记叙的伦常日用、闲情逸事，我们得以窥见乡土中国的人事沧桑，近距离透视徽州乡绅的心曲隐微，细致了解商业经营中的浮云变幻，重新认识纷繁多样的妇女生活，触摸晚清民国时代历史节律的脉动……作为近年来民间文献收集中最为重要的收获之一，《我之小史》的发现，也为二十世纪鸳鸯蝴蝶派小说研究提供了一个新的文本，据此，人们得以分析小说对于商人阶层的深刻影响。

翌年十月至十一月，我再度应邀前往中国文化中心，主讲十次"客座教授系列讲座"：

漂广东：徽州茶商的贸易史

《太平欢乐图》：盛清画家笔下的日常生活图景

无绍不成衙：绍兴师爷与明清社会

无徽不成镇：徽商与明清社会

诗意的历史：竹枝词与地域文化

南河习气：河政与清代社会

五峰船主：徽州海商王直的故事

商路上的武艺：徽商与少林功夫

徽州文书：水云深处的历史记忆

鱼雁留痕：传统时代的情感档案

清代茶商从徽州运茶前往广州，沿途经过赣江等处河道险滩，历时数月，俗称"漂广东"。在徽州新近发现的数种商编入粤路程及语学资料，是昔日"漂广东"的实物见证。徽商的茶叶贸易，使得内陆山乡与海外世界保持着密切的联系，在中外文化交流史上也留有诸多的印迹——"漂广东：徽州茶商的贸易史"一讲，对此作了较为细致的演绎。

《太平欢乐图》是清朝乾隆时代出现的一部图册，目前存世的版本实际上不止一种，"《太平欢乐图》：盛清画家笔下的日常生活图景"，通过对该书源流之梳理，厘清了作者的出身背景及全书的顺序脉络。透过细致解读书中图幅反映的社会文化风俗，盛清时代江南的日常生活图景得以清晰地展现。

"绍兴师爷湖南将"，是近数百年来中国社会独特的一种人文现象。绍兴师爷俨然成为官府幕僚的正宗，他们洞悉人情世故，八面玲珑，多谋善断，清代各地形成的"无绍不成衙"之隐性权力网络，对于中国的政治、社会、风俗和文化等方面，均产生过相当的影响。

与"无绍不成衙"相对应，明清以来，长江中下游地区素有"无徽不成镇"的俗谚。随着大批徽州人外出务工经商，在许多地方都形成了规模可观的徽商社区。由于人数众多、持续不断且在财力和文化素质上明显可观，徽州文化对于明清以来的中国社会有着重要的影响。

"诗意的历史：竹枝词与地域文化"一讲，专门探讨竹枝词的史学价值。从中可见，竹枝词"志土风而详习尚"，以吟咏风土为其主要特色，故与地域文化结下了不解之缘。它往往于状摹世态民情中，洋溢着鲜活的文化个性和浓郁的乡土气息，这对于许多学科特别是社会文化史和历史人文地理等领域的研究，极具史料价值。

　　盐、漕、河工为清代江南三大政，清朝政府对黄河的治理高度重视，但在腐败的河政体制下，河防工程每况愈下，南河总督驻地清江浦呈现出畸形的繁荣，史称"南河习气"。河政的积重难返，不仅使得盐政遭到破坏性打击，漕运也经受了严重的影响，许多城镇最终亦趋于衰落。"南河习气：河政与清代社会"，即专门探讨清代河政体制下的官场习气及其影响。

　　"五峰船主：徽州海商王直的故事"则聚焦于明代的"倭寇"首领王直。盐商出身的明人王直，据居日本萨摩洲之松浦津，自号徽王，建立起规模庞大的海商集团，曾率巨舰百余艘蔽海而来，使得大明帝国滨海数千里同时告警。对王直其人的评价历来言人人殊，甚至直到当代还一度成为传媒聚讼纷纭的难题。那么，历史上的王直究竟是怎样的一个人？对这样的一个历史人物该如何看待？讲者认为，王直的故事及其风波带给我们的启示是——历史事实与现实政治不能等同视之，不能将民族主义情绪随意投射到历史事实中去，那样只会混淆了基本的历史事实。近现代乃至当代中日关系史上的一些问题，与古代史上的历史事实，并不属于可以在同一个层面上讨论的问题。这也提醒我们的历史学者，应当清理大众历史教科书中那些僵死的教条，警惕狭隘的"爱国主义"情绪,努力将最新的学术前沿成果向大众普及,这不仅是学术研究上的重要问题,也是社会现实的迫切需要。因为历史问题处理不好,也完全可能对现实政治产生负面的影响。

在明代,徽州至少出现过具有全国性影响的两位武术大师,他们分别前往少林和峨眉学习武术。其中,徽商程宗猷(冲斗)撰著的《少林棍法阐宗》,是冷兵器时代的传统武术技艺。从商业史的角度分析,徽商与少林武术具有极为密切的渊源,这显然与明代徽商的经营特点及其时代变迁有着密切的关系。"商路上的武艺:徽商与少林功夫",即从一个独特的角度,对《少林棍法阐宗》作了新的探讨。

"徽州文书:水云深处的历史记忆"再次聚焦徽州民间文献,指出:徽州遗存有目前所知中国国内为数最多的契约文书,这反映了历史时期黄山白岳之间的显著特征——这是一个纷繁复杂、即使是面对面也需要大量文字的契约社会。为数可观的徽州文书,如今成了水云深处的一种历史记忆。透过此类文字的记忆,遥远的社会历史画面得以复苏。

在徽州民间文献中,书信尺牍的数量为数可观,"鱼雁留痕:传统时代的情感档案"即专注于此。在相互的嘘寒问暖中,在彼此的互诉衷肠里,我们读到了写信人侨寓异地的诸多心理感受,体味到异乡游子对桑梓故土的眷念和真情流露。其中反映出的诸如年成、物价、灾害、疾病、风俗和时事等方面的记载,更成了社会文化史研究的绝佳史料。

这些讲座,主要围绕着徽学及明清以来社会文化史的研究,内容都是我近年来关心的问题。现在从中选出十个专题，结集成书。书名正标题典出唐人皇甫曾题刘长卿《碧涧别业诗》："南忆新安郡，千山带夕阳"句。"新安郡"为歙（徽）州之前身，二十世纪九十年代中叶，笔者曾在《读书》月刊上发表过《斜阳残照徽州梦》一文，文中提及：

> ……徽州地处万山之中，……迄至今日，在人们的记忆中，煊赫一时的徽商逐渐褪色成为一个历史名词，一群具有传奇色彩的人物，夸奢斗富、慕悦风雅也衍化而为口耳相传的种种传说……极目望去，残败的宗祠，劫后余生的牌坊，完整的民居建筑群，还寂寞地矗立于黄山白岳之间。我徘徊在鸳瓦粉墙、榱楔鸥吻的徽派巷陌间，忽然，在一幢明代住宅的门洞前，我看到了这样的一番景致：夕阳的一抹余晖，透过"四水归堂"的天井射入厅堂，在昏黄的暮霭中，精致的窗棂和雀替，映衬着斑驳陆离的墙面，犹如梦一般地凄婉迷茫。刹那间，我再一次强烈地感受到徽州文化昔日的辉煌，心中不禁涌起耳熟能详的一句歌词："花瓣泪飘落风中，虽有悲意也从容。"这种深厚的文化积淀，迄今仍为世人展示了一种落花的矜持与自尊。

我一直以为，"斜阳残照"的意象，是对徽州文化的恰当定位。如今，我们研究徽州，是希望通过对历史断片的缀合，尽最大可能地复原社会历史的原生态，追寻审美的愉悦和发现的欣喜。此处收录文中的十题中，有七篇是围绕着徽州的社会与文化，故以"千山夕阳"为题，可能再为恰当不过。除此之外，另外三篇涉及明清时代全国各地的地域文化。日暮夕阳，与帝制时代晚期的明清时期寓意亦相契合——夕阳映照下的千山万壑，形态各异，又与广土众民的地域文化之多姿多彩颇可比照而观。基于以上的两层含义，文集遂取名为："千山夕阳：王振忠论明清社会与文化"。

收入本书的文章，绝大部分是以此前的专题论文为基础，如《南河习气：河政与清代社会》，原刊《湖北大学学报》1994年第二期；《商路上的武艺：徽商与少林功夫》，发表于《徽学》第三卷（2004年）；《诗意的历史：竹枝词与地域文化》，发表于《历史地理》第二十一辑（2006年）；……除了为统一体例，收入本书时对标题有所改动外，对于一些专题的原文之内容亦多所充实。如《漂广东：徽州茶商的贸易史》一文，其中的部分内容见于我以前撰写的论文《清代徽州与广东的商路及商业》，但在收入这部文集时，不仅增加了不少资料，而且在内容上亦有诸多扩展。就资料而言，补充了与此相关的不少珍稀文献。譬如，抄本《各国数法》，是我在皖南收集到的徽商"漂广东"形成的语学资料，极为珍贵。除了私人收藏的民间文献外，2003年7月至2004年6月，笔者在哈佛燕京学社访问期间，在哈佛大学档案馆、哈佛燕京图书馆、Houghton图书馆、Lamont图书馆和哈佛大学商学院贝克图书馆等处收集到一些信函、商业书及中外语学资料，皆与该专题有关。2006年6月，我参加香港城市大学与澳门基金会合办的"亚洲新人文联网·中外文化与历史记忆"学术研讨会，其间，在澳门博物馆参观"东西汇流——粤港澳文物大展"时，看到一个标记为"同安"的"嵌贝（螺钿）折枝花纹茶箱"，其中也有与徽商"漂广东"经营活动有关的线索。而在澳门基金会出版的《（葡萄牙东波塔档案馆藏）清代澳门中文档案汇编》中，我还找到几份与徽商海外茶叶贸易相关的珍贵档案。由此，对《漂广东：徽州茶商的贸易史》一文作了进一步的充实，借以勾勒出徽商对外贸易活动的基本史实。在此基础上，对徽商（如收入《海国图志》的《英吉利国夷情记略》之作者叶钟进等）在中外文化交流中的作用，作了一点新的阐释。

此次收入文集的，还有几篇是在香港城市大学讲学期间撰写的，如《〈太平欢乐图〉：盛清画家笔下的日常生活图景》和《鱼雁留痕：传统时代的情感档案》等。应当说明的是，当时为了讲课，这批讲稿中的绝大部分原本是以口语的形式撰写的，现在为了统一体例，仍然采用先前论文的形式，或将口语体讲稿改写成论文的方式呈现。希望对于进一步的学术研究，有一点参考价值。

两度在港讲学，都是香港一年四季中天气最佳的季节。授课之余，几乎每周一次追随郑培凯先生的郊外远足，见识高楼大厦之外香港乡间的茂林修竹，与不同学科学者相互交流……每每想起，那是一段令人愉快的记忆。本书的成书和出版，均应感谢郑培凯教授和香港城市大学中国文化中心各位朋友的无私帮助。

丙戌立秋于沪北嘉华苑

梦里徽州：明清徽商与徽州文化

　　明代戏剧家汤显祖诗曰："欲识金银气，多从黄白游。一生痴绝处，无梦到徽州。"对于这首诗的诠释，历来就有不少争论，主要争论的焦点是说汤显祖对于徽州的态度究竟如何，他自己是否到过徽州等等。诗中的"黄白"有两个含义：一是指徽州境内的黄山和白岳，白岳也就是齐云山；二是比喻金银，所谓黄白之物。明朝中叶以后，由于徽商的如日中天，徽州相当富庶，各地的文人士大夫纷至沓来，明的是旅游，实际上是到皖南打秋风，让徽州当地的官府和富商款待他们，所以说"欲识金银气，多从黄白游"——要见识富得流油的遍地金银气，大多要到黄山白岳之间去游览一番。诗的后两句"一生痴绝处，无梦到徽州"则是说：尽管徽州是令人向往的地方，但自己不会与那些士大夫一样前往徽州去追逐"金银气"。从这一点上来看，汤显祖的这首诗实际上不是在鄙视徽州，而是鄙视那些士大夫的行为。当然，当代有很多人都引用这首诗的后两句，而重点则在其中的前一句——"一生痴绝处"，意思是徽州是让人魂牵梦萦的地方。

一、徽州地位之嬗变

徽州在哪里？不一定所有的人都清楚，但大家一定听说过皖南的黄山，这是中国非常著名的风景区，所谓"五岳归来不看山，黄山归来不看岳"。黄山以前叫作黟山，"黟"字比较特别，现在安徽有一个县叫黟县，是皖南最早设置的两个县之一。除黟县外，最早设置的另一个县叫歙县，两县都是秦朝设置。"歙"后来在隋代被用作州名，歙州先治休宁县（今休宁万安镇），后移治歙县。唐代沿袭隋代的建置，歙州下辖歙县、绩溪、黟县、休宁、祁门和婺源六县。到了北宋宣和三年（1121年），又改歙州置徽州。可以说，从唐宋以来，一州六县或一府六县的格局一直沿袭到明清时代。明清时期，徽州是个府级建制，为安徽最为重要的两个府之一。清代康熙年间设立安徽省，就是取安庆和徽州两个府的第一个字为省名。

在徽州的一府六县中，歙县是徽州府的首县。从北宋改歙州置徽州起，徽州即治歙县。在明清时期，歙县一直是徽州府的政治中心。1949年徽州全境解放以后，仍在歙县设立徽州专署，管辖皖南区下属的徽州专区。不过，在歙县继续作为徽州政治中心的同时，从清代中期开始，随着皖南对外茶叶贸易的兴盛，原来休宁县下的一个市镇——屯溪逐渐成为徽州的经济中心，并进而演变而为徽州的政治中心。1938年，安徽省皖南行署在屯溪成立。但此后屯溪的地位并不稳定，直到解放后，才将初设歙县的徽州专区迁往屯溪。

此后，徽州专区时设时废，而且一度还并入芜湖专区，到1971年又改徽州专区为徽州地区。徽州专区（或徽州地区）的辖境变化很大，除了徽州府旧领六县中的五县（除划归江西省的婺源县）外，有时还包括明清时代并不属于徽州府的旌德、太平、石埭、宁国等县[①]。最值得注意的是徽州地区增加了太平一县，而太平县位于黄山的北大门，这为以后黄山市的设立埋下了伏笔。

1979年夏邓小平视察黄山，下山后他对安徽省委提出："可以建立黄山特区。"后来人们将邓氏的这句话归纳为："把黄山的牌子打出去。"此后，国务院下达文件，撤销太平县，设立省辖黄山市（黄山特区），接着又撤销徽州地区建制，将黄山市改设在屯溪。当时的指导思想是："为了更好地保护、开发和利用黄山风景资源，以黄山为中心，以皖南为重点，发展旅游事业，带动皖南经济的发展。"由此带来的一个直接后果是，历史上府一级的"徽州"以及相当于府一级的"徽州地区"消失了，只留下一个很小的"徽州区"，这个徽州区由七个乡镇组成。

近年来，有一些人呼吁取消黄山市，重建徽州市，将徽州的牌子重新树立起来[②]。

---

① 安徽省徽州地区地方志编纂委员会编：《徽州地区简志》，黄山书社1989年版，第55页。
② 关于这一点，安徽黄山的"故园徽州论坛"上有不少讨论。

关于“黄山”和“徽州”之争[①]，有些人发表的言辞非常激烈，火药味很浓，其中可能牵涉到许多地方上的权益，不少已超出了正常的学术研究或行政改革方面的争论。但有一点似乎可以肯定，徽州的历史文化价值愈来愈受到世人的充分肯定。

在1987年改徽州地区为黄山市时，“徽州”这个招牌的含金量或者说知名度，还完全不能与黄山相提并论。1979年黄山正式对外开放，1982年黄山被列为第一批国家名胜风景区，而徽州在当时还没有多少人知道，一般人大概只有在看到“文房四宝”时，才会依稀记起徽州曾是徽墨、歙砚的传统产地。

近十数年来，随着徽州研究的深入，徽州的历史价值重新受到了重视。“徽（州）学”成为一门国际性的显学，世纪之交黟县西递、宏村被联合国教科文组织列入“世界文化遗产保护名录”之后，徽州文化受到了世人空前的瞩目。现在，安徽省提出的发展策略已由原先的“把黄山的牌子打出去”，一变而为“打黄山牌，做徽文章”的战略决策。这些，虽然基本上还都是从发展旅游经济的角度出发，但至少已从单纯重视自然山水景观转向自然景观与人文资源并重，着眼于进一步发掘人文资源的深刻内涵。从近十数年来“徽州”在人们心目中的地位变化中，可以从一个侧面反映中国改革开放的历程。从这一点上来看，学术研究似乎并非一无用处。

---

① 管见所及，主要有以下诸文：刘禹：《赫赫徽州何处寻》，载《新民晚报》1996年5月14日；刘晖：《我对黄山、徽州行政区划问题的看法》，载《中国方域》2002年第2期；《徽州改名黄山之谜》，载《中国方域》2003年第5期。

二、一府六县格局

1987年撤销徽州地区建制改设地级黄山市后，绩溪县于1988年被划到安徽省的宣城地区。而婺源县则早在1934年和1949年就先后两度被划给了江西，至今仍隶属于江西。就这样，旧徽州一府六县的格局早已不复存在。不过，尽管发生了这些变化，但由于在历史上千余年一府（州）六县格局长期存在所形成的稳定性，所以在民俗文化方面，徽州一直成为一个独立的民俗单元。

早在南宋淳熙《新安志》的时代，徽州就有"山限壤隔，民不染他俗"的说法。① 所谓的"山限壤隔"，明清之际的顾炎武有过解释，即"徽之为郡，在山岭川谷崎岖之中"，也就是徽州地区的山地及丘陵占了绝大多数，是一个具有相对独立性的地域社会；而"民不染他俗"，则点明了徽州作为一个独立的民俗单元与当地自然环境的关系。

正是作为一个独立的民俗单元，使得徽州的乡土凝聚力非常强烈，徽州人有着异常强烈的徽州文化归属感。民国十六年（1927年），徽州旅浙硖石同乡会出版《徽侨月刊》，每月定期发

---

① 淳熙《新安志》是徽州现存最早的一部完整的方志，"新安"是徽州的别名，因西晋改新都郡置新安郡，辖境相当于今浙江淳安和明清徽州府的大部分地区。作者是歙县呈坎（现在属黄山市徽州区）的罗愿。

放给同乡。之所以要创办这样一份报纸，是因为民国时期的徽州人，希望加强旧徽州一府六县的凝聚力，共谋桑梓福利，以保障侨民权益。① 我们知道，海外有"华侨"的称呼，是指旅居国外的中国人。而在国内，"徽侨"这样的称呼，当然可以说是旅居外地的徽州人，单单是这一称呼，就明显反映出侨寓异地徽人的凝聚力。

关于徽州一府六县的凝聚力，从婺源改隶江西一事中也可以明显地看出。在明清的徽州一府六县中，婺源是突入江西省的一个县，这种地理格局起源于唐代。唐代歙州山多田少，居民纷纷向南开发，逐渐侵占到相邻的饶州乐平县。开元年间，饶、歙二州相互争夺土地，闹得不可开交，后经朝廷派员查勘，最后决定将有争议的土地划归歙州婺源县掌管。② 从此，婺源县的疆界就深深地嵌入赣东北地区，这种行政区划格局，成为日后婺源划赣的起因之一。③

二十世纪三四十年代以后，由于国共两党的纷争，婺源两度被并入江西，第一次是在 1934 年，蒋介石出于"剿匪"的需要，将婺源划归江西省管辖。这引起了徽州人强烈的不满，婺源县紫

① 《徽侨月刊》由我个人收藏，共有十多张，由于这是由徽商创办及发行、反映商人心声，而且仅在徽州同乡之间传阅的报纸，未见著录，具有极为重要的史料价值。参见拙著《徽州社会文化史探微——新发现的 16—20 世纪民间档案文书研究》，"社会科学文库·史丛"第 9 册，上海社会科学院出版社2002 年版，第 446—486 页。

② 光绪《婺源县志》卷 2《疆域二·沿革》，第 5 页上。

③ 参见：唐立宗《省区改划与省籍情结——1934 年至 1945 年婺源改隶事件的个案分析》，载胡春惠、薛元化主编：《中国知识分子与近代社会变迁》，香港珠海书院亚洲研究中心、台湾政治大学历史学系，2004 年 9 月。

阳书院以及旅京、旅沪、旅锡（侨居无锡）、旅休（侨居休宁）等处婺源同乡会纷纷请求免于改隶。在呈给蒋介石的信中，他们指出：婺源位于徽州的上游，是徽州的门户。从唐宋以来就一直隶属于徽州，历时已千余年，从文化、军事、经济及民生等各个方面来看，都与徽州融为一体，不可分割。朱熹是徽州人的骄傲，而朱熹的祖籍地婺源对于徽州人而言尤为重要。其重要性就好像是曲阜之于山东，洛阳之于河南，是安徽全省文化精神的象征。明清以来，长江中下游一带素有"无徽不成镇"的说法，可见徽州商业发达，旅外同乡很多，各地都有徽州会馆的设置，这些会馆都崇奉朱熹，以加强一府六县商帮的精诚团结。一旦将婺源改隶江西，对于徽州的商业文化，无疑是一个严重的打击。而在具体操作上，全国各地的徽国文公祠和新安（徽州）会馆以及徽州同乡会等，一旦改隶江西管辖，将面临瓦解割裂之困境。会馆中的所有财产，是徽州一府六县商人所共同拥有。倘若将婺源改划江西，那么，各处会馆的共有财产，势必因此而根本牵动。全国各省会商埠中的徽州会馆很多，必然会引起许多交涉和纠纷，进而从根本上瓦解了徽州商帮[①]。

上述各点虽被蒋介石逐一批驳[②]，但婺源人的回皖运动仍然是如火如荼。1946年，婺源县参议会上下串联，发起"回皖运

<hr>

[①] 《徽属旅芜同乡吁请免将婺源划赣——根据文化、军事、经济、道义四点》，载《徽声日报》第16号，民国二十三年（1934年）七月二十四日第一版。
[②] 蒋中正：《中华民国国民政府军事委员会委员长令婺源县政府文》，民国二十三年（1934年）七、八月间，载婺源县志编纂委员会编：《婺源县志》，档案出版社1993年版，第653—655页。

动",通过胡适转交请愿书给蒋介石,促使国民政府内政部派员来婺勘察。据婺源东北乡虹关村(该村为徽墨名乡)的詹庆德先生(生于1933年,现为上海退休教师)告知——在1947年,他的学校大门口有一副对联:"男要回皖,女要回皖,男男女女都要回皖;生不隶赣,死不隶赣,生生死死决不隶赣。"当时有一些口号说:"头可断,血可流,不回安徽誓不休"、"宁做安徽鬼,不做江西人。"1947年安徽有位宋专员到江西婺源视察,经过浙岭时,当时的"吴楚分源"碑(为皖赣分界界碑)被人南北调了方向,面对婺源的部分被改写成"回皖去",以此反映民众情绪之强烈。1947年,婺源终于回归"母省"安徽。

当然,及至1949年,由于历史的原因,婺源又再度被划入江西,而且直到现在还隶属于江西。尽管如此,婺源、绩溪的不少人,尤其是上了年纪的人,仍然认同自己是徽州人。他们认为婺源、绩溪的文化是徽州文化不可或缺的组成部分,徽州仍是他们难以割舍的心灵故园。

三、徽州各地文化差异

虽然说徽州的一府六县是个独立的民俗单元,但有两点需要指出。一是徽州府周围的一些地方,如安徽省内邻近徽州府的泾县,江西省的景德镇,浙江省的金华、衢州和严州,受徽州的影响很大,不仅从地表上,我们至今还可以看到不少徽派建筑,而且就其风俗文化上，也仍然可以看出徽州文化的重要影响。

泾县在明清时代属当时的宁国府，当地人一般总是与徽州人一起外出经商，江南各地有徽宁会馆，迄今还有不少徽宁会馆相关的征信录保存下来①。明清宁国府的太平县、旌德县，在解放后也一度隶属于徽州专区或徽州地区。

江西景德镇靠近徽州，旧时景德镇的七里长街，无论是开店铺的老板还是在那里打工的店员和工人，绝大部分都是徽州人②。当地瓷器业相当发达，不少徽商参与瓷器的生产和销售，再加上其原料相当大的一部分来自婺源、祁门一带，所以当地也表现出明显的徽州文化特色。

金、衢、严不仅从自然环境上与徽州同属于新安江流域，而且，西晋置新安郡时，郡治始新县（也就是现在浙江的淳安县西③）。西晋时的新安郡辖境，大致相当于明清时期浙江淳安再加上徽州的一府六县。因此，从行政区划的角度来看，金、衢、严与徽州有着重要的渊源。而就交通地理而言，徽州人沿新安江东下至杭州，最早就到达浙江的金、衢、严地区，当地完全是徽州商人势力自然延伸的部分。1957年动工兴建新安江水库（水库内后来形成了大小岛屿一千多个，所以亦称千岛湖），水库库区大部分在淳安县境内，小部分在建德县。当时淹没了不少明清

---

① 如上海有徽宁会馆，所刊《徽宁思恭堂征信录》每隔数年增修一次，公私皆有收藏。
② 参见程振武：《景德镇徽帮》，见政协景德镇文史资料研究委员会编《景德镇文史资料》第9辑，1993年版。
③ 淳安县在明清时代属严州府。

古镇，如淳安县的淳城（淳安县城）、茶园、港口、威坪四镇和遂安县城（俗称狮城）等。前两年媒体上炒得沸沸扬扬，说千岛湖水下发现明清古城和徽派建筑，其实，在二十世纪五十年代前后，徽派建筑在整个新安江流域的分布都相当普遍，淹掉个别城镇，人们实在不会感到有什么不妥。根本不必要现在媒体来炒作，到水底去发现什么徽派建筑。

其次，我们在强调明清徽州是一个独立的民俗单元之同时，还应当认识到——徽州的一府六县各有差别。

徽州境内有黄山和齐云山两座名山，齐云山也叫白岳。黄山加上白岳，徽州也就有了"黄白之地"的说法，引申出的意思是这一带系商贾之乡。不过，各地徽商兴起的时间并不一致。婺源因其木材贸易，早在南宋时期就已崭露头角。歙休部分（歙县西部和休宁东部）是平原地区，历史上这一带最为富庶，徽商的出现也较早。从明代中叶起，政府对歙县和休宁两县的赋税征收要高于徽州府的其他四县，这更刺激了歙县和休宁人外出经商。而其他的一些县份则相对比较闭塞，如黟县直到清代经商风气方才蔚然成风。

另外，明清时期，徽州一府六县所出的商人虽然都叫徽商，但各县的侧重点又有所不同，歙县主要是盐商，休宁人专精于典当业，婺源木商和墨商相当有名，绩溪人则大多是小商小贩，以从事徽菜馆为数众多[1]。

---

① 参见拙文《清代民国时期江浙一带的徽馆研究——以扬州、杭州和上海为例》，载熊月之、熊秉真主编《明清以来江南社会与文化论集》，上海社会科学院出版社 2004 年版。

四、黄山百岳之间的经商风气

十七世纪中叶绍兴籍官僚祁彪佳曾指出："重农固为务本，但今人稠地窄处，竟有无田可耕者，因其土俗，各有力食之路，但占一艺，便非游手，此亦救荒源头。"[1] 根据人口史的一般估计，1600年以后中国的人口已接近两亿，与此同时，自然灾害发生的次数亦相当频繁，于是人们纷纷苦思各种对策，以解决人口压力和自然灾害背景下的救荒手段和就业难题。在传统社会，农是本业，重农也就是务本。但在人多地少的地方，因土地不够耕种以养活百姓，各地百姓就根据当地的风俗习惯，寻找各自的谋生方式，祁彪佳就认为：只要有一种技艺在身，就不算游手好闲，这也是救荒的一种手段——这是对治生手段的一种崭新认识。与祁彪佳的这种思想相似，徽州的楹联中就出现过这样的句子："读书好营商好效好便好""读书贵矣但农工商贾各专一业便非不孝子孙"，充分肯定了经商在个人安身立命中的地位。

在这种背景下，各地的芸芸众生，都"因其土俗"，开拓自己的"力食之路"。于是，在祁彪佳的故乡浙东绍兴出现了"绍

---

[1] 〔明〕祁彪佳：《祁彪佳集》卷5《救荒全书小考》，上海中华书局1960年版，第78页。

兴刀笔"（也就是明清时代的绍兴胥吏和绍兴师爷），皖南出现了"徽州朝奉"（亦即徽商），淮河两岸则出现了打花鼓走四方的"凤阳乞丐"，等等……这些人，都成为名闻遐迩、具有悠久民俗传承的区域人群 ①。

徽州山多地少，一向就有"七山一水一分田，一分道路加田园"的说法，这是形容徽州一带地少人多。为了弥补生存条件的缺陷，徽州人不得不向外拓展。所谓"前世不修，生在徽州，十三四岁，往外一丢"，这是一首徽州俗谚，说前辈子作孽，才会生在徽州这块贫瘠的土地上，人到十三四岁，就得外出务工经商。由于经商之人辈出，故而明清方志屡称："徽州人以商贾为业" ②，而太平天国前后有位著名的学者汪士铎在他的书中竟称徽州的土产是"买卖人" ③。

外出务工经商的徽州人，有不少就在异地落地生根，所以在全国各地到处都可以看到徽州人的后裔。当时徽州出外务工经商的人究竟有多少呢？明嘉靖、隆庆、万历年间的王世贞指出："大抵徽俗，人十三在邑，十七在天下。" ④ 与王世贞同时的汪道

---

① 参见邹逸麟主编：《中国历史人文地理》第 10 章《历史文化景观形成的地理与历史背景》（王振忠执笔），"中国人文地理丛书"，科学出版社 2001 年版，第 371—437 页。

② 道光《黟县续志》卷 15《艺文志·汪文学传》，嘉庆十七年（1812 年）修，道光五年（1825 年）续修，同治十年（1871 年）重刊本，"中国地方志集成"安徽府县志辑第 56 册，江苏古籍出版社 1998 年版，第 530 页。

③ 〔清〕汪士铎：《汪悔翁乙丙日记》卷 3，"近代中国史料丛刊"正编第 126 册，文海出版社 1967 年版，第 151 页。

④ 《弇州山人四部稿》卷 61《赠程君五十叙》，《景印文渊阁四库全书》第 1280 册，台湾商务印书馆 1983 年版，第 92 页。

昆也说过：徽州人"业贾者什七八"。① 及至清代，乾隆《歙县志·风俗》记载，歙县"田少民稠，商贾十之九"。清代前期的诉讼案卷也概述："歙民家居十仅二三，淮扬十有八九。"② 这些比例，其实都只能是一个粗略的印象或者估计。不过，个别迷信计量史学的研究者，根据这些粗略的比例，再加上自己对徽州府人口的假设，企图坐实徽州人移民外地的绝对值，其实，这样的估计或臆测并没有多少学术意义，无法让人信服。

对于徽州人外出务工经商的估计，目前只能是笼统的描述。现代著名画家黄宾虹是歙县潭渡人，他曾说自己村中"其出类拔萃者无不居外与业商，而非年登七十以养老归里者绝少，……平时之在里中者，农人与稚老耳"。③ 也就是说，在徽州当地，有能耐的人均外出经商，不到七十岁养老时，都不会回到故乡，因此，平时在徽州所能看到的，只有种田的农民和老人及小孩。从这一描述中可以看出，徽州人外出经商的比例相当之高，所以称徽州为"商贾之乡"，一点也不过分。

在传统时代，盐、典、木商被称为"闭关时代三大商"，一向受到世人的关注。比如说盐商，"天下第一等贸易为盐商，故谚曰：'一品官，二品商。'商者谓盐商也，谓利可坐获，无不致富，非若他途交易，有盈有缩也"。④ 胡适先生在他的《口述自传》中曾经说过："徽州人的生意是全国性的，并不限于邻近各

---

① 〔明〕汪道昆：《太函集》卷17《阜成篇》，黄山书社2004年版，第372页。
② 诉讼案卷抄本1册，王振忠收藏。
③ 《黄宾虹集》书信编，《与黄昂青》，上海书画出版社1999年版，第255页。
④ 〔清〕欧阳昱著：《见闻琐录》，岳麓书社1986年版，第43页。

省。近几百年来的食盐贸易差不多都是徽州人垄断了。食盐是每一个人不可缺少的日食必需品，贸易量是很大的。徽州商人既然垄断了食盐的贸易，所以徽州盐商一直是不讨人欢喜的，甚至是一般人憎恶的对象。"[1] 当时的两淮、两浙盐商中，徽商占了相当大的比例。以扬州盐商为例，明万历年间，在扬州的盐商资本超过 3000 万两。及至清代乾隆年间，淮南盐务如日中天，一百数十家的徽商西贾聚集扬州，"蓄资以七、八千万计"[2]。查照《清实录》，乾隆初年，户部银库存款不过 3300 万两，到乾隆三十七年（1772 年），清王朝处于极盛时期，户部所存库银也不过 7800 余万两。两相对比，可见扬州盐商富可敌国，一点也不夸张。

由于食盐是一种垄断经营的商品，盐商在经营过程中难免高抬盐价以牟取暴利，所以他们一向受到世人的憎恨。清代小说家吴敬梓在《儒林外史》中讽刺的一些附庸风雅的商人，基本上也就是出自徽州的盐商，在当时，扬州盐商被人称为"盐呆子"[3]。

与徽州盐商一样受到世人憎恨的还有徽州典商。在明清时代，江南一带素有"无徽不成典"的说法，意思是说典当业大多为徽州人所开，即使是晚清民国时期徽州典当衰落以后，一些并非徽州人开设的典当中，徽州出身的典当铺职员也占相当多数。在徽州，休宁的典当商尤其著名。美国马萨诸塞州赛伦市

① 唐德刚译注：《胡适口述自传》，华东师范大学出版社 1993 年版，第 2—3 页。
② 〔清〕汪喜孙：《从政录》卷 2《姚司马德政图叙》，见秦更年等辑《重印江都汪氏丛书》第十一种，民国十四年（1925 年）中国书店影印本。
③ 〔清〕吴敬梓：《儒林外史》第二十八回《季苇萧扬州入赘，萧金铉白下选书》，上海古籍出版社 1984 年版，第 280 页。

千山夕阳：明清社会与文化（全新修订版）

（Salem）碧波地·益石博物馆（Peabody Essex Museum）中，有一座原来坐落在徽州休宁黄村的徽派老房子"荫余堂"，房屋主人就是活跃于汉口和上海等地的典商。据说，在历史时期，黄村一村皆以典当为业[1]。

在典当交易的过程中，出典人或因生活窘困，或因一时难于周转，而将财物出典于当铺，一般说来，完全是处于弱势的地位。相比之下，典当业者居高临下，在此类交易过程中则处于强势地位，由此塑造了典当业者独特的心理，极易滋生出对出典人的鄙视。鲁迅先生在《呐喊·自序》中，曾说自己小时有四年多时间，几乎每天都要出入于质铺和药店，从一倍高的柜台外送上衣服或首饰，"在侮蔑里接了钱，再到一样高的柜台上给我久病的父亲去买药"[2]。因此，典铺给人的印象往往是乘人之危，容易引发社会弱势群体的不满心理，以致出现了对徽州朝奉的种种负面印象。在江浙一带，有一句谚语称："徽州朝奉锡夜壶"，也有的写作"徽州朝奉夜壶锡"，大致意思不外是说用锡做夜壶，锡便成了废料，不能再改制成其他的物品了。因为经尿液长年浸泡，锡中的那股腥臊气再也消除不掉了。这一俗语是说进了当铺从业的人，就再也无可救药了。《天籁集》中收集的一首江南民谣这样唱道："龙生龙，凤生凤，麻雀生儿飞蓬蓬，老鼠生儿会打洞，婢妾生儿做朝奉。"《天籁集》是清代的儿歌集，虽然这指

---

① ［美］Nancy Berliner, Yin Yu Tang: the architecture and daily life of a Chinese house, Tuttle Publishing, 2003。参见：《徽州文化在美国——荫余堂落户波士顿》，徽州社会科学特刊，2004 年版。
② 《鲁迅全集》第 1 册，人民文学出版社 1981 年版，第 413 页。

的是全体徽商，但典商首当其冲，则是毋庸置疑的^①。

除了盐商和典商之外，徽州木商尤其是婺源的木商也相当著名，民间俗有"盐商木客，财大气粗"的说法。徽州地处万山之中，森林茂密，"婺源出得好木料"^②，是当时江南人的共识。自南宋定都杭州以来，大批徽州的木材就沿着新安江源源东下。明清时代在江南非常有名的民间神灵——五通神，最早就起源于宋代的婺源。据日本学者斯波义信的研究，当时婺源的五通庙年市，可能就是以山村为地盘的商人们所举行的祭市^③，这与婺源的木客息息相关。徽州的木材除了供建设宫殿之用外，还用于造船等。另外，在民间，婺源木材还是打造棺材的上好材料。在明清时代，江南一带有"生在扬州，玩在杭州，死在徽州"的说法。生在扬州，是指很多徽州人到扬州从事盐业，他们的后代就生在扬州。而玩在杭州，则指"上有天堂，下有苏杭"，杭州的湖光山色非常美丽。而所谓死在徽州的一个含义，就是说徽州的棺材相当著名。明清时期，南京的上新河，成为徽州木商尤其是婺源木商聚居的地点^④。

---

① 参见拙文《清代江南徽州典当商的经营文化——哈佛燕京图书馆所藏典当秘籍四种研究》，载《中国学术》第25辑，商务印书馆2009年版。
② 《各省物产歌》，载胡祖德《沪谚外编》，"上海滩与上海人丛书"，上海古籍出版社1989年版，第88页。
③ ［日］斯波义信：《宋代徽州的地域开发》，原载《山本博士还历纪念东洋史论丛》，东方，1972年；后收入刘淼辑译《徽州社会经济史研究译文集》，黄山书社1988年版，第1—18页。
④ 笔者另作有《晚清民国时期江南城镇中的徽州木商——以徽商章回体自传小说〈我之小史〉为例》，载上海社会科学院《传统中国研究集刊》第2辑，上海人民出版社2006年版。

盐、典、木属于徽商中资本较大的一类，除此之外，比较有特色的还有绩溪的徽馆业。徽州人的饮食有着比较独特的口味，其最主要的一个特点就是嗜油（虽然说嗜油是中餐饮食中比较普遍的特点，但徽菜在这方面似乎表现得更为突出，尤其是对猪油的特殊嗜好）。梁实秋在《胡适先生二三事》中指出：民国十七八年间，有一天，胡适请他和潘光旦等人到一家徽州馆吃午饭。当时，上海的徽州馆相当守旧，已难以与新兴的广东馆、四川馆比肩称雄，但胡适想让他们尝尝自己家乡的风味。他们一进门，老板一眼望到胡适，便从柜台后站起笑脸相迎，满口的徽州话，等他们扶着栏杆上楼时，老板对着后面厨房大吼一声。据胡适解释说，老板大吼的意思是在喊："绩溪老倌，多加油啊！"原来，绩溪是个穷地方，难得多吃油，多加油即是特别优待老乡之意。果然，那一餐的油相当不少。有两个菜给梁实秋留下了深刻的印象：一是划水鱼（即红烧青鱼尾），鲜嫩无比；一盘是生炒蝴蝶面（即什锦炒生面片），非常别致。在梁实秋这个异乡人的眼里，徽菜的缺点是味太咸，油太大。徽菜虽然油腻，但在明清时代，随着徽州移民的大批外出，以及徽商财力的如日中天，徽菜馆和徽面馆盛行一时。

　　前面曾经说过，绩溪人主要从事小本经营，尤其是徽馆业。所谓徽馆，是指徽菜馆和徽面馆的总称。绩溪素有"徽厨之乡"的美誉，徽馆（亦称馆店业）是绩溪人经营的一种传统行业，流行在绩溪的二首同名歌谣《徽馆学生意》，对此作了生动的描述。其中之一是四言歌谣，将徽州人外出谋生的俗语——"前世不修，生在徽州，十三四岁，往外一丢"，直接说成是"吃碗面饭"，也就是到徽馆学做生意，这是绩溪少年既自然而又颇为无奈的选择。第二首歌谣则是五字一句，也同样状摹了在徽馆从业的学徒生活之艰苦。据 1963 年在台湾出版的《绩溪县志》记载：绩溪人从事徽馆业，"每年赖以谋生者，几达全县人口之半"。[①] 近世安徽民间谚语有"无徽不成镇，无绩不成街""无徽不成市，无绩不成铺"之说，[②] "无徽不成镇"或者说"无徽不成市"都很好理解，但"无绩不成街"和"无绩不成铺"则乍看不太好理解，但我想如果从徽馆业多由绩溪人从事这个角度去看，那么，这句谚语也就不难索解了。因为徽馆是本小利微的行当，只要有一个小店面，一个灶台，一副桌椅碗筷，就立马可以开张。民以食为天，有徽州人的地方就会有徽面馆、徽菜馆，所以在"无徽不成镇"的背景下，"无绩不成街"或"无绩不成铺"也就顺理成章了。

除了上述这些以外，徽州的茶商和墨商等也相当著名。但这些商人在徽州各地的分布较广，以墨商为例，墨商的出生地主要是徽州府的歙县、休宁、绩溪和婺源四县。清代的贡墨是由歙县包办，文人自制墨也大多由歙县墨家代造，所以当地的徽墨具有质地上好、隽雅大方和装潢精美的特点；休宁墨的特点是华丽精致，雅俗共赏，特别迎合附庸风雅的富商大贾的口味；而婺源墨则大部分比较粗糙，主要是面向普通民众[③]。也就是说歙县出的是高档墨，婺源墨主要是低档墨，休宁墨则介于两者之间。

综上所述，徽州民间素有"一等生业，半个天下"的俗谚，

---

① 台北市绩溪同乡会编：《绩溪县志》，1963 年版，第 716 页。
② 崔莫愁：《安徽乡土谚语》，黄山书社 1991 年版，第 16 页。
③ 周绍良：《蓄墨小言》周珏良序，北京燕山出版社 1999 年版，第 1—8 页。

这是指徽州人以经商为第一等生业，具体说来，歙县的盐商，休宁的典当商，婺源的木商，绩溪的徽馆商人，全都以其鲜明的特色蜚声远近。

五、徽人的契约意识

明代中叶以后的徽州是个宗族社会，清初赵吉士在《寄园寄所寄》中指出：

> 新安各姓聚族而居，绝无杂姓搀入者。其风最为近古，出入齿让，姓各有宗祠统之。岁时伏腊，一姓村中，千丁皆集。祭用文公家礼，彬彬合度。父老尝谓：新安有数种风俗胜于他邑：千年之冢，不动一抔；千丁之族，未尝散处；千载之谱系，丝毫不紊；主仆之严，虽数十世不改，而宵小不敢肆焉。

明清时代，徽州宗族异常繁荣。这不仅有大批的地表文化遗存——宗祠为其表征，而且还有大量的历史文献佐证。譬如，迄今仍留下的《新安六县大族志》《新安名族志》《休宁名族志》[①] 以及众多的徽州族谱，皆可反映当年宗族制度的兴盛。

---

① 全国图书馆文献缩微复制中心：《徽州名族志》，"中国公共图书馆古籍文献珍本汇刊·史部"，2003 年版。

徽州人有着强烈的契约意识。自南宋以来，皖南地区频繁的商业活动和社会流动，培养出徽州人颇为强烈的契约意识。除了商业活动，乡土社会秩序的维持，在很大程度上也是以"契约和理性"来支撑，即使是亲族之间也不例外——这或许是徽州社会有别于其他区域社会的一个特色，也正是这一特色，才使得黄山白岳之间的这一方水土，成为闻名遐迩的商贾之乡，成为"徽州朝奉"的温床。也正因为这个原因，明清徽州遗留下了目前所知国内为数最多的契约、文书，这些反映徽州社会传统规则（或可称为"民事惯例""民间习惯法"）的乡土史料，几乎涵盖了徽州民众社会生活的各个侧面。其规则之严密、措辞之细致，可以说是达到了无微不至的程度。

除此之外，徽州区域社会健讼成风。清代扬州人石成金著有《传家宝》，其中的《笑得好二集》中有"不打官事【司】"条，说徽州人连年打官司，甚感劳顿、厌倦。除夕之夜，父子三人商议："明天是新年，大家要各说一句吉利话，保佑来年走好运，不惹官司。"聚商之后，由父亲先说第一句："今年好。"长子接着道："晦气少。"次子继曰："不得打官司。"结果，三人所说合起来共有三句十一字，于是写了一幅长条，贴在中堂上，家人时时念诵以取吉利。不料一大清早，女婿就上门拜年，一见长条，竟随口分作上五、下六的两句，大声念道："今年好晦气，少不得打官司。""不打官事"虽然是个触霉头的笑话，但也确实反映了历史时期徽州人"健讼"的特色以及不得不"讼"之无奈①。

---

① 参见拙文《老鼠与黄猫儿的官司》，载《读书》1999 年第 6 期。

契约意识和健讼之风，其实是明清以来徽州乡土社会一个问题的不同侧面：有那么浓厚的契约意识，才会有如此之多的诉讼；而有那么多的诉讼，又会引发人们订立更多的契约。矛与盾的进退攻守，在时间长河中，就这样一直处于动态的平衡之中。

明清时代的徽州，精英文化与通俗文化同生共荣，社会文化均衡发展。徽州地处万山之中，从地理环境来看是相当闭塞的。但由于徽商的无远弗届，又不断地将经商所得利润汇归徽州本土，并将各地的精英文化和通俗文化源源引入徽州。再加上徽州商人"贾而好儒，亦贾亦儒"的特色，因此，研究明清时期的通俗文化与精英文化，徽州大概是再好不过的一个典型。

胡适先生说过：徽州人外出务工经商，在文化上也很有意义——"徽州人的子弟由于能在大城市内受教育，而城市里的学校总比山地的学校要好得多，所以在教育文化上说，他们的眼界就广阔得多了。因此在中古以后，有些徽州学者——如十二世纪的朱熹和他以后的，尤其是十八、九世纪的学者如江永、戴震、俞正燮、凌廷堪等等——他们之所以能在中国学术界占据较高的位置，都不是偶然的"[1]。除了在学术界和思想界的这些顶尖人物之外，徽州在科举上也获得了巨大的成功。[2]对此，叶显恩先生曾指出："明清时期的徽州在政治、经济、社会、文化等方面，取得了高度的整体性协调发展，是明清时期中国境内各区域总体

---

① 唐德刚译注：《胡适口述自传》，第4页。
② ［美］何炳棣：《科举和社会流动的地域差异》，王振忠译，陈绛校，《历史地理》第十一辑，上海人民出版社1993年版。

全面发展的典型代表，我们还未曾发现有一处可与之相比拟的区域。"^① 这的确是相当中肯的看法。

另外，徽州文化影响的范围极其广泛。明清时代，徽州商人遍及全国，在日本、东南亚也有他们的足迹。受徽商和徽州文化影响的地域非常之广，明清时代长江中下游一带"无徽不成镇"的谚语，就足以说明徽商对于中国南方各地的重要影响。根据胡适的说法，所谓无徽不成镇，就是说一个村子如果没有徽州人，那他就只是个村落，徽州人进去了，就开设店铺，逐渐扩充势力，村落也就逐渐变成了市镇^②。

一般说来，无论是在繁华都市还是市镇乡村，要想保持移民自身的乡土特色，往往需要满足以下两个条件：一是移民人数众多且迁移过程连续不断，二是在财力或文化素质方面明显高于土著。在这两个方面，徽州人无疑都是具备的。当时，徽商在各地建立了徽州会馆乃至徽州社区，南中国的许多地方皆有紫阳书院。除了徽州本土的婺源、歙县有紫阳书院外，苏州、杭州和汉口等地也都有紫阳书院。这些紫阳书院，基本上都是由徽商资助的。特别是汉口的紫阳书院，实际上也就是徽州会馆，对于徽商在汉口镇的发展影响极大。^③ 不仅是这些大的繁华都市，而且在一些非常偏僻的荒村野店，也常能发现徽商活动的足迹。所以

---

① 《站在时代制高点，共推徽学研究》,《徽学》2000 年卷，安徽大学出版社 2001 年版，第 4 页。
② 唐德刚译注：《胡适口述自传》，第 2 页。
③ 参见拙文：《明清以来汉口的徽商与徽州人社区》，载李孝悌主编《中国的城市生活》，联经出版事业股份有限公司 2005 年版。

说，"无徽不成镇"的俗谚，绝不是一句无稽之谈。

在历史上，徽州出了很多著名的人物，从明清进士一直到现当代政治、经济、文化方面的人才都相当之多。胡适先生甚至说："徽州人正如英伦三岛上的苏格兰人一样，四出经商，足迹遍于全国。最初都以小本经营起家，而逐渐发财致富，以至于在全国各地落户定居。"①胡适本人就是徽州绩溪人，一直到现在，还是绩溪人引以为豪的文化名人。此外，如理学家朱熹祖籍婺源，朴学大师戴震出自休宁，红顶商人胡雪岩祖籍绩溪②，铁路专家詹天佑祖籍出自婺源，等等。至于原籍出自徽州的当代政治领袖，则众所周知而毋庸细述。这些，都从一个侧面反映了徽州文化的强大辐射力。

上述几个特征的核心是徽商，有人说徽商是徽州文化的"酵母"，也有的说徽商是徽州历史全面发展的"支点"，都是相当正确的看法。

六、徽州的历史文化内涵

徽州有着丰富的历史文化内涵，具体表现为：

① 唐德刚译注：《胡适口述自传》，第 3 页。
② 参见拙文：《胡雪岩籍贯之争当可尘埃落定》，《文汇报》，2006 年 1 月 16 日；《稿本〈南旋日记〉与胡雪岩籍贯之争的再探讨》，《徽州社会科学》2006 年第 4 期。

（一）地表人文景观丰富

直到现在，徽州仍然有着丰富的地表文化遗存，举例言之，歙县是国家历史文化名城，牌坊、宗祠、民居遗存较多，尤其是牌坊众多，故有"牌坊城"之称。黄山市徽州区的呈坎村（明清时代属于歙县），这个村子是徽州现存最早的完整方志、南宋淳熙《新安志》作者罗愿的故乡。该村人口只有 2600 人，但村中却有 2 个国家重点文物保护单位——一个是呈坎古村落群，另一个是该村的罗东舒祠（也就是人们通常所说的江南名祠"宝纶阁"），这种"一村双国保"的情况在安徽省独一无二，而且在全国亦极为罕见。另外，以黟县宏村和西递为代表的皖南古村落，在 2000 年被联合国教科文组织列入"世界文化遗产保护名录"。这些都说明，在旧徽州的一府六县，尽管历经了数百年的世事沧桑以及"文化大革命"的浩劫，仍有大批精美的牌坊、宗祠和古民居得以保存，这应当是其他地区所少见的。

历史文化遗存除了地表人文景观外，还有众多的传世历史文献。

（二）传世历史文献众多

徽州遗存的历史文献特别丰富，素有"文献之邦"的美称。黄宾虹曾说："宣、歙文献卓绝寰宇。"[1] 黄宾虹这里所用的"宣""歙"，是唐代的地理概念，歙州后改为徽州。这段话是指皖南的文献甲乎天下。[2] 的确，徽州的方志、族谱、文集，以及

---

[1] 《与黄一尘》，《黄宾虹文集》书信编，第 193 页。
[2] 黄山市博物馆藏有"力田岁取千箱稻，好事家藏万卷书"的对联。

民间文书可以说是汗牛充栋。

徽州方志的数量较多，质量也很高，特别是反映基层社会的乡镇志有相当不少。据研究，就明清乡镇志反映的地域来看，主要集中在"五块二线"上。所谓五块，是指明清乡镇志多集中分布于太湖流域、宁绍平原、闽南滨海平原、珠江三角洲和皖南徽州地区这五个区域，这五区的乡镇志占明清乡镇志总数的90%。[1] 族谱的数量也相当可观。徽州人重视修谱，民间有"三世不读书，三世无仕宦，三世不修谱，则为下流人"的说法，意思是说倘若三世不读书、不做官和不修谱，就会沦为下流之辈。现存明代的善本族谱，绝大部分出自徽州地区。而中国国家图书馆所藏善本族谱共400余部，其中徽州族谱就占到一半以上[2]。上海图书馆馆藏一万多种族谱中，数量最多的除了绍兴地区外，就是出自徽州的族谱。而现存徽州人的文集数量也相当不少，这从最近几年出版的一些大型丛书，如《四库全书存目丛书》、《续修四库全书》、《四库禁毁书丛刊》和《四库未收书辑刊》等大型丛书中，均可找到数量可观的徽人著作。除此之外，还有大批的民间档案文书[3]。

众多的地表人文景观和丰富的历史文献，使得徽州研究的学科前景非常广阔。

---

[1] 褚赣生：《明清乡镇志发展的历史地理考察》，《历史地理》第8辑，上海人民出版社1990年版。

[2] 详见赵华富：《徽州族谱数量大和善本多的原因》，载氏著《两驿集》，黄山书社1999年版，第391—401页。

[3] 关于这一点，将专文探讨，兹不赘述。

（三）学科前景广阔

徽州的地域社会及文化，在明清时代具有相当的典型性，甚至可以说，是传统中国研究中最具典型意义的区域社会之一。也正是由于徽州的这种典型意义，所以许多学科都关注徽州，如历史、文学、建筑、艺术、医学、手工业、武术、出版等方面，凡是谈到明清时期南中国的社会文化，一般都或多或少地要涉及徽州或徽商。以下择要言之：

思想史：明清以来，徽州号称"程朱阙里""东南邹鲁"，在歙县篁墩建有"程朱三夫子祠"和"程朱阙里"。明人赵滂辑有《程朱阙里志》，清乾隆年间又编有《篁墩程朱阙里祠志》。朱熹学说对于徽州有着极为深远的影响，如徽州的祭祀礼俗，就恪遵文公家礼，由此形成的"徽礼"，在徽州乃至徽商所到的整个南中国地区，均有重要的影响[①]。朱熹学说对于徽州宗法制度，也有深刻的影响。朱熹的名言——"三世不修谱，则为小人"，在明清以来，被郑重地记录在许多徽州族谱中。又如，从方志记载来看，徽州节烈之风盛行，直到现在，徽州各地遗存的众多牌坊，仍然可以反映程朱理学的影响。这里，特别应当指出的是，朱熹学说还成为明清以来徽州商业文化的象征，在各地的徽州会馆中，通常都供奉朱熹为主神。因此，通过徽州，不仅可以研究形而上的程朱理学、哲学思想，而且还可以研究程朱理学在民间流衍传播的轨迹。

---

① 参见拙文：《明清徽州的祭祀礼俗与社会生活——以〈祈神奏格〉展示的民众信仰世界为例》，载中山大学历史人类学研究中心、香港科技大学华南研究中心主办《历史人类学》第 1 卷第 2 期，2003 年版。

艺术史：自明代中叶起，由于徽商刻意追求文人士大夫的生活情趣，凭借着巨额资产，大量收购金石、古玩和字画，征歌度曲，以至于整个社会的审美旨趣都发生了根本性的转变。与此同时，伴随着徽商的富盛，以及对文化孜孜不倦的追求，在东南的文化市场上，新安商人俨然成了操执牛耳的盟主。明清以来的"新安画派"闻名遐迩，渐江大师开一代画风，而继起卓然成家者多达数十人，尤其是现代的黄宾虹更是独步画坛。早在1942年，黄宾虹就曾指出："歙学为中国关系至大"，① 此处的"歙学"亦即"徽学"，他从一个画家的角度，对"徽学"与艺术史的关系，作了颇为深刻的揭示。

医学史：明清时期"新安医学"颇为著名，堪称名医辈出，医籍迭现。据不完全统计，明清时期全国刻印的医籍现存有2200种（部），而徽州就有270余种，占总数的八分之一。虽然说医籍的刊刻不等于医学的繁荣，但从明清文献来看，新安医学确实相当发达。它主要包括内科、外科、妇科、儿科、喉科、眼科、伤科、疡科、针灸、推拿等中医学的各个分支，门类齐全，内涵丰富。尤其是自明代起，徽州人就开始有意识地结合儒、医二道，也就是让素质优秀的人才投入医疗队伍，从而使得新安医学在明清以来取得令人瞩目的成就。随着医著的流播及外传，新安医学还对日本、朝鲜以及东南亚各国的医学产生了较大的影响。②

---

① 《与段栻》，《黄宾虹文集》书信编，第91页。
② 参见王乐匋：《新安医籍考》吴锦洪序，安徽科学技术出版社1999年版，第3页；张哲嘉：《明清江南的医学集团——"吴中医派"与"新安医派"》，载熊月之、熊秉真：《明清以来江南社会与文化论集》。

戏曲史：徽州是戏曲文化极为发达的地区，当地盛行的傩戏、目连戏和徽剧等，系统地展示中国戏剧发展的不同阶段。徽州傩戏和池州傩戏一样，是中国戏曲史研究的活化石。明代万历年间，祁门人郑之珍根据徽州民间传统的说唱故事等，编撰了《目连救母劝善戏文》，不仅在徽州当地极为流行，而且也传播到全国各地，产生了重要的影响。而徽剧则是京剧的前身，乾隆年间"四大徽班"进京，为中国戏剧史上的一件大事。据调查，目前徽州各地还保存有一些古戏台，仅祁门县现存的古戏台就有11处，这对于研究中国戏剧史、建筑史均有重要的学术价值[①]。此外，明清两代，徽州籍的戏剧家、戏曲评论家辈出，著名的如汪道昆、汪廷讷、郑之珍、潘之恒、张潮、凌廷堪等人，他们的作品及其相关的演出实践，具有全国性的文化影响。

印刷史：徽州刻书和徽州版画有着悠久的历史。明清时期，徽州书坊林立，成为中国重要的刻书中心之一。当地的刻工队伍颇为庞大，徽派刻书精品层出迭现。据《虬川黄氏宗谱》记载，仅歙县虬村的黄氏一族就有数百刻工，其中，能称为木刻家的高手多达三十余人。研究表明，虬村黄姓刻工自明初就开始向外发展，迁往全国各地，对于江南各地印刷业的发展产生了重要的影响。早在1934年，著名学者郑振铎先生就发表了《明代徽州的版画》一文，对中国版画史上这一重要的学术流派——徽州版画作了初步的勾勒和分析。此后，一直到当代，中外均有不少学者

---

① 章望南：《徽州古戏台及其建筑艺术》，载《徽学》第二卷，安徽大学出版社2002年版。

关注徽派版画的问题①。

　　建筑史：据不完全统计，黄山市地面文物5000多处，其中古建筑4700余处。牌坊、宗祠、民居号称"徽州三绝"。牌坊是一种纪念性的建筑，迄今，在徽州大地上，还矗立着许多贞节牌坊、功德牌坊和科举牌坊，它们无疑是徽州节烈之风盛行、科甲鼎盛和官僚辈出的见证。而遍地可见的宗祠，则给人以徽州宗族制度盛行最为直观的印象。除了牌坊和宗祠外，徽州的民居也很有特色。其实，在南宋时期，徽人"不事华屋"②，显然，当时的徽州人并不追求华丽的住宅。只是到了明代中叶以后，随着徽商的崛起，大批的商业利润被源源不断地汇回徽州，才迅速改变了桑梓故里的聚落景观。

　　徽州民居最大的特点表现为外观的"粉墙黛瓦马头墙"，关于这种建筑形式究竟起源于何时，目前并不完全清楚。不过，早在明崇祯年间，徽州人金声就曾说过："入其（徽州）境而见村落有聚，庐舍高峻，墙涂白垩"③。可见，当时的徽州村落外观就是粉墙。除了粉墙外，高低错落的马头墙也是皖南民居的特色。由于地狭人稠且聚族而居，徽州民居"星罗棋布"，为了防止邻人失火殃及自家，普遍采用了高低错落、富于变化的封火山墙。据歙县新安碑园中一块明正德年间的《徽郡太守何君德政碑记》

---

① 参见：刘尚恒著《徽州刻书与藏书》，广陵书社2003年版。
② 〔宋〕祝穆编、祝洙补订：《宋本方舆胜览》卷16《江东路·徽州》，上海古籍出版社1991年版，第179页。
③ 《金太史集》卷6《序·送郡司李》，故宫博物院编：《故宫珍本丛刊》明代诗文别集第529册，海南出版社2000年版，第135页。

记载，弘治年间，徽州知府何歆以政令形式强制推行火墙[1]。这种做法最初是为了防火，具有相当实用的需要，但后来却成为一种装饰，在徽州民间俗称为"五岳朝天"。及至清代，粉墙黛瓦马头墙的建筑形式就固定下来，清康熙五十七年（1718年），侨寓扬州的徽州盐商程庭回歙县岑山渡省亲，在随后所作的《春帆纪程》中，记下了他所看到的徽州村落景观："徽俗士夫巨室多处于乡，每一村落，聚族而居，不杂他姓。……乡村如星列棋布，凡五里、十里，遥望粉墙矗矗，鸳瓦鳞鳞，棹楔峥嵘，鸱吻耸拔，宛如城郭，殊足观也！"[2]

除了粉墙黛瓦马头墙外，徽派建筑另一重要特点是三雕的装饰。所谓三雕，是指著名的砖雕、木雕和石雕，是徽州住宅的装饰。

综上所述，我们大致可以说，自明代以来，粉墙黛瓦马头墙的徽派建筑在皖南山乡中随处可见。在以茅草平房为主要居住方式的广大中国农村，徽派聚落显得鹤立鸡群。而且，这种建筑随着清代徽商的大批外出，甚至成为一些繁华都市中的时髦住宅形式，俗称"徽式新屋"。

由于徽州建筑的独具特色，使得徽派老房子受到各界的瞩目。1957年，建筑工业出版社出版了刘敦桢先生撰著的《徽州明代住宅》一书，这是新中国建立后第一部研究徽派建筑的专著。保留较多明清民居的黟县西递和宏村，被联合国教科文组织列入

---

① 李俊：《徽州古民居探微》，上海科学技术出版社2003年版，第239页。
② 〔清〕程庭：《若庵集》，《四库全书存目丛书补编》第8册，齐鲁书社1997年版，第114—115页。

"世界文化遗产保护名录"。徽州的一些地方，有的被世人称作"古代民居博物馆"。通常认为：要了解中国帝王的生活，应当到北京故宫去；而要理解一般民众的生活，则应当到徽州来。不少徽州的村落民居，成了建筑学家和画家活动的基地，他们每年都组织学生在当地测绘和写生。徽派老房子成为视觉艺术取材的重要源泉，如最早的摄影图片集《老房子》中，即有皖南徽派民居一种①，张艺谋的电影《菊豆》，就以黟县的南屏村为背景展开拍摄。美国的碧波地·益石博物馆（Peabody Essex Museum）甚至从休宁黄村，一砖一瓦地拆建了一幢住宅，重新落户于美国马萨诸塞州赛伦市（Salem），成为美国人了解中国文化的一个窗口。

武术史：明代中叶以后，各地商帮此起彼伏。行商坐贾以长途贩运、以有易无为其主要经营特点。为了保证商业贸易的正常运转，一些商人不得不苦练本领，或雇佣武艺高强者保护自己。在明代，徽州休宁至少出现了具有全国影响的两位武术大师，他们分别前往少林和峨眉学习武术。明代休宁汉口人程宗猷所撰的《少林棍法阐宗》三卷，上卷和中卷为棍谱、棍图、枪式和棍势歌诀等，详细叙述了各类棍法的招式，列举了五十五种执棍姿势，每一种都配有精致的插图，并缀以解释性的歌诀；下卷为问答四十条，是少林武术史上重要的著作。根据我最近的研究，这与徽商活动有着密切的关系②。

---

① 俞宏理撰文、李玉祥摄影：《老房子——皖南徽派民居》，江苏美术出版社1993年版。

② 参见拙文：《少林武术与徽商及明清以还的徽州社会》，《徽学》第3卷，安徽大学出版社2004年版。

科技史：万历年间出版的程大位之《算法统宗》，"风行寓内，……海内握算持筹之士，莫不家藏一编，若业制举者之于四子书五经义，翕然奉以为宗"。可见，《算法统宗》一书对于商人而言，就像是四书五经之于读书人一样重要。《算法统宗》成书以后，还流传到日本、朝鲜以及东南亚各国。明末，日本人毛利重能曾奉丰臣秀吉之命，来华学习算法，携得《算法统宗》归国，后著《归除滥觞》二卷。1627年，日人吉田光由著《尘劫记》，亦以《算法统宗》为其母本[①]。可见，该书在日本有着重要的影响。

除此之外，关注徽州的还有不少其他领域的学者。当然，在各个学科中，历史学尤其关注徽州的社会经济以及历史文化。自二十世纪八十年代起，"徽学"异军突起，成为中国史研究中的一个新领域。

在徽州文献中，"徽学"一词早已有之，所谓"文公为徽学真传"，即是其例。不过，以往文献中的"徽学"，是指以朱熹为代表的新安理学。而现在的"徽学"，则是指对徽州区域社会和地域文化的综合研究，其核心是明清社会经济史。鉴于历史文献（包括传世典籍和民间文书）的巨量遗存，没有社会经济史的研究，大概也就没有"徽学"之存在。不过，近年来，徽州研究逐渐从传统历史学领域单纯的明清社会经济史研究，转变而为对徽州历史文化加以综合性探讨的一门独立学科。

关于徽州研究，早在1947年，傅衣凌先生就发表了《明代

---

① 〔明〕程大位：《算法统宗校释》，安徽教育出版社1990年版。

徽商考——中国商业资本集团史初稿之一》一文，对徽商在中国商业史上的地位和作用等均作了较为系统的阐发，这是徽商研究的开山之作。稍后在日本，藤井宏博士亦发表《新安商人的研究》一文，此为徽商研究方面最为重要的作品之一。此后，中山大学的叶显恩先生、中国社会科学院经济研究所的章有义先生等，也分别对徽州社会经济史作了深入的探讨。1983年，叶显恩出版了《明清徽州农村社会与佃仆制》，他以文献资料与田野调查相结合，使得该书成为徽州研究领域具有开拓意义的一部学术专著。及至九十年代以后，北京的中国社会科学院历史研究所和安徽师范大学历史系，分别形成了国内最为重要的徽州研究机构，前者以研究徽州契约文书为主，后者则以徽商研究为重点。到了1999年，中国教育部第一批人文社会科学重点研究基地中，"徽学研究中心"榜上有名，"徽学"虽然被归入"综合类"的研究基地，但无论如何，也反映了教育部对徽州研究的重视，"徽学"作为一门综合性的学科而正式被学术界所认可。近年来，利用徽州文书对徽州社会经济及历史文化作综合性的研究已形成一个重要趋势。"徽学"以其丰富的内涵，以及层出迭见的新史料，而处于明清史研究的最前沿，具有极为广阔的学术前景。

徽州文书的再发现：民间文献 [①] 与传统中国研究

　　研究明清史，特别是研究清史，离不开档案文书。而徽州之所以引起世人的关注，就与当地遗存有目前所知国内为数最多的契约文书有关。

　　近数十年来，中国各地都陆续发现了一些契约文书，比较著名的如福建闽北的明清契约文书、广东珠江三角洲的土地文书、香港土地文书和贵州锦屏苗族山林契约等。但还没有一个区域的民间文献有徽州文书那样数量庞大、历时长久且内容丰富。学术界对于徽州文书的关注始于二十世纪四五十年代，而徽州文书大规模的发现，曾被有的学者称作是继甲骨文、敦煌文书、大内档案（即明清宫廷档案）和秦汉简帛之后二十世纪中国历史文化的"第五大发现"。

　　皖南的黄山白岳之间，在明清时代是中国著名的商贾之乡。

---

① "民间文献"是指有别于正史、文集等传世典籍的文献，它来源于田野乡间，包括契约文书散件、未刊稿本或抄本，以及少量流传范围有限的刊本。国内目前已知明清以来的民间文献有不少，徽州文书是其中最为著名的一类。

频繁的商业活动和社会流动，培养出徽州人强烈的契约意识，再加上根深蒂固敬惜字纸的传统，使得徽州民间迄今仍留存有目前所知国内为数最多的契约文书。一般认为，迄今发现最早的徽州文书是南宋嘉定八年（1215年）的卖山地契（抄白），这其实应当指的是契约。如果包括其他的档案，根据安徽档案学者的看法，现存最早的徽州档案还要更早。具体说来，就目前已收藏的徽州档案而言，可以分为抄件和原件两种：如果是论抄件，最早的是黄山市档案馆收藏的五代十国南唐保大三年（945年）的谕祭抄件。若论原件，最早年代的是黟县档案馆收藏的南宋嘉泰元年（1201年）的家祭龙简[1]。

从公元10世纪起一直到1949年以后，历朝历代的徽州文书几乎都有遗存，其时间跨度长达千年以上。以往有的学者认为，最晚的徽州文书是民国三十八年（1949年）的契约。其实，根据近年来的诸多发现，1949年以后一些反映当时社会变动的档案文书，有不少因其格式基本上与明清时代的徽州文书一脉相承，故仍可列入"徽州文书"的范畴。

一、徽州文书的流失

徽州文书是徽州民众在日常生活、商业活动和其他社会活动

---

[1]　王国键：《徽州文书档案与中国新史学》，《徽学》第2卷，安徽大学出版社2002年版，第23页。

中形成的原始档案，它们原先除了主要保存在私人手中外，还有的是保存于宗祠、文会以及各种会组织的管理者手中。

徽州民间保管文书档案的方法主要有两种：一种是悬梁，另一种是窖藏。悬梁也就是将文书档案用厚布包扎，悬挂在房屋中梁之上，这样既可防盗，又便于通风和防止霉变。而窖藏则是将文书档案用铁盒装好，藏在墙壁夹层暗室或地窖里，里面长年洒上厚厚的石灰粉防潮。每隔一段时间，再用芝麻秆烧烟来熏虫，以防止档案虫蛀霉变。[①]

随着时代的变迁，私人收藏和各类组织保存的文书档案逐渐散落出来。在这些文书档案中，最早引起世人注意的大概是书画、尺牍以及那些与艺术史研究有关的抄本。现代著名画家黄宾虹曾经说过：

> 歙县自宋元明迄咸同之乱，以居万山之中，藏书籍字画古今名迹，胜于江浙诸省。[②]

上述的"古今名迹"，即包括书画、尺牍。目前所知从徽州外流最早的文书，就是现藏于美国哈佛燕京图书馆的明代歙县方氏信函七百通。这批信函于日本明治时期（清代光绪年间）以前就已流入日本[③]——这是目前所知最早的徽州文书的外流。不

---

① 严桂夫主编：《徽州历史档案总目提要》，黄山书社 1996 年版，第 26—27 页。
② 《与郑秉珊》，《黄宾虹文集》书信编，上海书画出版社 1999 年版，第 325 页。
③ 陈智超：《〈美国哈佛大学哈佛燕京图书馆藏〉明代徽州方氏亲友手札七百通考释》，安徽大学出版社 2001 年版。

过，从当时的情况来看，收藏者应当是将之视作艺术品，亦即从书法鉴赏的角度，去认识这批徽州文书。

最早认识到徽州民间文献重要性的是画家黄宾虹。清末民初，他和书画收藏家邓实一起，编辑出版了四十辑的《美术丛书》，其中，就收录有徽州民间的一些抄本，如清代太平天国前后歙县潭渡人黄崇惺的《草心楼读画集》①。1931年，黄宾虹在与许承尧的信中就指出："各村族谱家乘，有裨参考国史，当较他处为夥，可约同志共成之。"②他自己曾注意收集徽州乡土史料，如宗谱、家信稿底、先德日记和抄本等，1936年，他还希望将来能创建一所大型的博物馆（如"黄山博物院"），以供大众观瞻。③不过，黄宾虹当时的注意力主要还是集中在对艺术品尤其是书画的收集、整理上，④1948年，他在一封信中曾询问友人说："敝箧尚有徽歙先哲书画数十件，沪上有无兜销之处？"⑤可见，黄宾虹

---

① 黄宾虹、邓实编：《美术丛书》第1册，江苏古籍出版社1997年版，第24—34页。

② 《与许承尧》，《黄宾虹文集》书信编，第173页。与黄宾虹、许承尧一样，对乡邦文献有兴趣者，还有罗长铭。黄宾虹在《与许承尧》信中指出："近与罗君长铭拟搜邑中旧闻，藉社中资力梓行一二乡邦文献著述。里中书籍，虽经兵燹荡然，残编断简，犹有存者。"（第172页）

③ 《与许承尧》，《黄宾虹文集》书信编，第150页。在1936年的另一封《与许承尧》信中，他又借鉴上海博物馆的建设经验，指出："上海市博物馆落成，惟古书画搜求最难，因措钜资不易，其余皆家乡人家所称老货楼之拉杂，如绣鞋、乌裤，皆是可列陈设之物。歙中有闲，可收旧先破烂茶担、杯盂、椅垫之属，为将来博物馆计亦佳，迟则毁弃将尽耳。"（第147页）

④ 《与曹一尘》："歙中古物，经兵燹后丧失殆尽。近数十年于沪上、燕都犹时见乡先辈手迹及旧藏之物。……新安书籍久散佚，旧书价日昂，且不易购，北甚于南。"（《黄宾虹文集》书信编，第190页）

⑤ 《与汪聪》，《黄宾虹文集》书信编，第46页。

本人甚至也从事徽州书画之买卖。因此，尽管黄宾虹曾倡导收集徽州乡土史料，其中也包括徽州档案文书，但实际上他所做的可能比较有限，而真正在这方面有所作为的是他的朋友许承尧。

许承尧是安徽现代最为著名的学者、方志学家和诗人，他主编的民国《歙县志》，被公认为是一部徽州历史文化的集大成之作，具有极高的史料价值。而他个人所编的《歙事闲谭》则是一部以辑录文献为主，兼有记述、议论和考证，旨在全面展示徽歙地区历史文化状况的史料长编①。

许承尧是徽州歙县唐模村人，唐模地处歙县西乡，明代以来这一带极为富庶，商贾云集，文献丰富。如果说黄宾虹在倡导搜集徽州乡土史料方面功不可没的话，那么，许承尧则是一个踏踏实实的实践者。

1935 年，许承尧由上海返回徽州歙县，当年他收到杭州复初斋书肆的书目一册，看见上面有清初黄生（黄琯）《植芝堂今体诗选》抄本一册，价格相当便宜，他怀疑这是歙县潭渡"白山先生"的遗著，白山先生是康熙年间歙县潭渡著名的文人，著有《重订潭滨杂志》等。于是就赶忙写信前往邮购，不久，他收到这部书，的确是白山先生的手笔，感到非常高兴。由此来看，当时社会上人对于徽州文书抄本似乎仍然不太重视，所以价格才会相当便宜。但这也说明，当时徽州的一些旧藏，已流落到杭州等一些大城市。

在三十年代，只有像许承尧这样独具慧眼的人，才会去大批收集徽州的历史文献。他所编的《歙事闲谭》，正是以其对徽州

---

① 《歙事闲谭》，"安徽古籍丛书"，黄山书社 2001 年版。

乡土历史文献的大量收集为基础。他收集的这些徽州文献，解放后基本上都归入安徽省博物馆。

　　除了杭州外，一些徽州文献也流往南京等地。抗日战争结束之初，当时的首都南京就有人设摊出售徽州文书，历史学家方豪收集了其中的部分文书，并于七十年代撰写了十数篇论文，发表于台湾的《食货月刊》复刊上 ①，这是目前我们所知学术界对徽州文书的第一次收集。

二、徽州文书之去向

　　新中国成立后，徽州的艺术品继续流失到上海等城市。1951年，黄宾虹在《与王任之》的信中就指出："家乡先哲名迹，沪友谈及不少，发现精品，俱为有力者捷得。" ② 当时，徽州书画古董陆陆续续流入北京、上海、香港和广州 ③ 等地。而在徽州当

---

① 这批论文以"战乱中所得资料简略整理报告"为题，发表时间集中在1971年至1973年。
② 《黄宾虹文集》书信编，第10页。
③ 《与曹一尘》："仆于沪上得（家凤六）山人所镌金印、绢本仕女轴，在粤得潭渡村图，花卉见过数轴，力不能致，为之放去。"（《黄宾虹文集》书信编，第190页）此处，黄宾虹仅就潭渡族人书画作品纷纷流入各地市场有感而发，从中可见徽州古董文献之散佚。1953年《与汪聪》一信："徽宁，古之宣歙，文人学士，收藏美备，赏识高深，已超江浙而上。以黄山名胜，山川钟毓特灵，经兵燹后散佚无存，流传于北京、香港，或偶有之。沪市较多，不能久藏。"（第50页）

地，屯溪是中心，当地也有一些书籍字画的买卖[1]。

在五十年代，徽州的一些书籍字画相当便宜。前几年，中央电视台有一个节目采访原徽州某县博物馆馆长。在采访中，该馆长提到了一件事，说五十年代时，当地的废品收购站收到一幅画，让博物馆派人去看看，老馆长看完后，觉得似乎有点价值，于是就与废品收购站的负责人商量，能否出点钱转让给博物馆收藏。废品收购站的人想了想，说：好啊！这样吧，我们收到这件废品时是2块钱，你们如果要，我们就加百分之五十的利润，3块钱成交。在做这个电视采访时，北京故宫博物院书画部有位老专家正在该馆，根据他的鉴定，这幅画是件国宝级的文物，如果是在故宫博物院，现在单单是修整一下，就需一万多元钱，其真正价值就不言而喻了。当时的字画等艺术品尚不值钱，徽州文书自然也没有多少人重视。

随着新中国的诞生以及稍后的政治运动，不少徽州文书因时过境迁而遭废弃，或化为纸浆，或用以制作鞭炮。郑振铎先生曾讲过一件今天听来像是笑话的往事——皖南的炮仗铺往往是将明代白绵纸印刷的书籍撕成碎条作为鞭炮的心子。据说，用这种好纸做成的鞭炮，燃放时会特别地响。[2] 于是，许多珍贵的民间档案，就是出于这样的原因而难逃厄运。

---

[1] 《与曹一尘》，《黄宾虹文集》书信编，第189页。1936年，黄宾虹在《与许承尧》信中，就曾指出："家次苏太史书籍，曾记光绪丙戌年，有南乡同宗住阴坑者，代其家族携所藏书往屯溪求售，收款颇费周章。"（《黄宾虹文集》书信编，第150页）据此可知，自光绪年间起，屯溪已成为徽州民间文献买卖的中心。

[2] 郑振铎：《西谛书话》，生活·读书·新知三联书店1998年版，第509页。

后经学术界有识之士的呼吁，这批徽州文书受到了国家文化部门的重视，1956 年 9 月，屯溪新华书店下设一个古籍书店，专门收购徽州文书，由古籍书店直接，或者是经过北京中国书店、上海古籍书店卖到全国各地去①。1962 年，著名经济史家严中平写有《关于抓紧收集徽州地区发现的档案文书给中央档案馆负责同志的信函》，该信目前保留在安徽省档案馆，信中的内容反映了当时学术界对于徽州档案文书的重视。

从屯溪流向全国的徽州文书，被不少单位所购买。其中，北京中国社会科学院历史研究所、经济研究所和南京大学历史系等，成为此后徽州文书收藏的主要单位，这也直接影响了后来徽学研究的进展。北京中国社会科学院历史研究所和经济研究所，由于它对徽州文书的收藏以及研究，成为国内徽州文书研究的中心。

在二十世纪五六十年代，大批文书陆续被各图书馆、博物馆、档案馆和大学研究机构收藏，这可以说是徽州文书一次大规模的发现。据中国社会科学院历史研究所周绍泉先生的估计，已被图书馆、博物馆、档案馆等国内收藏机构收藏的徽州文书大约有二十万件（册）。由于学术界对于徽州文书的分类及统计，至今尚未形成统一的标准，所以有人对此存有不同的意见。尽管如此，作为粗略的一项估计，这个数字基本上还是反映了徽州文书的规模。

目前，国内许多的博物馆、图书馆和档案馆中，都或多或少

---

① 关于五六十年代皖南徽州文书的收集，最新的报道可见汪志伟的采访——《余庭光："中国历史文化第五大发现"的第一功臣》，载《徽州社会科学》2005 年第 5 期。

收藏有一些与徽州相关的档案文书，以至于有人甚至略显夸张地提出"无徽不成馆"的说法（这个"馆"不是徽菜馆或徽面馆的馆，而是图书馆、档案馆或博物馆的馆）。譬如，在北京国家图书馆和上海图书馆的典藏古籍中，都有不少徽州文书，其具体的数量，则有待于日后确切的调查。这些文书，应当也是五六十年代收集到的。

在五十年代，除了单位的大批收购外，可能也有一些私人收藏家到徽州收集。笔者收藏的《芜湖关事宜户工则例》抄本，共两册，从书中所夹的一张小纸条中得知，这是1956年一位绍兴人（可能是个书商或藏书家）在安徽歙县从一个姓汪的人手中买来的。从抄本的内容判断，汪氏可能是徽商后裔。在清代，徽商出于贸易的需要，对于政策法规、各地的关榷税例都非常重视，所以有不少商业文书抄本都是徽商根据自己的需要摘录而成的。当然，这一册《芜湖关事宜户工则例》是相当全面的一部著作，在明清社会经济史研究的论著中，尚未见到有人提及或利用过这个本子，因此，该两册抄本应当是海内孤本，对于研究江南社会经济史具有重要的价值。

根据现在徽州屯溪老街上一些上了年纪的书商回忆，五六十年代，外地书商有不少也到屯溪来购书，但由于屯溪新华书店是地方政府指定的图书经销单位，老街上的一些书商收到好书，即使想卖给外地的书商也很困难。再加上当时徽州文书抄本在一般人眼中并不值钱，私人收藏家或书商到皖南收集徽州文书抄本的情况可能还比较罕见。因此，类似于上述绍兴人到歙县购买《芜湖关事宜户工则例》抄本这样的例子可能并不太多。

徽州文书的第一次大规模发现，大概随着"文化大革命"的发生而结束。此后，这批资料静静地躺在中国的各大收藏机构中，并没有引起多少人的关注。不过，民间在拆房、建筑施工中，在墙缝、地窖中经常发现成批的历史档案。①这些资料陆续被文物部门征购。

三、徽州文书的再发现

　　此处所说的"徽州文书的再发现"，发生在八九十年代一直到现在。

　　自八十年代以来，随着中国改革开放的推进，商业史研究成为史学研究中的热门课题，徽商研究愈益受到学界瞩目，这促进了对徽商史料的广泛收集，除了方志、族谱、文集和笔记之外，徽州文书的价值也受到更多的重视。

　　八十年代比较成规模的徽州文书之发现，是歙县芳坑江氏茶商史料的发现。芳坑位于歙县南乡，这一带至迟至明代中叶起商业就相当发达。江氏茶商在道光以前主要是在广州从事外销茶的经营，道光以后转往上海。江氏茶商文书是保存比较完整的徽商家族文书，遗留下数百本账簿、数千封商业信函以及札记、竹枝词和其他实物，不仅数量相当庞大，而且价值也非常之高。不

---

① 严桂夫主编：《徽州历史档案总目提要》，第26—27页。

过，由于江氏茶商后裔生活窘迫，所以这批文书已陆续流散到各处，据说有一部分被黄山市档案馆、歙县档案馆和歙县博物馆等单位收藏，可能也有相当一部分流入私人收藏家手中，据我所知，迄今为止对它的利用还相当有限。①

除了歙县芳坑江氏茶商文书之外，近二十年来，在徽州还发现了不少其他的文书。尤其是随着近20年来大陆各地（尤其是东部地区）"收藏热"的升温，徽州文书的流向更趋多元化，在这种背景下，尽管仍在民间的徽州文书究竟有多少，是个谁也无法估计的数目，但对于学界而言，这些散落民间的徽州文书面临着一个再发现的过程。在这一过程中，不少机构和个人都收集到为数可观的文书史料。譬如，安徽大学徽学研究中心，目前即典藏有一万余件（册）的契约文书。其中，以单张的契约占绝大多数，稿本、抄本及刻本亦有一定数量。这批文书资料，是安徽大学徽学研究中心得以创建的一个资料基础。而在屯溪当地，黄山学院（原黄山市高等专科学校）也收藏有一批徽州文书。

与此同时，大批的徽州文书通过各种渠道流入海内外旧书市场，这使得一些私人收藏家手中也积聚了不少的档案文书。据我所知，皖南的不少书商每月都定期编制书目，寄给全国各地的收藏家（据著名画家黄宾虹透露，这种情况早在解放前即已如此）。

---

① 1995年张海鹏、王廷元在主编《徽商研究》（安徽人民出版社1995年版）时，利用过这批江氏茶商的史料。后来，1997年，王世华撰写《富甲一方的徽商》一书（浙江人民出版社1997年版），周晓光、李琳琦出版了《徽商与经营文化》（世界图书出版公司1998年版），也都利用到这批资料。但严格说来，江氏茶商文书的资料尚未得到充分的发掘和利用。

因此，目前各类著名拍卖会上的旧书文献，以来自徽州者为数最多。近年出版的由田涛、［美］宋格文（Hugh T. Scogin，Jr.）和郑秦编著的《田藏契约文书粹编》（中华书局，2001年版）一书，就是私人藏品的一次公开展示。其中所收录者，徽州文书就占了相当大的比重。2003年，北京图书馆出版社出版有一套《故纸堆》，作者是深圳的私人收藏家鲍传江，其中有大批的文书出自徽州。根据我多年的接触了解，类似的私人收藏家或书商在国内尚不乏其人。

翻阅《田藏契约文书粹编》《故纸堆》之类的作品，可以说是一则以喜，一则以忧。喜的是如果不是田涛、鲍传江等人的长年收集，加上出版界的合作，我们可能看不到目前的这些徽州文书。相比于近年来许多文书被一些公藏机构收集后却从此不见天日的情形来说，这还不能不说是学术研究的一件幸事（尽管上述作者编辑这些书的出发点或许并不完全在此）。忧的则是许多原本成系统的文书已被永远地分割，如婺源庆源詹氏文书、岭脚墨商詹彦文墨商文书、歙县上丰宋氏盐商家族文书[①]、苏氏盐商资料[②]、黟县史氏家族文书[③] 等，应仍有不少不知已流落到了何处。这些文书，有的被私人收藏者所收藏，有的则成为家居或饭店的装饰品。数年前，上海的《申江服务导报》曾介绍古董收藏，说用古代的执照等装饰家居，是小康之家的一种时尚。而我的确也

---

① 《故纸堆》乙，第36—37页。清光绪十七年（1891年）会书中的"宋翰翁"，为上丰宋氏家族之一员。
② 《故纸堆》乙，第80—81页，合同租约。
③ 《故纸堆》丙，第86页，《介绍地理专家》。

曾在上海豫园附近的某饭店中，看到挂在墙上作为装饰的徽州文书。由此可见，有不少徽州文书已流向学术界以外的领域。

四、新见文书珍籍举隅

我本人第一次接触到徽州文书，是在二十世纪八十年代末。当时为了从事苏北历史经济地理的研究，我曾到明清徽州盐商的故乡歙县做实地调查。在昔日两淮盐务总商程氏家族所在的歙县岑山渡村口，一位农民大概误以为我是前来收购古玩的"城里人"，竭力怂恿我到他家去看看。不过，出于种种原因，我没有跟他走。现在想来，当时显然是因为根本就没有想到徽州民间还会有史料遗存，所以没有表现出应有的热情和兴趣。但在此后数年里，我不得不为当时的一念之差而懊悔不已——程氏家族的一些文书陆陆续续地在屯溪老街、浙江绍兴以及上海等处出现，尽管是些已被他人挑剩，为书商、收藏家乃至一些研究机构和学者视作"垃圾"的东西，但在我眼里却具有极高的史料价值，这着实让人震惊！不久，我在屯溪老街古玩店中买到了一部《岑山渡程氏支谱》（线装书），该书应当就属于程氏家族文书之一种，类似的刊本，管见所及，目前仅国家图书馆有藏①（相比之下，抄

---

① 《新安岑山渡程氏支谱》六卷，〔清〕程文桂等修，清乾隆六年（1741 年）木活字本，8 册（2 函）。

本的内容更为原始），对于研究清代徽州盐商极具价值。从此，我便留心于民间文献的收集、整理和研究。或许是功夫不负有心人，终于有一次，我在屯溪老街瞎逛时，正好碰上一位到古玩店中兜售旧书的书贩，当时，店主极不耐烦地将之赶出。我见状上前挡住书贩一看，原来是薄薄十数册的抄本，粗略一翻，那是晚清民国时期的一批文书资料，它生动地勾勒出了皖浙交界处一个徽州山乡的社会生活，此类较为完整、全面反映农村生活的资料，我以前从未见到过，于是马上掏钱将之悉数买下。后来，我将这批资料定名为"歙县里东山罗氏文书"，并很快利用这批文书写了一篇学术论文，在南开大学召开的学术会议上宣读①，在一定程度上引起了与会学者对徽州民间文献的关注和兴趣。

当时，在皖南的旧书店和地摊上，纸头（指契约文书）的价钱远比抄本要贵得多，无论是书商还是收藏家、学者都对契约文书情有独钟，但旧抄本却很少有人留心，至少不在他们的重点收集范围（这一点，不少学者或许也与先前的我一样，根本没有想到民间还会有如此丰富的史料遗存）。这主要是因为对契约文书的探讨，尤其是土地契约的研究，一向是史学界高度关注的问题，自二十世纪五六十年代以来，土地契约就备受重视，而且，国内各收藏机构中的藏品，绝大部分主要也都是土地契约文书。其实，在我看来，通常情况下，就提供历史信息完整、系统的程度来看，各类抄本的价值远远高于契约文书散件。

---

① 参见拙文：《一个徽州山村社会的生活世界——新近发现的"歙县里东山罗氏文书"研究》，《中国社会历史评论》第 2 卷，天津古籍出版社 2000 年版。

徽州文书的再发现：民间文献与传统中国研究　　　　　　　　　047

稍后不久，我碰上了一批较为系统的文书——那是歙县北乡上丰的宋氏家族文书。上丰宋氏和岑山渡程氏，都是清代两淮盐务八大总商家族之一，该家族在长江中下游各地从事盐业、典当、茶叶等诸多行业，尤其是在太平天国时期，该家族成员冒险运送淮盐，从而在战后的两淮盐业中占据重要的一席之地。种种迹象表明，上丰宋氏家族的文书规模应当相当不小，可能并不亚于歙县芳坑江氏茶商的资料，可惜的是已被书商小贩分割，卖给不少人，到我看到这批资料时，大概时人认为珍贵的都已被挑走（其中有的邮封现登载于《中国邮票史》），剩下的都是书商和收藏家所认为的"垃圾"。然而，就在这批"垃圾"中，我第一次读到了几册徽州盐商的日记，对我而言，这真是令人不可思议的发现！……

当年，随着改革开放的进程，皖南与外界的交流日益密切，农村面貌多所改观，在房屋改造等基建中，陆续有大批民间文献出现，如前述由安徽学者发现的歙县芳坑江氏茶商文书，就是在这种背景下发现的。在那个时代，有许多徽商旧家的文献整批整批地流落到书商手中，这些书商，将其中他们认为值钱的东西拣出来，如名人字画、大龙邮票、明代税票等，而将那些抄本扔在家中角落中，作为无人肯买的"垃圾"处理。其实，就在这些"垃圾"中，有许多是极为珍稀的文献。譬如，明清商业书和商人书的研究，是明清史研究中一个重要的问题，以往很多研究都以日本公藏机构收藏的商业书和商人书为对象。1997—1998年我在日本学术访问期间，曾在东京大学东洋文化研究所阅读到一部《杂货便览》，这是一部以华北为中心编纂的商业书抄本^①，我当时花了很大的力气，才用数码摄像机将这部善本拍下带回国内。但后来在徽州，我竟在类似于前述的"垃圾"中陆续发现数十部相近内容的抄本。令人心痛的是，在我接触到徽州文书之前，书商们将名人信函和珍贵的信封留下卖钱，而将普通人的书信悉数焚毁，他们认为那些都是无名小辈的家庭琐事，没有多少价值，更卖不出价钱。其实，由于皖南是商贾之乡，纯粹的务农之家几乎没有，每个家庭或多或少都与商业有关，与外界总是保持着密切的联系。因此，普通民众的情感档案中，实际上有不少都反映了当时的商业人脉、商况市景以及家乡和侨寓地的风土人情、天气收成，等等，这些，对于明清以来社会文化史的研究具有极高的史料价值。譬如，我在皖南的一个旧书店中看到过一箱的书信原件，其中有将一年的书信粘成一卷的，共有十几卷，计二三千张。据摊主说，这批书信经过好几位书商转手，很多人（包括有些公藏机构的研究者）都看过，但没有人曾表现出兴趣。当时我粗略一翻，便感觉这应是清代的商业书信，后来仔细一看，竟然是晚清黟县西递胡氏的书信原件……，现在，西递作为联合国教科文组织世界文化遗产保护名录中的"皖南古村落"之一，这批书信原件对于进一步发掘徽州文化的深刻内涵，无疑具有极高的学术价值。

根据通行的看法，徽州文书并非古董，它不像书画、瓷器等艺术品那样直观，但它在民间收藏中的文化含量最高。据说，从

---

① 关于该书的简要介绍，参见拙文《抄本〈杂货便览〉》，载《历史地理》第15辑，上海人民出版社1999年版。

前复旦大学有位名教授在解放前夕因对日后的生活充满疑虑，预先设计过自己的前程，认为将来如果丢了饭碗，开个旧书店应是一个不错的选项。个中的原因在于——如何认识旧书的价值，端赖于个人的眼光，需要专业知识，不是一般人所能胜任的。徽州文书抄本的情况，实际上也与此相类似。从二十世纪五六十年代迄今，参加过收集徽州文书的人相当不少，但既是相关领域的研究者，又通过田野调查大规模收集民间文书的人似乎并不多见。而我以为，只有将收集和研究结合在一起，才能真正理解徽州文书的价值所在，收集到更有价值的徽州文书。或许也正是因为这一点，近十年来我所收集到一万数千件（册）徽州文书，也就成了该领域最具特色的一批收藏，具有极高的史料价值和广阔的学术前景。

五、全方位民间文献的探讨

自二十世纪八十年代以来，散落民间的徽州文书面临着一个"再发现"的过程。除了文书实物的收集之外，另一个更为重要的"再发现"，是指对文书研究内涵多角度的重新认识——也就是随着学术视野的拓展，人们将从狭义文书（即契约）的研究转向全方位民间文献的探讨，这一再发现，将赋予徽州文书以更为丰富的内涵，它大大拓展了徽州研究乃至明清史研究的领域，多侧面展示了中国传统社会的丰富内涵。

以往，我们在传统中国研究中，涉及基层社会和民众日常生活时，常常感到心有余而力不足。因为在传统文献学的视野中，反映民众生活的史料颇为零散乃至缺乏，这使得我们对于一般民众的社会生活所知仍然相当有限。而徽州留存有众多的民间文献，其中，有关下层民众社会生活的史料极为丰富。据此，我们得以深入了解徽州社会各色人等的社会生活。

比如说徽州的"新安画派"非常有名，但画家的社会生活以往所知甚少。而在新发现的徽州文书中，歙县文书抄本《绘事日利》，记录了一位歙县画家每天所画作品、与他人交游的状况以及所得报酬的详细情况，这对于艺术社会史的研究极具价值。又如，明清以来徽州的堪舆风水非常盛行，但以往我们只能根据方志、族谱和文集的资料，得到一些概括性的认识，而婺北文书抄本《新安嘉福轩选单》，就记录了一位婺源堪舆先生从晚清至民国三年（1914 年）的选单。所谓选单，是指为人看风水、算命留下的记录。这位堪舆师的名字叫詹馨山，自称"圆镜山人"，他所扦出的选单叫"新安嘉福轩选单"。作为风水先生的私人笔记，《新安嘉福轩选单》既类似于个人的营业记录，又可成为江湖术士传授生徒、子孙世业的家传秘籍。类似的珍稀稿本极为罕见，为我们研究清末民国时期徽州民间的风俗、徽商活动以及江南商业的发展等，都提供了绝佳的史料。从中，我们可以清楚地看出，不仅是在徽州本土，徽商外出贸易，也同样深受堪舆祸福之说的影响①。

①　详见拙文：《堪舆先生的私人笔记》，《文汇读书周报》2002 年 9 月 20 日。

除了涉及的阶层较为广泛以外，这批新发现的徽州文书的丰富性还表现在——明清民国时期发生的许多重大事件，有不少都可以找到可资引证的相关史料。

　　明太祖曾在各地建立旌善亭和申明亭，直到现在，婺源的李坑还有申明亭存在。所谓申明亭，也就是"申明大义"之处，是传统村落中宣讲圣谕乡约、调解民事纠纷的地方。我手头较早的一份徽州文书抄本，就是明万历二十三年（1595年）歙县南乡三十六都五图方氏围绕旌善、申明亭基的诉讼案卷，对于研究明代的乡约、里排等，具有颇为重要的学术价值。

　　在新发现的徽州文书中，清代文书的数量相当可观。佃仆制度是以往研究较多的课题，最为著名的成果首推叶显恩先生的《明清徽州农村社会与佃仆制》[①]。我收集到的一册《钦定三府世仆案卷》抄本，是有关徽州婺源理坑主仆互控的诉讼案卷。明清时代，婺源是佃仆制度极为发达的地区，但随着社会的发展，此种不平等的制度，愈来愈受到来自各方面的冲击。譬如，明末皖南"奴变"的冲击，以及入清以来、特别是清代中叶以后，小姓为摆脱大姓控制的抗争，均使佃仆对主家的隶属关系出现了松弛的趋向。《钦定三府世仆案卷》中的葛、胡二姓，就希望通过官司诉讼，否定他们与主家余姓之间的仆主名分。

　　又如，太平天国对于徽州的影响很大。清军和太平军在徽州一带曾反复争战，这对于当地的社会经济造成了极大的破坏。有关太平天国的资料，我收集到的徽州文书有多种，其中比较重要

---

① 《明清徽州农村社会与佃仆制》，安徽人民出版社1983年版。

的一种是《敬本堂乩堂判词》(抄本)，书名是我根据文书内容命名的。它是徽州歙县一个乩坛判词的记录，该份乩坛判词从咸丰四年（1854年）九月至咸丰六年（1856年）六月，记录了徽州人通过扶乩求问花会赌博，以及太平天国时期皖南战争形势的发展。从中可以看出，太平天国战事在皖南的发展态势，战争阴影下徽州民众的生活，以及徽商在各地的境遇，等等。为我们了解太平天国时期的徽州社会史，提供了相当真实的记录。

除了太平天国时期的文书资料外，晚清时期的其他历史事件，也有不少可以在徽州文书中找到相关的资料。如光绪二年（1876年）至光绪五年（1879年），中国北方山西、河北、山东、河南、陕西等省发生大旱灾，史称"丁戊奇荒"，对此，何汉威著有《光绪初年（1876—1879）华北的大旱灾》，从中可以看到，灾荒发生时，许多省份纷纷出资赈济，徽州文书中也有不少这样的资料。笔者收集到的一张"实收"——内容是徽州绩溪人周至仁捐银四十五两四钱，请奖监生。光绪四年（1878年）六月十七日由"安徽劝办山西赈捐总局"发给实收，以凭换照。这是徽商与"丁戊奇荒"的资料。

应当指出的是，以往，学术界对于明清时期的徽州文书比较重视，但反映近现代社会生活的文书史料，实际上同样也值得我们珍视。

明清以后，徽商遍布全国各地，每当战乱，徽州人便首当其冲，商业及人身安全均受到剧烈的冲击，这在许多徽州文书特别是信函、日记中有较多的反映。以抗日战争时期为例，相关的信函就相当之多。如夹在一册名叫《定礼府君丧费簿》文书抄本中的两纸信函，与该册文书一起，详细记述了徽商汪柏林在"一·二八淞沪抗战"和"八一三事变"两次事变中损失之惨烈，以及逃离上海返归故里的艰难历程。另一册日记抄本《腾［誊］正日记》，全书近 5200 字，是一位徽州小女孩写的 1937 年前后的日记。当时，"七七卢沟桥事变"之后，中日全面战争爆发。11 月 9 日，在上海与日军激战将近三个月的中国军队，被迫全线西撤。此后，上海、常熟和嘉兴等地相继沦陷。11 月 22 日，在徽州，这是个天气阴郁、刮着风的日子，女童在日记中写道："今天，我看见苏地来的难民，到我徽州不少。我说，很可怜，难民夜里睡的稻草被，一天三餐，也没有一餐饭，难民也是没有法子，但是见他们这样难苦，不由我的眼泪，也就掉下来了。唉！……"此后，战争的阴霾渐渐地逼近皖南山城。日本飞机的盘旋骚扰及轰炸，打破了山城的宁静，一时间风声鹤唳，各种传言纷纷。在原本充溢着童趣的小本本里，陡然增添了诸多的忧伤，快乐女童也就过早地感受到人世间的痛苦。难得的是，女童虽小，但透过她的记述，我们更可了解这场战争对皖南山区经济造成的破坏。日机对皖南的盘旋威胁以及野蛮轰炸，直接影响到徽州人的日常生活。譬如，歙县的琳村，原是珠兰花茶的窨制中心，也是歙县内销茶的集散地。茶业极盛时期，琳村厂号多达四十余家，年产珠兰花茶七百数十吨。但 1937 年的冬季，日军相继占领济南、泰安等地，受战争的影响，山东商人裹足不前。1938 年 4 月 30 日，女童写道："去年从七八月和日本战争，失去土地很多，所以山东也失去了，山东省的人，不能到我本地来收珠兰花做茶叶，养珠兰花的人，没有钱进，苦了很多。"民国时期，随着盐、典等传统生业的衰落，在皖南，依靠茶业为活者日益增多。而日军的侵华，则使本已竭蹶困窘的民众生计更是雪上加霜。徽州女童的战时日记，正以生动的笔触，描绘了此一严酷的历史事实①。这些个案的资料，从普通民众的立场，反映了日军侵华对商业的破坏，真实地展现了徽州人对于战争的恐惧。

除此之外，一直到解放后，实际上也还有反映当时社会变动的一些文书。比如说土改和镇压反革命的一些文书档案，其格式基本上与以前明清时期的徽州文书一脉相承，所以我觉得应当归入徽州档案文书的范畴②。

徽州文书除了有很强的连续性之外，涉及的地域更是相当广泛。明清以来，长江中下游地区素有"无徽不成镇"的说法，从徽州文书揭示的内容来看，这句话实在不是一句无稽之谈。徽州歙县上丰宋氏家族的一批文书，大约有数百件（册）。前文述及，上丰宋氏在清代前期是两淮盐务八大总商家族之一，虽然在嘉庆、道光年间一度有所衰落，但他们在太平天国战事尚未结束时

---

① 详见拙文《徽州女童的战争日记》，《安徽师范大学学报》2005年第2期。
② 如1953年元月汪永益户的《土改复查丈后编号册各部图形式》，详细记录了汪永益户的土地、住宅厅屋的四至，以及土地上栽种的茶树等作物。又如民国三十八年（1949年）九月休宁县的"悔过自新书""保状"、1952年8月的"人民法院判决书"和1953年4月5日休宁县人民政府公安局管制反革命通知书，共四张。内容是徽州商人李隆权，在1943年曾担任回流乡干部以及国民党区党部监察委员，1946年又担任回流乡参议员、保长等。他在1949年9月写下了"蒋党人员悔过自新书"，并由一个叫汪新洲的人写下"保状"，经人民法院判决，最后由休宁县人民政府根据管制反革命分子暂行办法的规定，给予两年五个月的管制。之所以说这批解放后的档案也属于徽州文书的范畴，是因为其格式（如上述的"保状"）与历史时期一脉相承，所以也应归入徽州文书的范畴。

就重操旧业，从盐业经营开始，在扬州以及苏北的盐城、汉口等地经营盐业、茶业、典当等。在宋氏家族文书中，有不少信底、日记、诉讼案卷和账簿等。比如，宋氏家族在湖北通山县杨芳林、新桥、湄港和藕塘一带开设茶庄。在该家族的文书中，有关这方面的文书，至少有 8 册。以往，在湖北社会经济史研究中，我们看到较多的是茶业经营中山西商人的活动，对于徽商的活动似乎没有多少了解。这 8 册中，至少有 5 册是信底（徽商发信后自留的底稿），利用这些资料，可以比较深入地研究徽州茶商在湖北的活动。另外，宋氏家族在湖北还从事盐业、典当等商业活动，相关的"信底"迄今也保留了下来。这些对于研究徽商的商业活动及社会生活，具有较高的史料价值。

此外，在江苏、浙江、湖南、湖北、江西和四川等地，都有相关的徽州文书。由于徽州文书不仅涉及明清以来徽州的区域社会，而且与全国各地特别是中国南方的社会、经济及文化，均有着密切的联系。因此，徽州民间档案文书的研究价值，绝不仅仅局限于旧徽州的一府六县。"徽学"研究应在更为广阔的视野中，研究徽商在侨寓地的商业活动以及所形成的相关文化现象。

六、徽商经营文化研究

利用这批新发现的徽州文书，可以使此前一些起点较高的课题，在研究水准上更上一层楼。

比如徽商研究，自从二十世纪五十年代日本学者藤井宏利用明人文集《太函集》中丰富的徽商史料，写成了《新安商人的研究》一文后，徽商研究历来盛行不衰，成为徽学研究中学术成果最多的领域。1995 年出版的《徽商研究》，已开始利用徽州文书研究明清徽商的经营方式，当时利用的文书，主要是歙县芳坑江氏茶商资料等。由于类似于此成批文书的发现，毕竟是可遇而不可求的事，所以这方面的研究后来并没有更多的进展。不过，由于传世历史典籍对于商业记载颇为笼统，因此，徽商的原始账簿、家书等，对于商帮和商业史研究，就具有重要的意义。这些原始的资料，有助于我们弄清徽商的资本积累、经营活动、资本出路和社会生活的诸多侧面。

除了账簿、信函之外，其他研究徽商（特别是下层徽商）的资料也有不少。如有关契约，以往人们主要关注土地契约，商业契约发现较少。一般说来，现存的徽州文书中的土地契约盈千累万，相比之下，商业契约却所见有限。这可能是因为土地契约涉及徽州本土的经理管业推税纳粮（有时这还是身份的一种象征），故而较易在本土保存；而商业契约多是徽商在侨寓地所订立，当商务收歇后，能带回本土并保存迄今的商业契约并不多见。而在新近发现的徽州文书中，则有不少商业契约原件。如民国二十八年（1939 年），芜湖胡开文沅记笔墨商店的租约两张，为研究著名的胡开文墨庄提供了新的史料。徽商在严州开设商店的契约四张，真实地反映了徽商在金、衢、严三府的活动。晚清民国时期浙江淳安天和、福元号徽商的一批契约书信，基本上反映了徽州商号从创立至收歇的整个过程。此外，徽商分家书、账簿、商业合同、商标广告和各契纸抄录等，则提供了徽商从事经营活动真实可靠的诸多例证。

在以往的研究中，人们对于徽州巨腹商贾（如盐商、典商、木商等）的关注较多，但对那些小本起家的下层徽商之研究相对较少。而在新发现的徽州文书中，有关小商贩的记录相当不少。如民国三十二年（1943 年）由两浙盐务管理局丽水分局发放的《肩贩官盐护照》，规定了婺源肩贩郑金耀于丽水仓配盐一担，经松阳至遂昌、衢县、常山、开化，最后到婺源销售。另一张是1943 年，由婺源县矛峰乡第五保办公处保长夏元出具的通行证，证明该保第二甲居民胡怀发前往开化际溪购运食盐。这些，都提供了下层徽商小贩的生活和经营状况。另外，有关下层徽商的文化追求，也有一些文书方面的资料。如徽商胡得卿的《弄月嘲风》，就是一个婺源布商抄录前代名人及个人诗作的文集，对于我们了解下层徽商的社会生活和文化追求，具有重要的史料价值①。

除了徽商研究外，明清时代商业书的研究，此前中外学者的研究成果颇多。其中，以陈学文所著《明清商业书与商人书研究》最为系统②。明清以还，徽州人以擅长经商闻名遐迩。徽商编纂的诸多商业书类，一向为学界所瞩目。而在新发现的徽州文书史料中，单单是路程原件就超过 10 种以上，涉及南中国特别是长江中下游不少地区的商路及商业。其中，绝大部分

---

① 详见拙文：《清代徽商的〈弄月嘲风〉》，《寻根》2002 年第 4 期。
② 陈学文著：《明清时期商业书及商人书研究》，"国学精粹" 46，洪叶文化事业有限公司 1997 年版。

均较以往刊行的路程图记更为详尽，有的则提供了另外的一种版本。此外，其他的商业书也颇多发现。如《开卷见源》《杂货名目》《商贾格言》《江湖辑要》《便蒙习论》《商贾便览》和《士商类要》（以上两种与学界此前所知者版本及内容皆不相同）等商业类著作，对于研究徽州民间的从商经验、徽商经营的商品种类、商业道德规范、学徒从业的基本知识以及各地市面的行情等，都具有极高的史料价值。在"无徽不成镇"的明清时代，徽州人在盐业、典当、钱庄、木业、制墨、榨油和粮食业等各个方面，都留下了为数可观的专业文书。譬如，《徽墨、徽烟规则》（抄本）对于徽州墨局中的司事、司作、做墨司、填做司、柜伙、做墨学生、填字学生、柜上学生、司作、刻印和修坯各色人等，都订有详明、严格的规章制度。内容涉及其人的职责、操守、薪俸及待遇，甚至对岁时节俗三餐的饮食酒醴，均有极为详尽的记载，生动地反映了墨业中人的社会生活。该书的发现，使得我们对于婺源墨商、徽墨的技术工艺以及徽商在湖南、四川等地的活动，有了进一步的深入了解①。类似于此新发现的珍贵文书史料尚有不少，均足供揭示出徽商在某一行当中的活动。

以前许多学者研究商业文化或经营文化，有不少是从道德修养层面去探讨，集中讨论是否贾而好儒的问题。商业文书之大批发现、整理和研究，为徽州经营文化的进一步探讨，提供了更为

---

① 参见拙文：《晚清婺源墨商与墨业研究》，复旦史学集刊第1辑《古代中国：传统与变革》，复旦大学出版社2005年版。

扎实的史料基础。从商业文书中我们可以看出，徽州经营文化的精髓所在，固然与强烈的契约意识和商业道德规范息息相关，但诸多行当之所以成为家传之秘、子孙世业，显然又得益于详尽的行商规则和制作工艺之订定。对于商人家庭或家族而言，这些商业文书作为重要的经商知识或经验世代相承，从而培养出一代又一代的新安商人，并在徽州形成了厚实的商业文化积淀，使得徽商在总体上作为一个区域人群历数百年而不衰。

七、历史事件的再认识与新领域之开拓

有的徽州文书还修正了人们对历史事实的一些认识。譬如，1999 年 1 月，上海三联书店出版了美国哈佛大学孔飞力（Philip A. Kuhn）教授的《叫魂——1768 年中国妖术大恐慌》一书。该书说的是乾隆年间让全社会卷入的割辫案，作者孔飞力以叫魂案为中心，向我们展示了统治者如何"利用操纵民众的恐惧，将之转变为可怕的力量"。这部书出版后非常走俏，学界评介颇多，除了个别极端的帖子外，可谓是好评如潮。

这当然是部相当精彩的著作。不过，我在皖南从事村落人文地理考察期间，偶然收集到一些与"叫魂"事件有关的徽州文书，促使我重新阅读《叫魂》一书，觉得仍有重新检讨之必要。其中的一份文书中除了一些咒符外，主要有：

查雍正十三年治割辫符方 / 如有割去辫者，用黄纸硃砂写三字，照写二张 / 以一张贴在割辫之处，以一张烧灰用水冲服，写符时念语三遍 / "割符割和尚，祸害自己当；疾速归家去，独自守桥梁" / 药方：硃砂，藁本、盐花、诃丁、独蒜、雄黄（各等分）右方吃一半，洗一半，外符一张，用黄纸硃砂诚心写就，做红布口袋一个，带在身上以防割辫。

该份徽州文书是张印刷品，这说明它曾在徽州一带广泛散发。一般说来，对于此类文书，时过境迁之后往往会随手丢弃或焚毁，故而能够保留迄今还真不容易！孔飞力引用了《硃批奏折》中一首防范妖术的符咒："石匠石和尚，你叫你自当，先叫和尚死，后叫石匠亡。早早归家去，自家顶桥梁。"这与上述的文书相近，但字句略有不同。我以为，前引文书不仅是首次发现的一张"治割辫符方"的实物，而且它还表明，"叫魂案"的产生年代，应当早在以往学者所了解的乾隆时代以前。

我作上述的推测，自信是有相当根据的。此前，日本学者谷井俊仁和孔飞力等曾为我们描绘出十八世纪人口持续流动的画面："移民与过客，商人与江湖骗子，僧人与进香者，扒手与乞丐，拥塞在十八世纪的道路上。"这种画面的出现，其时间可能更早一些。早在康熙年间的徽州文书中，就有不少针对乞丐及游方僧的措施。如婺源北乡文书抄本——《目录十六条》中，就有《约保禁帖》：

某约保甲为严禁游丐以清地方事。本约保甲节奉上司明文、县主钧示，盘诘奸细，稽察匪类，凡有面生可疑、异言异服之人，驱逐境外，不许容留在住，所以防奸止盗，安靖地方也。时值隆冬，更宜严加禁饬。今见有等游丐成群，日散村落游食攘窃，夜聚庙宇酗酒呼卢。若不严禁，窃恐奸宄潜生，贻患叵测，为此出帖通知，嗣后凡遇游丐，立行驱逐，不许庙宇容停住宿，市肆不许贸易酒肉，倘有窝窃等情，会集保甲获拿，呈官究理，庶奸宄潜消，而地（按：此二字当为衍文）而地方得以安靖矣。特帖。

　　康熙　年　月　日乡约、保长、甲长、地方人等仝白。

　　康熙三十九年（1700年），婺源县浙源乡嘉福里十二都庆源村詹氏宗祠就曾"出帖驱逐一切闲游僧、道及面生可疑等人，以耳闻邻邑有儿童辈被其阴害故也"。[①] 这条记载与乾隆朝的叫魂案颇为相近，由此看来，前引徽州文书透露的雍正十三年曾经出现的割辫事件，应当不是空穴来风。割辫引发的危机，早在清初的康熙年间就已出现，并在有清一代时隐时现 [②]。

　　新发现的徽州文书，还有助于开拓一些新的领域。由于徽州文书中有大批反映民众生活和大众文化的内容，故而对于徽州社会史的研究尤其具有重要的价值。特别是村落社会史研究，必将会有进一步的突破。村落社会史是本世纪中国社会史研究的一个

---

① 〔清〕詹元相：《畏斋日记》康熙三十九年六月二十一日条，中国社会科学院历史研究所清史资料室编《清史资料》第4辑，中华书局1983年版，第191页。

② 详见拙文：《从新发现的徽州文书看"叫魂"事件》，《复旦学报》2005年第2期。

重要领域，而在新发现的徽州文书中，有极为可观的村落文书，其数量之多，内容之丰富、详细，可能是任何一个地区所无法比拟的，这极大地弥补了此前村落社会生活史料匮乏的限制。

徽州是个著名的商贾之乡，"人家十户九为商"[①]，在徽商如日中天的明清时代，大批财富源源不断地输回本土，促进了"小徽州"（徽州一府六县）区域社会的发展，使得当地成为精英文化和通俗文化并重、社会发展较为均衡的地区。于是，自明代中叶以来，徽州社会的聚落景观和社会风貌都有了重要的改观，特别是村落社会的发展，尤其引人瞩目。众多的村落文书，对于村落社会的研究，提供了具体而微的绝佳史料。譬如，清代前期不同年代编纂的《新安上溪源程氏乡局记》抄本两种，详细辑录了婺源上溪源村落社会变迁的诸多档案文书，反映了十八世纪婺东北的村落布局和人地关系，为我们相对接近地复原明清以来徽州村落社区的组织形态和社会生活，提供了难得的研究素材[②]。利用这批资料，我们可以对徽州的村落社会史作非常详尽、细致的研究，并以此为基础，确立村落社会史研究的类型，从而为村落社会区域类型的比较研究，奠定可靠的基础。

又比如说，徽州文书与历史地理研究。从南宋以来一直到解

---

① 佚名：《歙西竹枝词》，见《徽学》第 2 卷，安徽大学出版社 2002 年版，第 373 页。
② 参见拙文：《徽州村落文书的形成——以抄本〈新安上溪源程氏乡局记〉二种为中心》，日本国文学研究资料馆、史料馆主持国际合作项目"历史档案的多国比较研究"第一次国际学术会议（"近世东亚的组织与文书"）论文（汉城，韩国国史编纂委员会，2004 年 11 月），载《歷史のアーカイブズの多国間比較に関する研究》研究成果年次报告书平成 16 年度，2005 年版。

放后，徽州遗存下国内目前所知为数最多的契约文书，契约散件和簿册文书可谓汗牛充栋。其中，黄册、鱼鳞图册和保簿等各类文书的数量均相当可观。这些资料，提供了大量徽州各地无微不至的地名史料，通过细致地分析，可以在一定程度上复原南宋以来（尤其是明清时代）皖南的土地利用状况，从地名演变的轨迹探讨地域文化之特征和地理环境的嬗变。在徽州文书中，都图地名方面的资料相当不少，如抄本《歙县都图总谱》《歙县四乡地名总录》《歙县各都图字号乡村地名》《歙县都图地名及各图字号》《徽州府休宁县都图地名字号便览》《黟县花户晰户总簿录》《新安海阳地名图说》《绩溪县城市坊村经理风俗》和刊本《明清两朝丈量田亩条例（附田形图式）》（歙县集成书局1937年版）等。其中，《歙县都图总谱》首页另题"歙县都图全载并附十六乡名新丈字号"，分歙东、歙北、歙西和歙水南四个部分，共记录地名一千一百九十一处，对于县域范围内的地理概念提供了清晰的图景。此外，徽州大量的启蒙读物中，对于各类地名的特征，也有详尽的罗列和动态性的描述。鉴于地名史料的巨量蕴藏，有关徽州地名学的研究，显然是尚待发掘的宝库①。

今后徽学研究资料的编纂，应当是更为细致的分类资料编纂为主。这是因为，以往的《明清徽州社会经济资料丛编》两集和《徽州千年契约文书》四十卷，都不是分类文书资料汇编，因为当时的条件尚不具备，对于文书的整理和研究还比较单

---

① 详见拙文：《民间文书与历史地理研究》，载《江汉论坛》2005年第1期。

一。现在，由于新发现的徽州文书涉及面极广，史料价值也很高，因此，有必要也有可能对之加以分类整理和研究。在分类整理的基础上，对之作专题性的研究，形成相关的资料集及研究专著。

八、余论

综上所述，徽州文书的大批发现，为人们开启了徽学以及明清社会文化史、经济史研究中的许多新课题，使得以往无从下手的许多研究，一下子增添了不少内容翔实而生动的新史料。这批资料的整理和研究，必将进一步推动徽学及明清社会文化史、经济史研究的深入。

当然，对于徽州文书的整理和研究，仍然存在着一些困难。在国内的图书馆、博物馆和档案馆中，收藏着许多极富价值的徽州档案文书，但不少公藏机构有着这样或那样令人匪夷所思的规章制度，始终无法为学者提供强有力的学术支持。等而下之者，甚至以种种借口人为地封锁资料①。但我以为，徽州文书不是古玩，更不是古董，离开了学术研究就无法体现它的真正价值。殚思竭虑详尽收集资料是学术研究的第一步，但单纯依靠占有乃至垄断资料，却并不足以提升个人或研究机构的学术水平，人为地

---

① 　详见《我的徽州文书缘》，载《中国档案》2005 年第 11 期。

封锁资料，以资料的垄断制造并满足于"某某学在中国""某某学在某地"之类的虚幻其实并没有多大意义。我以为，徽州文书作为水云深处的历史记忆，不仅是中华民族的珍贵文化遗产，也是全人类共同的重要文化财富，个人或机构的保存永远都是暂时的。

鱼雁留痕：传统时代的情感档案

一、书信与情感表达

大概自从有了人，就需要交流思想，沟通信息。特别是在短暂或长久的分别中，彼此之间更需要以某种方式相互联络，表达相思或爱慕之情。这样的沟通有多种多样的方式，既有通过实物传情达意，又有运用文字来互诉衷肠。

唐人樊绰《蛮书》卷10有一段记载，说南诏为了表示愿意归附唐王朝，送上一具"金镂合子"。这里的"合"，通盒子的"盒"，里面装有几样东西：丝绵，当归，硃砂，以及金石。这几样东西分别代表不同的含义：丝绵非常柔软，表示自己完全臣服于大唐；当归是一种中药，这里可以望文生义，取其字面上的意思，当归，应当归附，指南诏愿意内属于唐朝；而硃砂呈红色，故有丹心向阙之意，对朝廷忠心耿耿，一片赤诚；金属是非常坚硬的东西，南诏用它来表达自己归附唐朝的决心非常坚定。

《蛮书》也叫《云南志》，是作者樊绰于唐朝懿宗咸通三年（公元 862 年）充当幕僚时编写的一部著作，为研究唐代云南等地各民族历史地理的一部重要资料。当时，统治云南等地的是少数民族政权南诏，南诏在唐玄宗开元年间（713—741），在唐朝的支持下统一了六诏，全盛时期辖有今云南全部、四川南部和贵州西部等地。南诏部分采用了唐朝的政治制度，并与唐王朝保持着密切的联系。她以绵、当归、硃砂和金来表达自己柔服、内属、丹心向阙和意志之坚……

这种用实物来表达心意或者情感的方式，在后代亦屡见不鲜。清初文人施闰章曾写过一首诗，叫《枣枣曲》，诗歌这样写道：

> 井梧未落枣欲黄，秋风来早吹妾裳。
> 含情剥枣寄远方，绵绵重叠千回肠。
> 封题寄去凭君语，枣甘谁道妾心苦。
> 闺中不识望夫山，君看泪湿床头土①。

施闰章是清朝初年宣城县（今安徽省宣州市）人，宣城县属宁国府，后者与徽州府毗邻。这首《枣枣曲》见于施氏的《学余堂诗集》卷 2，它以妇人的口吻状摹，字面上的意思是说：天井里的梧桐树叶尚未落下，但枣子皮快要变黄了，秋风来得很早，

---

① 〔清〕施闰章：《学余堂诗集》卷 2，《景印文渊阁四库全书》第 1313 册，台湾商务印书馆 1983 年版，第 368 页。

吹着我的衣裳。我满怀深情地剥开枣子，将它寄往远方。这枣子里寄托着我的无限情感，枣子很甜，但有谁知道我内心的痛苦？我在闺中并不清楚望夫山在哪里，但因为您不在家中，睡床的另一头日久生尘，被夜夜滴下的泪水浸湿了……"望夫山"是中国民间传说中的古迹，在许多地方都有，最著名的当推今辽宁省兴城市西南的望夫山。相传这里是秦始皇修长城时孟姜女望夫的地方，上面盖有孟姜女庙。其他的如安徽、湖北、江西和山西等地，也都有"望夫山"。在中国的历史典籍中，"望夫山"通常是作为一种意象，用以抒发女子思念丈夫的情感[①]。

这首诗歌的前面有个小序，说枣枣是两颗枣的意思。这种枣叫香枣，系徽州府休宁县的一种特产，具体做法是将两颗枣子切开，叠在一起，两颗枣子中间撒上一些茴香粉，然后再用蜂蜜腌制。腌制而成的蜜枣，为馈赠远方好友的土产。这种腌制蜜枣的方法，据说最早是一些商人妇（亦即徽商的妻子）所创，为的是寄给在外经商的丈夫，取其谐音，意思是让丈夫早早回乡。

商人妇用本地土产寄给徽商，表达某种愿望和情感，这当然是天各一方的夫妻之间情感传递的一种方式。

无论是南诏送给唐朝的金镂盒子，还是徽州商人妇腌制的"枣枣"，都以实物交流思想、表达情感。这种实物，只有在约定俗成的背景下才有意义。在这里，唯有心有灵犀，才能彼此沟通。否则，便很容易产生歧义。因此，除了要含蓄地表达情感之

---

① 唐人王建有《望夫石》诗："望夫处，江悠悠，化为石，不回头。山头日日风复雨，行人归来石应语。"见何立智等选注：《唐代民俗和民俗诗》，语文出版社 1993 年版，第 470 页。

外，在通常的情况下，沟通情感、交流思想的最好方式当然是文字，也就是书信。

二、暗号式的"画信"

异地人群相互沟通的交流之上选，虽然说是文字形式的书信，但在传统时代，下层民众中有很多人是文盲，他们不识字，因此，有的就以"画信"（在信纸上画些图画）来表达自己的情感，或者传达某种讯息。

譬如，在福建沿海，以前有许多人外出谋生，尤其是前往南洋（东南亚）一带的人相当之多，故而在福建沿海的不少地方，都流传着"画信"的故事。如福清县，就流传着《阿秀巧识奇信》的故事。这个故事说的是福建省福清县海口镇有一对恩爱夫妻，丈夫叫阿明，妻子叫阿秀。阿明前往新加坡谋生，在当地割橡胶、拉黄包车和做苦工。到春节时，他将平日积攒下来的一百块大洋，拜托一位叫陈三的人兑成银行汇单带回唐山，并且附了一封信，交给自己的妻子阿秀。陈三接到汇单和书信后，心里暗想："这个阿明分明是个文盲，怎么还会写信，真是笑话!"他悄悄地将信打开一看，却发现里面只是画了一些乌龟王八和狗，顿时就起了贪念，到福清时，便只交给阿秀五十块大洋。没有想到，阿秀拆信后，看到信中画有四只狗和八头鳖，很快猜出阿明寄回的应为一百块大洋，而非五十块。她的理由是——在福清方言中，"狗"与九同音，"鳖"与八的发音相近，四只狗为四九三十六，八只鳖则是八八六十四，三十六加六十四，正好是一百元。听到阿秀的这番剖析，陈三只好乖乖地交出另外的五十块大洋。[①]

　　类似的故事，在福建沿海的其他地方也有发现。如福清县龙田镇亦有《一封"画信"》的传说，说的也是大同小异的故事，不同的地方只是——信上画着八只鳖、四只猴、一棵柳树和一艘船。八只鳖（鳖音八），八八六十四；四只猴（猴音九），四九三十六；两项加起来，也正好一百元。至于一棵柳树和一艘船，则表示写信人翌年三月或五月会回家一趟。这是因为当地歌谣有："三月里来柳树开，五月里来划龙船。"[②]而闽南石狮的蚶江镇，也流传着《阿全写信》的故事，说的也是类似的事情，只是信上画的是八只狗，七个寺院。狗与九、寺与四闽南音相同，八九七十二，七四二十八，也正好是一百。[③]

　　这些"画信"，类似于一种猜谜，或者说是一种暗号，显然，只有恩爱夫妻心心相印，或是朋友之间的约定俗成，这样的"画信"才有意义，才有可能得以正确的解读。

　　除了下层民众的"画信"之外，有时，画信也是标新立异的情感表达方式。据说曾经有一个女郎，给她的相好写信，信的开

①　福清县民间文学集成编委会：《中国民间故事集成》福建卷《福清县分卷》，1990年版，第255—257页。
②　福建省福清县龙田镇民间文学三集成编委会：《龙田民间故事》，1989年版，第105—106页。
③　石狮市民间文学集成编委会：《中国民间故事集成》福建卷石狮市分卷，1991年版，第589—590页。

头一个字都没有，只是先画一个圈，再画一个套圈，再连续画几个圈，再画一个圈，再画两个圈，再画一个完整的圈，再画一半的圆圈，最后是画无数的小圈。看到这样的"画信"，有一位好事者就题了一首词：

> 相思欲寄从何寄，画个圈儿替。
> 话在圈儿外，心在圈儿里。
> 我密密加圈，你须密密知侬意。
> 单圈儿是我，双圈儿是你，
> 整圈儿是团圆，破圈是别离。
> 还有那说不尽的相思，把一路圈儿圈到底。[①]

这种"画信"的方式，除了标新立异之外，原本是无奈的选择。因为与前揭以实物表达情感的方式一样，也极易产生歧义，而白纸黑字的书信，显然更受世人的信赖。

三、方言与书信写作

不过，要用白纸黑字的书信还有一些具体的困难。因为在民间社会，除了一般民众中有许多人不认识字之外，方言也是一个

---

① 郑逸梅：《尺牍丛话》，上海古籍出版社 2004 年版，第 35 页。

很大的障碍。中国幅员辽阔，各地方言纷繁复杂，而彼此沟通交流的文字，则主要是一种书面语言。如何将方言土语翻译成书面语言，有时也是一件令人伤脑筋的事。元末明初陶宗仪所编《说郛》中有一段记载，就反映了方言口授、文人代笔的困难：

> 族婶陈氏，顷寓严州，诸子宦游未归。偶族侄大琮过严州，陈婶令代作书寄其子，因口授云："孩儿要劣，妳子又阒阒（音吸）霍霍地。且买一柄小剪子来，要剪脚上骨出（上声）儿、胳①（音胖）胝（音支）儿也。"大琮迟疑不能下笔，婶笑云："元来这厮儿也不识字！"闻者哂之。
>
> 因说昔时有京师营妇，其夫出戍，尝以数十钱托一教学秀才写书寄夫，云："窟赖儿娘传语窟赖儿爷：窟赖儿自爷去后，直是忔（音胖）憎②，每日恨（入声）特特地笑，勃腾腾地跳。天色汪（去声）囊，不要吃温吞（入声）蠖托底物事。"秀才沉思久之，却以钱还，云："你且别处倩人写去。"与此正相似也。窟赖儿，乃子之小名③。

上述记载中的第一段是说——浙江严州府妇人陈氏，有好几个儿子出外做官没有回来。有一次，族侄大琮经过严州，她就想让大琮代笔，写信寄给儿子，于是就向他口授了一封信，她说的

---

① "胳"的异体字。
② 忔憎：本为可爱的反语，多用为可爱之意。黄庭坚《好事近》词："思量模样忔憎儿，恶又怎生恶？"
③ 〔明〕陶宗仪：《说郛》卷34上。

话都是严州当地的方言，大致的意思是说：孩子很顽皮好动，希望买一把小剪刀来，将他的脚趾甲剪掉。因为讲的是方言，大琼不知道该怎么翻成书面语言，故而迟迟不能下笔，这引起了陈氏妇人的误会，她笑着说：原来这家伙跟我一样也不认识字！听到这件事的人，都觉得很好笑。

上揭第二段又说了一个故事——北京军营里有个女人，丈夫出征去了，她就花了几十个铜钱，请一名教书先生写信寄给丈夫，她儿子的小名叫"窟赖儿"，所以她就向那位教书先生口述说：你要这样写，窟赖儿的娘写信给窟赖儿的爹，窟赖儿自从他爹走后，非常可爱，每天笑啊，跳啊，一刻不停。接着她嘱咐丈夫，现在天气转凉了，不要吃那些不冷不热的食物。她口述的这段话里面也都是方言，所以那位教书先生想了半天，觉得无从下笔，只好将钱退还给她，说：你到别处找其他人写去吧！

由于方言与书面文字的差异，所以在明清尺牍教科书中，有的就是教人们如何将方言土语翻译成通行全国的书面语言。

我手头有一部清朝光绪十三年（1887年）刊行的《指南尺牍生理要诀》，其中有"俗语"和"正话"的对照：

> 方注俗语，乃本邑土音，多从土解，别字或逢冇言字，权用相似之音写落，逐句配念正话。……写信之时，当写正话，不可误写俗语，便别处之人难读。

"俗语"也就是方言，"正话"则是指书面语言。写"正话"是为了让其他地方的人便于理解。兹举书中的两例说明：

俗　　语	正　　话
甲伊新年着倒来，依囝大汉，梅规矩，着来教训，只节那梅训，较大汉卜再样。	嘱伊明年须返来，伊子长大，不守分，须来教示。此时若不教示，至长大要如何。
我看伊毒日甲人相打，那梅就食酒拔缴，我教训伊都梅听，磨汝共阮兄说叫安生。	我观他逐日与人相斗，不然则饮酒赌博，我教训伊总不理，烦汝与吾兄陈及如此。

上述第一段是说：叫他明年要回来，他的儿子人高马大，不守本分，应当好好教导，现在如果不教导，到长大了会怎么样？第二段是说，我看他每天与人争斗，不然的话就是喝酒赌博，我教训他总是不被理睬，麻烦你与我的兄弟说一下这件事。在上面的教科书中，左边一段是方言，右边的另一段则是文言的解释，相互对照，以便于学习。"囝"这个词是福建和广东方言，唐朝诗人顾况《囝一章》有"郎罢别囝"句，"郎罢"就是父亲，"囝"也就是儿子。

从《指南尺牍生理要诀》中的用词来看，应当是清代闽南的方言。除了方言与书面语言的一一对照外，《指南尺牍生理要诀》中，还收录一封完整的书信，题目叫《何有能在泉寄广与弟何有才书》，是一个叫何有能的商人，在福建泉州，写信给在广州的弟弟何有才，内容反映了闽粤之间的商业贸易。这部书的第一页上盖有"胡号昌记"的红色店号章，再加上该书发现于徽州，可能是在福建或广东经商的徽商在当地购买的图书。

除了闽南方言外，用粤语写的书信应当也有不少。福建、广东一带，自宋元以来就有大批人到海外谋生，因此，海外的华侨相当之多，他们与家乡亲人的通信，有个约定俗成的说法，叫"侨批"。所谓批，是福建、广东一带的方言，也就是书信的意思，"侨批"亦即华侨的书信。这些书信中，应当有一些是以广东方言书写的。

宋元以来，在海外华侨中，闽粤一带的人为数最多，在台湾、东南亚以及日本等地，来往经商之人的方言背景大致相同，这使得闽粤方言有着广阔的使用空间——这应当就是方言书信出现的背景。

与闽粤一带的情况稍有不同，徽商的经商之地虽然遍及全国，但其主要的活动空间是在长江中下游地区，他们需要与不同方言背景下的人群打交道，书信作为一种礼尚往来的交往方式，必须以通行的书面语言作为基础。而且，徽州的文化普及程度较高，再加上为人们寄送书信的信客，往往也有代人写信的义务。因此，保留下来的徽州信札除了夹杂有少量方言字词以外，到现在尚未发现完全用土话撰写的书信。

四、书信与日常生活情境

明清以来，徽州是个高移民输出的地区。早在明代，嘉靖、隆庆时人王世贞就曾指出：

> 大抵徽俗，人十三在邑，十七在天下；其所蓄聚，则

千山夕阳：明清社会与文化（全新修订版）

十一在内，十九在外。①

　　可见，大约只有十分之三的人在徽州本土，却有十分之七的人到全国各地去务工经商。到了清代以后，这种高移民输出的状况仍然未曾改变。由于大批人外出务工经商，他们与本土的亲戚朋友声气相通，彼此的通信极为频繁。因此，直到现在，当地还保留下来相当之多的书信尺牍。其中，既有乡绅官宦的鱼雁往返，又有下层民众（如中小商人、学徒）的来往信函，它们具体反映了徽州各个阶层的社会生活。

　　就目前所见，徽州保留下来的书信有三种类型，一是书信原件，二是信底，三是书信活套。

　　比较著名的书信原件，是现存于美国哈佛燕京图书馆的明代歙县方氏书信七百通。这批书信早在十九世纪末的光绪年间就流失到日本，第二次世界大战日本战败后，又辗转卖到美国，现为哈佛燕京图书馆收藏。后经陈智超先生的编辑，出版有《（美国哈佛大学哈佛燕京图书馆藏）明代徽州方氏亲友手札七百通考释》②。这批手札是国内目前所知数量最多的一批明人信札，对于明代史的研究，具有一定的史料价值。我在近十年的田野调查中，也收集到一些颇有价值的书信原件，如来自黟县西递村胡氏家族的一箱信函，有不少是粘在一起的书信长卷，字迹秀逸，具有极高的史料和鉴赏价值。作为皖南古村落的主要代表，黟县的

① 《弇州山人四部稿》卷 61《赠程君五十叙》，《景印文渊阁四库全书》第 1280 册，台湾商务印书馆 1983 年版，第 92 页。
② 上、中、下三册，安徽大学出版社 2001 年版。

西递和宏村一起，于世纪之交被联合国教科文组织列入世界文化遗产保护名录，在这样的背景下，该批信函原件也就成了我们进一步挖掘徽州人文内涵的典型史料。在徽州，类似于黟县西递胡氏这样的信函相当之多。

除了书信原件外，在徽州，还有许多汇集成册的信函汇编，有的称"信底"，有的称"信根"，也有的称作"鱼雁留痕""鸿雁留迹""尺素常通""鸿爪遗踪""往来书柬"或"家书摘录"等。一般说来，信底的价值要略逊于书信原件，但也不能一概而论，因为信底是成规模的信函汇集，容易看出事情的来龙去脉，有的信底的价值就相当之高。如晚清时期在湖南经商的婺源墨商抄本《詹标亭书柬》，就极有价值。这家墨商叫詹彦文，出自婺源县东北乡的岭脚村，墨店开在湖南的长沙，另外在湘潭等地开有分店，其商业网络遍及湖南、湖北、广东、广西、四川、贵州、河南和江西等地。该抄本除了抄录来往信函的内容外，还将信封上的内容（如寄收信人名字、地址、信局和酒资等）也都一一照抄下来。因此，除了可供商业史方面的探讨外，还有其他多方面的研究价值①。

信函原件和信底之外，还有书信活套。所谓活套，是一种尺牍范本，供各类人等在写信时模拟、套用。2005 年 2 月 21 日BBC 中文网上有一篇文章叫《代写情书和情书软件》，说情人节前夕，市场上出现了一种"情书软件"，依靠它可以在极短时间

---

① 参见拙文《晚清婺源墨商与墨业研究》，载复旦史学集刊第 1 辑《古代中国：传统与变革》，复旦大学出版社 2005 年版。

里发出成百封内容各不相同的情书。根据使用过这一"情书软件"的人说，在电脑上，花不到半分钟时间，下载一个名为"某某情书"的软件，而后在界面上"你的名字"和"他（她）的名字"两栏中，分别输入名字，然后在行数一栏，输入具体要求，如情书的长短、行数等，最后点击"开始"，不到几秒钟，一篇情书就显示在电脑屏幕上。更换几个模板和组合，每次写出的情书都不相同。据说，这些情书往往"情意绵绵"、"辞语华丽"，只是"毫无个性"，"类似公文"。其实，这就是当代的书信活套。

　　在传统时代，有不少教人撰写书信的教科书，其中有许多书信活套，大都分为问候、思慕、庆贺、慰唁、馈送、邀约、借贷、荐托、箴规、索取和延聘等类，各类都有套语。这是各种各样的应用文，有的也叫"写信不求人"，意思是应用者不需要找人帮忙，只要填入对方和自己的名字就可以了。有的活套甚至被编成了四言的启蒙读物，将写信时的措词用语，都一一编入。如《汪大盛新刻详正汇采书信要言》（简称《书信要言》）① 全书为四言，有些旁边注有读音，如"惟虑毟倪"的"毟"，旁注"帽"。这本书印刷有点粗糙，其中还有一些错讹。从"汪大盛"的名字来看，这应是徽州人编辑或出版的一册启蒙读物。《书信要言》首先说：

　　　　眼前紧要，外戚内亲，往来书信，传递家音。
　　　　先行具礼，开写某人，顿首百拜，要辨彝伦。

------

① 　刊本1册，王振忠收藏。

接交亲眷，当论旧新，辞取达意，不必奥深。
事理通达，言语和纯，卑呈尊长，□肃敬陈，
薰沐叩首，上覆殷勤。简牍启札，奉答禀申，
誊写字样，务要楷真，语言的当，莫砌虚因。

接着谈到写信的格式，开头怎么写，结尾怎么写，如何称呼对方，以及如何自称等等。对于信封的写法，文中也有交代："封皮格式，不可潦草，必要功书，内信一道，敢烦顺车，稍[捎]带某处，某府州县，望付某人，亲手收开，增勿沉滞，感感不浅。"最后有："是为活套，简切粗浅，一字之差，千里之远，随时酌用，学者自勉。"这说明该册《书信要言》确为活套之一种。

在《书信要言》的中间部分，分门别类地列举了写信的活套。一般"家书类"都分各种情况，如"祖在家（示孙）""孙在外（禀祖）""孙在家（禀祖）""父在家（示子）""子在外（禀父）""父在外（示子）""子在家（禀父）""伯叔在家寄侄""侄外奉伯叔""伯叔在外寄侄""在家奉伯叔""兄在外寄弟""弟在家奉兄""兄在家寄弟""弟在外奉兄""母示子书""子在外禀母""夫寄妻"和"妻寄夫"等。而《书信要言》也分六种类型，一种是妻子写给丈夫的信：

女儿起嫁，我难作主，接他不多，你回议处，无人嫡量，实难应许，盆桶有限，查仪使女，首饰衣服，箱笼橱椅，衣架须毡，门幔帐坠，器皿铺陈，布袋包袱，线篚篮妆，

糖铿匙筋，茶饼节糕，样样难拒，上贺手巾，答鞋送去，虽无献驾，门面要与，备办不周，受他言语，儿女分上，再三难阻，你躲不归，尽是我举，讨尽咶咕，受尽苦楚。（说女儿出嫁，备办嫁妆的破费及难处）

时下作田，节临谷雨，浸谷撒秧，当先预备，灰粪牛租，临期难具，割麦莳田，无人相助，早起夜眠，十分忧虑，正值人忙，撺他不住，先要工钱，方肯应赴，倩人挑灰，耘锄耰耱，酒饭安排，方达时务，支当怠慢，心中恼怒，便做羁迟，愈加耽误，鸭子咸鱼，粿粽酒腐，整治现成，不能将就，你不寄回，我无摆布。（说雇人做农活，遭磨洋工，丈夫寄钱不多，不够应付）

媳妇儿孙，不受训诲，生事冤家，惹人恼燥，柱［枉］废［费］心机，全无所靠，四处嬉游，家赀荡废，此样不才，后背［辈］依例，汝我命低，终难过世，不得他力，反加着恼，玷辱祖宗，带累亲戚，光棍行移，结交乖戾，倚靠狠凶，动辄用势，好处不行，偏耽艰计，说谎话风，其余不济，性子蠢愚，肚里又滞，家事冗忙，无人可替，讲他不是，就做把戏，要吃砒霜，投河自缢，搬唆炒闹，赌咒发誓，不知廉耻，全忘恩义，偷食博嘴，抵诟骂詈，好吃懒做，不学手艺，醒龊脸脏，邋遢臭秽，针指懒拈，衣不补缉，只好闲游，愈懒泼佞，发祸生灾，拆篱打壁，报是报非，东挑西递，似此胡行，终无了日，讨死讨活，难宗难系。傍早回家，分他自吃。（涉及婆媳矛盾，提出的解决方案是分家另过。）

你在途中，务宜将息，晏些起程，早些歇息，且自宽心，不可恼悒，忍耐回家，嘀量算计，只此报知，收拾仔细。（最后嘱咐丈夫在外保重，不可气恼）

《书信要言》中的第二种活套是丈夫出外经商，写信给妻子。第三种是儿子出外经商，写信给父母。第四种是哥哥外出，弟弟在家写信。第五种是儿子外出，母亲写的信。第六种是外出的儿子，寄信给母亲。显然，根据写信和收信人的不同，书信可以分成许多种。在形形色色的书信中，夫妻之间的书信因其情意绵绵，说是情感档案尤其当之无愧。

通常情况下，活套的价值要低于书信原件及信底。但有一些活套，却也反映了某个区域普遍的情形，因此具有特别的资料价值。譬如，星源（婺源）汪文芳所辑的《增补书柬活套》，是流传很广的书信活套，在徽州，几乎各个县份都有该书的刊本和抄本。单单是笔者寓目者，除了徽城（即歙县县城）程聚文堂、大成堂、文林堂和屯溪杨同文堂等多种版本外，尚有不少的抄本存世。从时间上看，此书抄本早在道光十八年（1838 年）就已出现，此后的光绪七年（1881 年）、二十六年（1900 年）都有刊本。从 1838 年到 1900 年，前后相距半个多世纪。其中的活套，反映了徽州人日常生活及商业活动中的诸多应酬。如《贺开典》的来往书信：

兄台济世才也，而经营质库，以周人缓急，是利人利己，一举两得，行旺取不伤廉，而坐获千倍，窃谓陶朱意计所未能及也，聊奉贺仪，预为赞喜。

心逐蝇头，神留质剂，虽曰缓急时有可以济人，实则子母相权，利归于己，惟兄台不鄙为垄断足矣。过蒙珍贺，拜惠汗颜。

《贺开杂货店》：

足下负经济鸿才，寄迹市肆，小鲜之烹，聊试其技，然而何有何无，当不让五都之市，从此泉货流通，财源充积，不可量矣。兹奉菲仪，聊申燕贺，幸勿见外。

弟以水面生涯，风霜劳顿，日无宁足，偶图开肆以资糊口，其实劳劳虚度，力只为疲，而所觅者真蝇头耳。敢望日新月胜，累百盈千乎？过蒙珍贺，汗颜拜登。①

此外，还有《贺开绸缎店》《贺开布店》《贺开衣店》《贺开京货店》《贺开行》《贺开药店》《贺开酒店》《贺开烟店》《托经纪取账》《托外买货》《托家买货》《寄货回家托卖》《寄货出外托卖》《借银》《讨银》《代借代讨》《托求宽限》《托人讨银》和《邀友经商》等，都从不同侧面反映了商人的经营状况。尤其应当指出的是，该书中还有一份《海洋来往活套》：

海天辽阔，不获时通信息，罪歉良深！而异乡身体，惟

---

① 〔清〕汪文芳：《增补书柬活套》卷1，〔日〕波多野太郎编、解题：《中国语学资料丛刊·尺牍篇》第3卷，不二出版1986年版，第348—349页。

宜珍重自爱。早眠晏起，强饭加衣，乃旅人之大方法，幸祈垂意焉！异域风土，非可久羁，惟愿顺时自重，稍可如意，即当归棹，毋使故人望洋而忆也。阻被汪洋，徒切怀人，水天遥远，能不依依？回浪千层，萍踪如许奔波。飞�一叶，形影相随天外。梦寐思维，君其亦同此离别情乎？奔走天涯，原图觅利，言旋须速，不可以异乡花草为恋。海阔天空，思情如缕，水远音积，离想若割。何日再睹光仪，聚首谈心，以舒积悃耶？汪洋迢隔，鱼雁难通，惟有临风怀想而已！①

根据我的研究，这显然是大批徽州人从事海外贸易背景下的产物，它凸显了清代前、中期徽商在苏州与日本贸易方面的重要角色②。

五、两地书

夫妇之间的两地书很早就已出现，在敦煌文书中，就有《夫与妻书》和《妻与夫书》之类的书仪，供人模仿套用。唐人张

---

① 〔清〕汪文芳：《增补书柬活套》卷3，《中国语学资料丛刊·尺牍篇》第3卷，第382页。
② 参见拙文《〈唐土门簿〉与〈海洋来往活套〉——佚存日本的苏州徽商资料及相关问题研究》，载《江淮论坛》1999年第2期、第3期、第4期。

敫编撰的《新集诸家九族尊卑书仪》中，就有一往一复的天涯芳信：

> 自从面别，已隔累旬；人信劳通，音书断绝。冬中甚寒，伏惟几娘子动止康和，儿女佳健。此某推免，今从官役，且得平安，唯忧家内如何存济。努力侍奉尊亲，男女切须教训。今因使往，略附两行，不具一一。(《与妻书》)
>
> 拜别之后，道路遥长，贱妾忧心，形容憔悴。当去之日，云不多时，一别已来，早经晦朔。翁婆年老，且得平安，家内大小，并得寻常。时候，伏惟某郎动止万福，事了早归，深所望也。(《妻答书》)①

据敦煌学者的研究，《新集诸家九族尊卑书仪》是现存敦煌本《吉凶书仪》类中最为简要的一种。而类似的夫妻对答，在其他的残篇遗简中亦颇有所见②，这说明经过魏晋南北朝以来的发展，两地书的形式已相当成熟。信中的"几娘子"和"某郎"，在有的两地书中或作"次娘子"和"次郎"，"几"或"次"相当于后世尺牍活套中的"某"或"△"，是一种泛指，供写信人套用。

敦煌书仪之大量出现，反映了上层礼仪向一般民众的扩散过

---

① 转引自周一良、赵和平《唐五代书仪研究》，中国社会科学出版社1995年版，第29页。
② 刘复编：《敦煌掇琐》(中央研究院历史语言研究所专刊之二，台湾商务印书馆1991年影印版)中，亦见有夫妻之间的两地书。(第337页)

程。随着时代的变迁，这种传播更加深入和广泛。元末明初陶宗仪《说郛》卷 34 有一个段子说：

> 绍兴辛巳，女真犯顺。米忠信夜于淮南劫寨，得一箱篚，乃自燕山来者，有所附书十余封，多是敌营妻寄军中之夫。建康教授唐仲友于枢密行府僚属方圆仲处，亲见一纸，别无他语，止诗一篇，云："垂杨传语山丹，你到江南艰难；你那里讨个南婆，我这里嫁个契丹。"①

这段记载是说，南宋绍兴三十一年（1161 年），金人进攻南宋，米忠信乘着夜色前往劫寨，结果缴得女真人的一个箱子，里面都是妻子写给丈夫的信。其中有一张纸上只有一首诗（应当是打油诗），内容是一个名叫垂杨的妻子捎给丈夫山丹一句话，说：你到江南打仗很辛苦，干脆我们两人就散伙吧，你到那里讨一个南蛮婆子算了，我在北方就嫁个这里的契丹人吧。它是笑话女真男人出外打仗，侵略南宋，没想到后院起火，老婆难耐寂寞，很快就有了契丹相好，所以要求与女真人分手。这是南宋士大夫从汉文化三纲五常的角度，来取笑北方民族的夫妻关系。

这种夫妻间的两地书，在明清时代所见颇多。我手头有一册徽州文书抄本，其中收录了一份相当有趣的信函。信是一个女人写的，它的开头这样写道：

---

① 〔明〕陶宗仪：《说郛》卷 34 上。

> 信奉良人知之：常言俗语无文，且喜二大人康泰，儿女
> 安宁。前接来银十两，猪油拾斤，欠账零零碎碎，算来不够
> 还人。

"良人"也就是对丈夫的称呼。妻子先是照例寒暄，说公公
婆婆及儿女一切都好，接着说收到寄来的银钱十两和猪油十斤，
临了还抱怨说寄下的银钱不够开销。

这一段话有浓厚的徽州乡土背景。我们知道，徽商外出，经
常要往家中寄送猪油。据说，明清以来，在江南各地，有一种
人拿着竹节，每天到肉摊上收猪油，收来后就装入桶内销往徽
州[1]。胡适先生在其口述自传中就曾说过："……我们徽州人一般
都靠在城市里经商的家人按时接济。接济的项目并不限于金钱；
有时也兼及食物。例如咸猪油（腊油），有时也从老远的地方被
送回家乡。"[2] 因此，这封信的徽州乡土色彩极为浓厚。

> 正月元宵灯节，红烛点了八斤，清明标挂在途，冤孽又
> 要用银。社屋呼唱［猖］做戏，班名便是奇音，公众用银十
> 两，派到我家二星。驼背叔公点戏，做了《舍郎》、《古城》。

---

① 清佚名稿本《杭俗怡情碎锦》"果食类"："猪板油，专有买者用盐拌熬化，
盛小甬，徽州山乡收去，盐油亦大销场。"（"中国方志丛书"华中地方526
号，台北成文出版社1983年版，第35页）另一首题作《收猪油》的竹枝词
这样写道："两只竹节收猪油，每日派人肉铺兜。猪油收来作何用，装入桶
内销徽州。徽州地方少猪肉，猪油燉酱夸口福。更把猪油冲碗汤，吃得肚肠
滑漉漉。"（引自沈寂主编：《三百六十行大观》，上海画报出版社1997年版，
第76页）

② 唐德刚译注：《胡适口述自传》，华东师范大学出版社1993年版，第3页。

元宵、清明等岁时节日有不少开销，如红烛就点了八斤（以前的蜡烛是论斤计算）。"标挂"也叫"挂钱"，是指清明扫墓时，将白纸条挂在坟墓上。在徽州，"社则有屋，宗则有祠"，如果说宗祠反映了一姓的血缘关系，那么社屋则凸显了人们的地缘关系。在社祭时通常要祭祀五猖神——亦即呼猖。而祭神时要做戏，做戏的戏班名叫奇音班，由大家凑钱聘请。从这封信来看，当时，全村共花了十两银子，写信的妇人家出了"二星"。"星"是秤杆上标记斤、两、钱的小点，这里的"二星"可能是指二钱。戏是由驼背叔公点的，做了二出戏，一出叫《舍郎》，一出叫《古城》。

　　　　喜儿台前闯祸，三害打骂上门，"半世死"骂过不了，"少年亡"骂过不宁，气得我心里跌丁丁，骇得我手脚如冰，馒头、肉包倍［赔］礼，百般小心出门。

这是说儿子（喜儿）在看戏的台前闯祸，一个名叫"三害"的人打上门来，自己遭人辱骂，被骂得非常难听，什么"半世死"，什么"少年亡"，什么难听的就骂什么。自己虽然气得不得了，但也只好忍气吞声，拿出一些食物来赔礼道歉。这个女人说这些话，意思是说家里没有男人支撑门户，所以受了欺负，也以此衬托出自己既当爹又当妈、管束子弟之不易。

　　　　荷花偷吃冷粽，重阳肚痛，至今请医服药不效，求神问挂［卦］不灵，菜园无人料理，挑粪也要情人。

荷花可能是个丫环，因重阳日偷吃了冷粽而一直肚子疼痛，无论是请医生还是求神保佑都不奏效，所以无人浇菜挑粪，家务可谓千头万绪。说这些话，又是表示自己持家相当不容易。

> 今年新娶侄息〔媳〕，讲话又不听人，题起女中针指，全然莫莫〔默默〕无闻，况且好吃懒做，兼之又不成人，日日人家去坐，时时多嘴多唇，得在邻居呴气，人人看家面情，不但人品丑陋，而且塔鞋拖裙。

俗话说：三个女人一台戏。其实，两个女人就足够演一台戏了。年纪大的总归看不惯年纪小的，年纪小的也同样看不惯年纪大的，从上述的这段描述中可以看出：刚过门的侄媳妇人长得丑陋不堪，穿着疲疲沓沓，不仅不会女红，而且好吃懒做，四处游荡，多嘴多舌，经常与人呴气。"呴气"亦即淘气，也就是生气的意思。

> 癫痫叔公酒后，无得〔缘〕无故出言骂人，与他理论几句，反彼〔被〕强闯欧〔殴〕凶，意欲下府告状，幸看庞伯讲请〔情〕。

癫痫叔公酒后撒疯，无缘无故骂了我，我与他理论几句，反而被他打了一顿，我很想到徽州府告状去，但被中人庞伯劝阻。这也是说家中没有男人主持门户，屡屡受人欺负。

黑娘日前分娩，生下一位千金，送我鸭子十个，外有喜酒一壶，回去银锁一把，肚肺一副三斤。玉招姑娘生日，又要送盒人情，崐原喜烛一对，洪坑索面三斤，百般家用浩大，人情四季纷纷。家中无去［处］想法，千万多寄些银。

这是说徽州社会日常生活中的应酬交往颇多，黑娘生了女儿，玉招姑娘生日，又要送上喜烛、索面等，人情开销实在不少，希望丈夫多寄些银钱回家接济。

大女儿年岁不少，二女儿长大成人，麻瘩姑娘作代［伐］，亲家也在本村，大女婿苏州生意，二女婿亦在阊门，闻闻（按：疑衍一"闻"字）得小官伶俐，家私却有千金，偏嘴姨夫会过，说来亲上加亲。

此处讲到二位女儿的亲事，找的女婿都在苏州做生意，为人也都相当聪明伶俐，而且家里也很有钱。当时的苏州（阊门），商贾辐辏，市廛繁盛，是个赚钱的好地方。找了这么好的亲家，岂非暗示自己非常能干？

大孩儿在店生意，早晚叫他用心，银水教他看看，戥（等）秤要学称称，将来年纪不小，家中已曾说亲，姑娘年有十二，人品也还精伶，好过亲家太太，聘礼不接多少，只接好银一斤。

这是嘱咐丈夫要教大儿子认真学做生意，学好生意场上的各种基本功——如看秤、识别真假银钱，等等。并说自己已为长子找好媳妇，不仅比较聪明，而且还不需要花多少聘礼，可以说是拣了个大便宜——这也同样是在夸耀自己的能干。

> 细儿二月上学，送从富贵先生，只好描红把笔，教法看来中平，吃饭几碗不饱，菜蔬一扫尽空，好酒壹壶不醉，还说供饭不精。从前托他写信，他推肚痛不能，一连过了几日，并无一字回音，此信竟无人写，恰过幸亏细心叔公，但略一笔挥成。

这是抱怨请来的私塾先生教书非常平庸，但却吃得很多，吃饭要吃好几碗，而且风卷残云地将蔬菜一扫而空。又喜欢喝酒，酒量很大，喝了一壶酒居然还不会醉。尽管吃了这么多，他也还抱怨说东家供应的饭菜不够好。平常连信都不肯代笔，只是推托自己肚子痛，所以交代他写的信好几天都没有写出。幸亏那位细心叔公，帮我写了这封信。

根据文献记载，有的徽州人对于私塾先生相当刻薄，胡梦龄的《黟俗小纪》指出："我邑风俗，于蒙师非但不知所择，而且待之甚薄，束脩极菲，子弟相从，还讲情面。而山村小族更不加意，只贪便宜，虽市夫匠艺，可充馆师，鲁鱼亥豕之诮，往往皆是……"[1] 这虽然指的是黟县一地的情况，但在徽州的不少地方

---

[1] 民国《黟县四志》卷3《风俗》，"中国地方志集成"安徽府县志辑第58册，江苏古籍出版社1998年版，第27页。

均较普遍。塾师待遇既薄，教书自然平庸。

在上述的陈述中，写信的女人从各个方面论证自己持家极为辛苦，也相当能干，言外之意无非是说——像我这样出色、能干的女人，你能娶到手做老婆，真是你前辈子修来的福气，你还有什么不满意的呢？

在摆了自己的一大堆功劳之后，这封信笔锋一转，以骤雨打新荷之势兴师问罪：

> 所闻你在外娶妾，如何大胆糊[胡]行？年纪有了四十，也须灭了火性，思前我待你恩情，如果有了此事，星夜赶到店中，骂一声"狐狸精贱人"，看你如何做人？且问你为何停妻再娶，吵闹不得安宁。

实际上直到此处，妇人才真正转入正题。听说丈夫在外讨了小妾，这个女人威胁说自己要赶到店内吵闹：我听说你在外面找了小老婆，怎么这么大胆？你年纪也有四十岁了，已经不是小伙子了，本来不应该那么花心。你想想我以前对你的恩情吧，如果确有这种事情，我会昼夜兼程地赶到你的店里，骂一声"狐狸精贱人"，看你如何做人？再问你为什么停妻再娶，吵闹不得安宁。接着，妇人下了最后通牒：

> 倘若无有此事，限你四月回程，家计现在逼迫，为何又娶妖精？我今旧病发作，险遭一命归阴，幸门[蒙]祖宗保佑，又许一个愿心：来家杭州经过，多带几把金银，头脚鞋

面多要，头油也要几斤，大女儿胭脂花粉，二女儿要丝带头绳，细儿无有暖帽，衣裳多不合身，有庆裤袜旧破，荷花亦无单裙，我也不要别物，只是虚亏，要吃人参。

此处让丈夫限期回到家里，并指明要他在回家时，应捎带各种各样的礼物，送给家里的儿女以及奴仆、丫环。这里是软硬兼施，以柔克刚，说自己是"旧病发作"，险些丧了性命，表现出弱不禁风的样子，以博得男人的怜悯和疼爱。说不要别的东西，"只是虚亏，要吃人参"，这里又狠狠斩了男人一刀，让他出点血，买点人参给自己补补。

接着，又对丈夫赶回徽州的旅程做了细致的安排，从中可以看出这个妻子的细心周到和办事果断：

叫船须当赶快，不可沿途搭人，富阳、桐芦[庐]经过，七里龙[泷]也要小心，到了严州加纤，水路更要赶行，船上出恭仔细，夜间火烛小心，路上冷物少吃，尤恐吃了坏人，平安到了梁下，千万不可步行，雇轿抬到家里，铺盖交与足人。

此处仔细叮嘱在回家途中应注意的事项。她丈夫应当是在江浙一带，所以是从新安江逆流而上回到徽州。

新安江水路素有"一滩复一滩，一滩高十丈。三百六十滩，新安在天上"的说法，逆流上滩的艰难于此可见。由于上滩的艰难，沿途需要一些纤夫拉纤。如在严州府下，"舟楫上水，在此叫纤"——这是明清商编路程图记中的提示 ①，所以信中也说严州加纤，亦即在严州上滩时找人拉纤。

信中还特别告诫说"船上出恭仔细"，这是出门人的经验之谈，因为船上没有厕所，要想大便当然只能直接排入江水，但这样做有时会有危险。徽州商业书抄本《便蒙习论》中就有"登舟"条，提到：

> 凡登舟，不论大小，不可立在蓬［篷］后，恐风转有失。不可对船头出恭，踏两脚船，挂窗坐，手不可放在船傍之外，不宜顿脚，不立桅下 ②。

上述这段话是说不要在船头上大便，以免船头摇晃或船只掉头时，一不小心掉入江中。这显然可以作为这封信中"船上出恭仔细"的注脚，从这一细节来看，妇人对其丈夫的关心可谓无微不至。

不过，一番关心之后，又转回正题，再次施加压力，她仔细叮嘱说：

> 你要恋新弃旧，吵闹你不得安宁，此信须当紧记，四月即要回程，寒暑自宜保重，此信寄与夫君，管城难尽，余容

---

① 参见拙文：《新近发现的徽商"路程"原件五种笺证》，《历史地理》第16辑，上海人民出版社2000年版。

② 参见拙文：《抄本〈便蒙习论〉——徽州民间商业书的一份新史料》，《浙江社会科学》2000年第2期。

面陈。

最后仍然是软硬兼施，一方面对丈夫喜新厌旧加以谴责和威胁，另一方面又对丈夫表现出无限的关心，一手硬一手软，刚柔相济，相得益彰。

这封信的起承转合，一张一弛，节奏掌握得相当之好，我们不清楚她的丈夫是否真的娶了小妖精，但我想在如此猛烈的攻势下，徽州朝奉一定如五雷轰顶，乖乖地缴械投降……

当然，这些只是我的想象。新安江是徽商外出、经商的一条水上通道，徽州一向就有早婚的习惯，男子到十二三岁便要成家，成家之后就外出经商，所谓"前世不修，生在徽州，十二三岁，往外一丢"。在外经商的丈夫，长年与妻子分居两地，只能几年或十几年回家一次，所以，徽州以前有"一世夫妻三年半"的说法，是说做了一辈子的夫妻，真正待在一起的时间，加起来也不过只有三年半的时间①。因此，出门经商者难免在外眠花宿柳，有的是出入花街柳巷，这在三言两拍之类的小说中时常可见；有的则是另娶一房，过起"两头大"的生活，所谓两头大，就是在家乡和侨寓地都有女人，两边均为妻子，也不分正妻和小妾。而在另一方面，早在明代，就有人说徽州是"妒妇比户可封"②，这说明徽州的妇女相当能干，也颇为强悍。

上述的书信，非常生动地反映了徽州地区的夫妻关系，以及

---

① 唐德刚译注：《胡适口述自传》，第 2 页。
② 〔明〕谢肇淛：《五杂组》卷 8《人部四》，"历代笔记丛刊"，上海书店出版社 2001 年版，第 147 页。

妇女的社会生活。其中谈到的徽州日常生活中的应酬开销，徽州妇女持家的不易等等，与其他的徽商信函原件中反映出来的情况非常相似。

六、私人信函中的大历史

明清以来的徽州是高移民输出的地区，大批徽州人外出务工经商，他们通过鱼雁往返，与桑梓故里保持着频繁而密切的联系，这使得黄山白岳之间，迄今遗存下为数可观的民间书信，其数量之多，在国内可能首屈一指。除了反映日常生活细节之外，徽商书信中也有不少反映了大的历史事件及其背景。

如所周知，近数百年来，江南一带素有"无徽不成镇"的说法，有大批的徽州人外出务工经商，这些人给全国各地（尤其是江南一带）的城镇和社会，带来了商品经济的活力。与此同时，徽州本土的民生日用大部分也依靠侨寓各地的徽州商人加以接济，两者休戚相关。这使得明清以来中国社会发生的每一次动乱，都给徽州本土的社会生活造成了莫大的冲击。明末抗清义士、休宁人金声曾指出：

> 新安不幸土瘠地狭，能以生业著于土者，什不获一，其势必不能坐而家食，故足迹常遍天下。天下有不幸遭受虔刘之处，则新安人必与俱。以故十年来天下大半残，新安人亦

大半残。①

这句话中的"虏刘",意思是劫掠或杀戮。可见,每当发生社会动荡,徽商所受的冲击往往创深痛巨。而在日常的经营中,资金的融通,讯息之传递,均有赖于徽州人固有的人脉及其相关的商业网络,这些又极大地受制于世道的治衰。在这种背景下,徽商往往特别重视海内外形势的风云变幻。因此,遗存迄今的徽商信札中,多有反映社会变迁和民众心态的诸多史料,弥足珍贵。

例如,明清鼎革、咸同兵燹、庚子事变以及现代的中日战争等,无不对徽州人的社会生活带来重大的影响,这在各种书信中都有不少反映。不久前,笔者在安徽省歙县南乡读到一批徽商书信原件,这批书信绝大多数字迹秀逸,其中之一是某年巧月念二日的书信:

> 父亲大人膝下:前月十三日接恒利局带到手谕,并代男批来八字一张,领收,因典事匆忙,未暇即禀复,殊深抱罪!兹际初秋,遥惟大人福与时增,秋祺迪吉,定符下颂。男在衢典,一切均叨荫如恒,身子平安,请望放心。示及三月间寄张足带里物件,嘱男具信回徽,问及收到否。本月初十日接母亲大人来谕,示及阖家平安,均望放心。并云五月间寄与大人回信一封,不卜是收到物件回信否,便中求赐

---

① 《金太史集》卷8《碑记·建阳令黄侯生祠碑记》,故宫博物院编《故宫珍本丛刊》明代诗文别集第529册,海南出版社2000年版,第171页。

知。兹当秋令，伏望大人保重玉体为祷。近闻日本国灭高丽国，而高丽主求救于中华，现已拨兵与日本国对敌，而胜负均未闻有实信，未知中华兵能堪水战否？可获胜焉？衢州已调去精兵五百名，于二十日起程矣，想申地该无碍也。而大人得暇时，祈赐知一二为祷。肃此奉禀，敬请金安，诸希珍重，不宣。男守春百拜，巧月念二日。

诸位先生前均此请安。

从其他信函透露的信息来看，这批书信的收发双方原籍均来自徽州歙县水南的烟村及其附近的礼堂厦。写信人是在浙江衢州典当铺从业的郑守春，故信中提及自己"典事匆忙"；而收信人则是他的父亲——徽州茶商郑曦棠，后者当时正在上海安亭镇裕大茶叶号经商。信中提及的"恒利局"，是活跃于江浙及徽州各地的信局；而"张足"指的则是姓张的一名信足（亦作信客）。在现代邮政局和邮递员出现之前，信局和信客即专门为人们传递书信、寄运货物。

阴历七月七日之夜（即七夕），根据中国的传统习俗，妇女穿针乞巧，故七月亦被称为"巧月"。由信函内容来看，此年应即光绪甲午（二十年，1894 年）。当年，朝鲜政府以东学党起义声势浩盛，官方束手无策，遂请求中国救助，李鸿章奏派叶志超等自海道赴援，并按照中日天津条约的约定，通知日本政府，日本遂乘机派兵大举入朝。五月，东学党失败，日方不仅拒绝中国同时撤兵的要求，而且一再增兵，并令其驻朝鲜公使大鸟圭介威胁朝鲜宣布独立。六月，大鸟圭介要求朝鲜改革内政，已如愿以偿，但以朝鲜不愿与中国断绝关系为由，率兵拘禁国王，拥立大院君主政。六月二十三日（7月25日），日本胁迫朝鲜宣布中朝间所有商约无效，并"授权"日军驱逐中国军队。中日战争爆发，日本海军袭沉中国装载援兵赴朝鲜之高陞号轮船于丰岛，击伤"济远""广乙"舰，并俘获"操江"炮舰。七月一日（8月1日），中日相互宣战。

从这些史实来看，上揭书信显然是中日甲午战争时期徽商郑守春的一封家信，其中附及甲午战事。七月二十日（8月20日），朝鲜国王密电李鸿章乞援，这大概就是郑氏所谓的"高丽主求救于中华"云云。而"巧月念二日"当即8月22日，当时清廷命李鸿章饬令平壤中国各军统将克期进军汉城。此时，徽商郑守春对清军"能堪水战否"及有无胜算颇为忐忑。因僻处浙西，消息闭塞，但他也感到形势的紧张，因为自己所在的浙西衢州，亦调兵遣将起程戒备。而父亲所在的上海华洋杂处，信息灵通，有鉴于此，他遂请求郑曦棠抽空能将战情通告一二……这些，都反映了徽商对时局的关注①。

又如，二十世纪三十年代的抗日战争，在上海的徽商书信中也有不少涉及：

　　母亲大人新禧：入岁以来，诸凡迪吉，万事锦祥，敬贺叩贺！敬禀者，旧庚岁尾，上海发生战事颇烈，宝山路既变

---

① 参见拙文：《寄往上海安亭镇的晚清徽州典商信札考释》，载《亚洲研究集刊》第3辑《迎接亚洲发展的新时代》，复旦大学出版社2007年版。

作战场，男于廿五日离沪来松（引者按：即松江），暂俟稍
宁无硬［碍？］，再行还申，料此事不久当可解决。何期还
申，现尚未定。外面父亲与男均皆安吉，请勿远念！旧庚岁
底开支应付情形，有假［暇？］望祈赐复。再，尉莩之款，
未知可否清楚，请一并答示为要。特此敬请福安，并祝新禧
百益！

男　柏林叩贺

复示寄松可也。

1932 年 1 月 28 日，日军进攻上海，驻守上海的国民党第
十九路军在蒋光鼐、蔡廷锴的指挥下奋起抵抗，从而爆发了
“一·二八淞沪抗战”。1 月 28 日恰值阴历十二月廿一日，故曰
“旧庚岁尾”。宝山路所在的闸北一带是当时抗战的主要战场，停
泊于黄浦江战舰上的日机飞临闸北轰炸，著名的商务印书馆及东
方图书馆即在此次事变中为日机炸毁，闸北一带受到了惨重的损
失。徽商汪柏林就是在这样的背景下避居松江（松江早自明代开
始，便是徽商重点经营的据点）。

上述信函是写在两页红纸上（徽州人新年信函例用红色信
笺），夹在一册《定礼府君丧费簿》文书抄本内。这册文书是
民国二十四年（1935 年）的一册文书，从其内容来看，作者汪
承烈（当即汪柏林）生于宣统三年（1911 年），是歙县南乡人，
“世代相传，以农耕为活”，到他父亲这一代起才开始弃农经商，
有个侄子在上海新陆正大绸布号，尚未满师。文书中的《自序》
对于前述信函的内容，有着更为详细的记载：

千山夕阳：明清社会与文化（全新修订版）

……民国十九年岁次庚午，余随父亲于松江。廿年二月间，赴沪，初学百货，同事有程观生、章荞芳，皆徽人。至下年阴历十二月廿一日夜，日人寇沪，闸北悉为飞机所毁，店毁无遗，余随身行李箱囊价值两百金，均为国牺牲。然余逃避至松江父亲处，至二月，同程观生由松起身赴杭，由陆路回里，该岁是民国廿一年岁次壬申。……廿六年，……三月偕灶荣回沪，七月沪战起，是为举世注目之八一三也。余困沪五年，未返故乡，延至今岁四月十九日离沪。随吴润生、方秉衡、方和顺等趁火车至苏州，再趁小船穿太湖，入鸿桥，到梅溪（以上皆沦陷区，梅溪即国军守线），入孝丰、安吉、於潜、昌化等县，而入本邑。途行七日，旱程四百廿里，坐小推车半程，共费旅费百十元……

1937年8月13日（阴历七月八日），日军向上海大举进攻，当地中国驻军在第九集团军司令张治中的指挥下奋勇抗击日军，此即举世瞩目的"八一三事变"。徽商汪柏林在"一·二八事变"中损失惨重，事变结束后数月才返回上海，经同乡介绍，就职于北河南路的涌锡祥南号。"八一三事变"之后五年，历经艰辛方才逃回家乡。文书备述两次事变中损失之惨烈及逃离上海返归故里之艰难①。

关于抗战时期的书信，在徽州民间文书中还有不少，如苏州

---

① 参见拙文：《新近发现的反映日军侵华的徽商信函及文书》，《中华读书报》1999年6月23日。

典当商信札，衢州商人与歙县老家亲人的通信等，都反映了徽商在抗战期间的经历及其复杂的心理感受。

此外，歙县南乡太平天国前后的《信柬》抄本下册，不仅有不少反映太平天国时期兵燹战乱及徽商活动的情况，而且，《致苏垣同乡劝捐公函》及答函，更涉及歙县茶商随缘乐助设局引种牛痘的史料，对于中华医学史的研究颇有助益。有的书信，还是考证中外关系的重要史料，如美国哈佛大学档案馆收藏的徽州休宁人戈鲲化之梅花笺，就是一例①。

七、小结

书信原件和信底，较之徽州文书中的其他资料，反映的内容是全方位的，社会生活中遇到的所有问题，几乎都可以在书信中得到反映。在相互的嘘寒问暖中，在彼此的互诉衷肠里，我们读到了徽州人侨寓异地的诸多心理感受，体味到异乡游子对于桑梓故土的真情流露和眷念。至于其中反映出的诸如年成、物价、灾害、疾病和风俗等方面的记载，更成了徽州社会史研究的绝佳史料。

---

① 参见拙文：《戈鲲化的梅花笺》，《读书》2005 年第 4 期。

漂广东：徽州茶商的贸易史

一、何谓漂广东

在中国古代，从中原看帝国陆地版图的最南部——广东，那里在很长的一段时间里始终意味着财富与冒险。

说到财富，司马迁在《史记·货殖列传》中所列举的西汉十多个大都会中，番禺（亦即现在的广州）便是其中之一。当时这里是"珠玑、犀、玳瑁、果、布之凑"，也就是说广州是各种珍宝、水果（如龙眼、荔枝等）和布匹的集散中心。稍后班固的《汉书·地理志》所载也大略相同，只是多出了象牙、银和铜三项。上述的那些珠玑、犀、玳瑁、象牙等均为热带特产，大都由海外输入。这些海外的奢侈品，在一般人眼中是一些奇器淫巧，但却能给商人带来巨额的财富。所以，从这个意义上来说，出入岭南也就意味着抓住了财富。

而在另一方面，岭南长期以来又是极不发达的未开发地区，人们常常称这里是"蛮烟蛋雨之地"。不仅海外贸易风险极大，而且瘴气弥漫，令人动辄生病，甚至一命呜呼。因此，生活在岭南，又意味着是一种冒险，长期以来，岭南被中国人称为"瘴乡"，这一瘴气弥漫之地，历来为中原王朝流放罪人的场所。在明代之前，岭南还是个化外之地。对此，明人叶权就曾指出：

> 岭南昔号瘴乡，非流人逐客不至。今观其岭，不及吴越间低小者，其下青松表道，豁然宽敞。南安至南雄，名为百二十里，早起半日可达，仕宦乐官其地，商贾愿出其途。余里中人岁一二至，未尝有触瘴气死者，即他官长可知。何昔之难而今之易也？意者古昔升平，大抵不满百年，即南北阻隔。自南雄达省城，群蛮出没，无他陆路，舟行艰难，往来者少，故山岚之气盛，如大室久虚，即阴沉不可住，况山川有灵气者耶？客子在途，心摇摇而多畏，恐触之而病，宜矣。我朝自平广东以来，迨今承平二百年，海内一家，岭间车马相接，河上舟船相望，人气盛而山毒消，理也。①

叶权是徽州府休宁县人，生于明朝嘉靖元年（1522 年），卒于万历六年（1578 年）。他的这段话意思是说：岭南以前被称为瘴乡，除了那些被流放的人，谁也不肯去。其实，看看那里的山岭，还比不上江浙一带的低山，山岭之下，青松掩映，有宽敞的道路。从南安府（今江西省大庚县）到南雄州（今广东南雄），

---

① 〔明〕叶权：《贤博编》附《游岭南记》，"元明史料笔记丛刊"，中华书局1987 年版，第 41 页。此处引文句读略有改动。

虽然号称有一百二十里，但如果行人一早起来，半天就可通过。因此，无论是当官还是做生意的，都愿意前往岭南。叶权的家乡休宁县是徽商辈出之地，他说自己的乡亲每年都有一两次要到岭南去，但从没有人因感染瘴气而死亡，那些当官的，条件比商人更好，就更不用说了……

由此，叶权设问——为什么过大庾岭到广州从前那么艰难，而现在却变得这么容易呢？

他接着分析说：因为以前太平的时代大都不过百年，不到百年之间，南北往往就因动乱的原因相互阻隔，因此，从南雄到达广东省城广州，大约八九百里路，有许多少数民族出没其间，陆路只有这一条，行舟又相当困难，所以来往的人很少，人流既少，山上的岚气也就很盛，这就像一间房屋里面长久没有人住了，空关了很长一段时间，阴气沉沉的，山川自然就没有灵气。偶尔过往的人，一路上胆战心惊，心理素质不好，抵抗力下降，碰上瘴气就容易抱病而亡。不过，及至明代，情况就大不相同了。明代平定了广东，到叶权生活的隆庆、万历年间，太平的日子已有两百年的时间，海内成了一家，江西、广东山岭之间车马络绎不绝，水上的船只也鱼贯而行，人气这么盛，瘴气之类的山毒自然也就消失了。

从叶权的分析中我们可以看出，明代的岭南已从昔日的"瘴乡"转而成为一片乐土。他所说的"商贾愿出其途"，显然是因为在商人眼中，岭南更是个发财的好地方。换言之，在岭南的传统印象——财富与冒险二者之间，此处更成了财富的代名词。

在这种背景下，不少人纷纷前往岭南经商，在徽州民间，早在明代，就已经有了"走广"的习惯语。所谓走广，也就是到广东去。及至清代，徽州民间更有"漂广东""发洋财"的说法。①

所谓漂广东，大概是徽州人特有的说法，指的是经营外销茶，也就是将茶从徽州运往广东，卖给洋商，再转销到欧美各地。

为什么叫漂广东呢？根据安徽师范大学王世华教授的说法：因为从徽州运茶至广东，沿途跋山涉水，千里迢迢，非常辛苦。茶商一般是先将茶叶送至屯溪，雇船运到黟县渔亭，再雇挑夫经过数十里的山间小道，将茶叶运到祁门，再雇船经昌江、浮梁抵达饶州，穿过鄱阳湖抵南昌，沿赣江而下，经丰城县、樟树镇、吉安府、赣州府和南康县抵达南安府（今江西大庾县），其中要经过著名的赣江十八滩，然后在南安府起旱，雇挑夫行数十里翻越大庾岭，到达广东南雄府（今南雄县），再雇船沿东江、北江而下，经韶州府（今韶关市）、英德县、清远县至广州。从徽州到广东，全程共需两个多月时间。② 可能是因为其间大部分途程是在水面上，所以时人称运茶销往广东为"漂广东"。

除了"漂广东"外，当时还有一种说法叫"发洋财"。揆情度理，茶是卖给洋商的人，发的自然是洋财。而由于卖给洋人的外销茶通常利润较高，一般人中遂流传着这样的说法："发洋财就好比去河滩拾鹅卵石那么容易。"③ 对此，同治四年（1865 年）

① 参见王世华：《富甲一方的徽商》第四章《歙县芳坑江氏茶商兴衰记》，浙江人民出版社 1997 年版，第 276 页；张燕华、周晓光：《论道光中叶以后上海在徽茶贸易中的地位》，《历史档案》1997 年第 1 期。
② 王世华：《富甲一方的徽商》，第 111 页。
③ 同上书，第 276 页。

千山夕阳：明清社会与文化（全新修订版）

公开出版的夏燮之《中西纪事》记载:

> 自海禁大开,茶叶之出口岁益加增,……据外洋月报,道光十三、四年间,花旗曾销过茶叶一千八百余万棒,以每棒十二两计之,则十四五万石之数,此五港未开以前粤东一口之销数,亦仅花旗一国之销数也。又月报言,近年中国出口之茶多至七千余万棒,则五十余万石,然亦非其旺盛时。盖皆在壬寅以前也。徽商岁至粤东,以茶商致富者不少,而自五口既开,则六县之民,无不家家蓄艾,户户当垆,赢者既操三倍之贾,绌者亦集众腋之裘。较之壬寅以前,何翅倍蓰耶! [①]

“壬寅”也就是道光二十二年（1842 年）,是年八月,中英《南京条约》签订,开放广州、福州、厦门、宁波和上海五处为通商口岸。因茶叶经营具有厚利可图,在徽州,经营外销茶者更是前仆后继。

二、旅粤徽人之商编路程

在明清时期,徽州的一府六县中,有不少徽州人都有过“漂广东”、“发洋财”的经历。除了运销茶叶之外,他们也将瓷器运

---

① 《中西纪事》,岳麓书社 1988 年版,第 295 页。

往广东。明清以来，瓷器以出自江西景德镇者最为著名，但由于西洋人的消费习惯和审美旨趣与东方人大不相同，所以也有一些徽商，将部分瓷器素胎运往广州附近，再由当地人在这些瓷器上绘制西洋人喜闻乐见的图案，以便打开海外销路。

由于不少徽商都从事洋庄茶以及外销瓷的运销，这些人在长期的商业贸易实践中，积累了相当多的经验。迄今尚存的诸多商编路程，就从一个侧面反映了徽商的经营文化。就目前所见，徽州府歙县、祁门和婺源都各有赴广州的路程保留下来。

（一）歙县赴广州路程二种

（1）《万里云程·徽州府歙县至广东省路程》，抄本1册。

（2）《徽州至广东路程》，抄本1册。封面除书名外，另有"敬安记／道光柒年捌月　　日立"。

其中，《万里云程·徽州府歙县至广东省路程》一书，墨迹楷体书写于"隆盛"账册上，计45页，每半页8行，分上下两栏。其要目有：徽州府歙县至广东省路程、广东潮信长退日期、晨下孖肩有名色者、各处平头较准本号司码、各处钱串、一路则例便览、一路行口、回南便览、韶关税例和风暴日期。该书指出，从徽州府歙县到广州城，共路程三千四百二十三里。关于《万里云程》的作者及反映的年代，抄本没有明确的标识，据笔者推测，这可能是属于歙县芳坑江氏茶商文书之一种，其成书年代大致在嘉庆十二年（1807年）以后[①]。

---

① 《清代徽州与广东的商路及商业——歙县茶商抄本〈万里云程〉研究》，《历史地理》第17辑，上海人民出版社2001年版。

清道光七年（1827年）《徽州至广东路程》，安徽师范大学徽商研究中心资料室（现改为皖南历史文化研究中心）收藏，亦为歙县芳坑江氏茶商文书之一种。江氏茶商文书是二十世纪八十年代安徽学者发现的一批徽州文书，数量颇为可观。根据江氏后人的介绍，此一资料的当事人是歙县南乡芳坑人江有科（字静溪）和他的儿子文缵（1821—1862，字绍周）。父子二人均以贩茶为业，他们的经营活动，主要是在歙县开设商号，就地采购茶叶，经加工制作后，运往广州售给洋商，转销外洋。有科父子生意最兴隆的时期，大约是在道光二十三年至三十年（1843—1850）之间，也就是中英《南京条约》签订之后。《徽州至广东路程》札记1册，详细记载了沿途所经城镇村庄550余处，对各城镇村庄之间里距以及乘舟或起旱起点、关卡所在及治安状况等，都作了具体的记录。[1]

（二）祁门赴广州路程三种

（3）《祁门至广州路程》，佚名无题抄本1册（标题暂拟）。

（4）《广东路程》，抄本1册，封面除书名外，另有"道光四年岁次甲申暑月吉日，圣扶郑记"字样，内题作"江南徽州府祁门县游江西进广水陆路程"。

（5）《水陆平安》，抄本1册，封面除书名外，另有"联芝郑记／道光二十四年岁在甲辰秋九月上瀚抄"字样，内题"安徽祁门县由江西至广东省水陆路程"。

---

[1]　张海鹏、王廷元主编：《徽商研究》，安徽人民出版社1995年版，第590—591页。

（三）婺源赴广州路程一种

（6）从婺源到广州的《□□至广东水路程》，抄本1册。上有"施和顺号"章，书名中的"□□"，可能系"诗春"二字，内容是婺源诗春（村）至广东水路程。也就是说，这部书的全名应当是《诗春至广东水路程》。诗春位于婺源县境的西北部，初名"施春"，后以唐人"诗家清景在新春"句而雅化作今名。这份水路程也同样是将从徽州至广东沿途历经的地名、村落、寺庙、滩峡和衙门等详细记录下来，并对投牙纳税、写船拉纤等诸多应酬也一一详录。

上述的6种路程，有5种都是与徽州茶商有关的路程，还有一种则是与徽州瓷商相关的路程，这些，对于我们研究昌江—鄱阳湖—赣江—大庾岭商道的交通、商业与社会，研究江南、江西与岭南的物资交流，都提供了极为关键的重要史料。

就茶业贸易而言，如所周知，清代的徽州茶叶以"屯绿"和"祁红"最为著名。其中，凡是提到祁门茶叶，则更是首推"祁红"。不过，在"祁红"兴起之前，祁门的"安茶"亦蜚声远近。安茶属黑茶类，为一种半发酵紧压茶，介于红、绿茶之间，在两广及东南亚热带地区颇受欢迎，曾被尊奉为"圣茶"。然而，有关"安茶"的历史，迄今仍有相当的探索空间，这主要是由于相关史料的匮乏所致。而《祁门至广州路程》，则是迄今为止所见唯一的一册与"安茶"相关的商编路程，也是有关"安茶"研究中最为具体、细致的一份文献。另外，《水陆平安》一书是由徽州瓷商所编，此类路程也是迄今为止的首次发现，在各类赴粤商编路程中显得相当特别。因此，除了交通和商业地理方面的学术

价值之外，对于徽商研究以及陶瓷史的研究，都具有相当重要的
学术价值。

三、外销的祁红屯绿

在清代，就销售市场状况而言，徽州茶业可分为内销和外销
两种，内销主要销于北京及南北其他地区，外销俗称洋庄，先是
运往广州，后来运往上海。

广东是清代海外贸易的重要窗口，鸦片战争以前，广州的
十三行商人享有对外贸易的特权，专揽茶、丝及其他大宗贸易。
反映十九世纪广州市井风情的传世绘画中，就有有关茶业生产和
销售的诸多画面。如筛茶、差〔踩〕茶、搓茶、晒茶、猴子采
茶、斩茶、渡茶、装茶、舂茶、拣茶、试茶、分茶、整茶饼、号
茶箱、装箱、炒茶和洒水等。① 其中的"猴子采茶"，画面右上
角山崖上有一只猴子，左手扯着一棵茶树，右手正向下抛撒茶

---

① 黄时鉴、〔美〕沙进编著：美国皮博迪·艾塞克斯博物馆藏画《十九世纪中
国市井风情——三百六十行》，上海古籍出版社 1999 年版，第 105—113 页。
另，澳门博物馆收藏有一件十九世纪初的描金制茶纹漆盒和锡镶茶罐，"此
漆盒运用了描金的工艺，是清代常见的漆器类别。茶叶是明末以来中国出
口货的大宗，荷兰东印度公司早于 1606 年至 1607 年从澳门贩运中国茶叶
至巴达维亚（今印尼雅加达），约于 1610 年转运至欧洲。由于欧洲人对茶
叶的喜好，制茶图案是外销商品的常见纹饰"。该馆还收藏有一件十九世纪
初的描金制茶纹游戏盒，八角形盒内有七个小盒和十只方碟，大盒及小盒的
盖面均有制茶工序的纹饰。据称"为配合茶叶外销的需要，广州（转下页）

叶。其下站着一位和尚模样的人，则用布袋接着撒来的茶叶①。皖南茶叶中有"太平猴魁"之类的茶名，茶农中常有让猴子攀到山崖上采取珍贵岩茶的说法，广东人称之为"马骝搣"②。揆情度理，所谓猴子采茶的传说，显然是内地茶商抬高茶叶身价的一种说辞。

在广州对外茶叶贸易中，徽州茶显然占有重要的地位。德国籍传教士爱汉者（即郭实腊）等编的《东西洋每月统纪传》道光甲午正月至五月（道光十四年，1834 年）共五期的末尾，均有专栏"市价篇"，详细报导了"省城（即今广州）洋商与各国远商相交买卖各货现时市价"，其中经常可见"屯溪茶"的名目。徽州茶产于徽州的一府六县，除产安茶、红茶的祁门之外，其余五县均产绿茶，皆呼之为徽州茶。因茶都集散于屯溪，故徽州茶也叫"屯溪茶"。英国人前来中国采购各地的名产，"Twankay"

（接上页）河南区在清嘉庆、道光年间，已设有甚具规模的手工艺制茶工场，这类工场的运作是外销商品的常见纹饰"。此外，香港艺术馆收藏的十九世纪中叶关联昌画室水粉画本中，亦见有茶叶装箱外销的场面。（广东省文化厅、广州市文化局、香港特别行政区民政事务局、澳门特别行政区政府文化局联合主办：《东西汇流——粤港澳文物大展》，第 120 页，第 138—139 页，第 134 页。）《对中国茶叶耕殖及制作的描述》（An account of the cultivation and manufacture of tea in China: Derived from personal observation during an official residence in that country from 1804 to 1826 by Samuel Ball, Esq. London, 1848.）一书中，也有不少插图，如制茶的锅灶、炒茶、筛茶、踩茶和晒茶等（第 214 页，第 216 页，第 218 页，第 225 页，第 237 页），与《十九世纪中国市井风情——三百六十行》一书中制茶的线描组图颇为相似。据前书的封面称，这些插图都是由最专业的中国和欧洲画家绘制的。

① 黄时鉴、[美] 沙进编著：《十九世纪中国市井风情——三百六十行》，第 107 页。

② 此一说法，承郑培凯教授提示，特此致谢！

（屯溪）和"Keemun"（祁门）二词，也随着茶叶（祁红和屯绿）输入到英文里去。①

在茶叶贸易兴盛的时代，茶商颇为富庶。何渐鸿有一首《羊城竹枝词》描摹道："茶商盐贾及洋商，别户分门各一行。更有双门底夜市，彻宵灯火似苏杭。"② 其中的茶商，颇有以经营徽州茶致富者。《万里云程》中有《晨下孖肩有名色者》，记载有"畅记""玉记""利贞""和发""经和""信记""慎祥""隆记"和"溢彰"九家。关于"孖肩"，也就是商人，借自英语的 merchant。其中的"隆记"，可能即广东十三行之一的"隆记行"。据载，其创始人张殿铨年轻时曾避居苏州，他"日与皖、浙茶商稔习"，"皖茶正皮珠、雨松萝两种，得通守公（张殿铨）发明制法，乃倍有名。回粤，在城西十三行，自设隆记茶行"。③ 由此可见，原先的安徽绿茶常为行商所轻，但自从采用了张殿铨的茶叶工艺后，才得以畅销无滞。

茶是皖南的重要物产之一，早在唐代，歙州（即宋以后的徽州之前身）婺源、祁门和邻近的饶州之浮梁、德兴四县均盛产茶叶，这一带的方茶曾大量销往北方各地，白居易笔下浔阳江头商人妇所说的"前月浮梁买茶去"之背景即在于此。及至清代，徽州的"祁红屯绿"最为著名，"祁红"是指产自祁门的红茶，而

---

① 罗常培著：《语言与文化》，语文出版社 1989 年版，第 43 页。
② 〔清〕何渐鸿：《羊城竹枝词》，见《中华竹枝词》第 4 册，北京古籍出版社 1997 年版，第 3002 页。
③ 张锡麟撰：《先祖通守公事略》，转引自梁嘉彬著《广东十三行考》第二篇"本篇"第三十四节"隆记行"，广东人民出版社 1999 年版，第 340—341 页。

"屯绿"则是由屯溪加工、出口的绿茶。

在明清茶叶运销广东的过程中，有不少徽州人均从事与此相关的商业贸易。当时，在广东从事茶业的徽商，建有徽州会馆，设立徽州同乡的慈善组织——归原堂等，这些，作为乡族结合的重要举措，在一定程度上也反映了在粤徽人人数之众多。晚清婺源佚名无题稿本、茶商孙和通的家庭档案中，有"有本氏自述年事"，涉及道光年间孙氏家庭业茶的情况。从中可见，从道光二十年（1840年）开始，孙和通的父亲就连年请人或亲自前往广东卖茶。直到道光二十七年（1847年），因"被洋行倒空伤本"，原本从事广东茶叶贸易的孙氏才转向了上海。类似的例子，在徽州各县方志及文书资料中所见颇多。

近读《（葡萄牙东波塔档案馆藏）清代澳门中文档案汇编》，发现几条在澳门活动的徽商史料。其一为第1336档《监生王邦达为与荷兰领事呗咙啒交易银钱纠辖事呈理事官爷禀》，主要内容是说徽州婺源人王邦达，年七十岁，已在澳门贸易四十六年，因运气不佳，生活惨淡，只得在澳门当地藉代客经手买卖维持生计。道光二十四年（1844年）十二月，外江茶客源泉号送来1360件茶，托他寻找外国人出售，或者是将茶借银，或者是寄卖茶叶。王邦达随即为之"觅路消受"，他找到"大西洋人嘧唎"，此人"现在住眷澳门，并有夹板船发趁"，嘧唎认识荷兰大班呗咙啒，后者有荷兰船一只在此，不日回国。遂由嘧唎居中介绍，向茶客取去茶样。不久，呗咙啒回音，说有船回荷兰祖家，源泉号送来的茶叶可以代为销售。此后，茶客源泉号、嘧唎和王邦达三人前去面见大班，谈好价钱及付款方式，并由嘧唎、唑吵二人签名为据，"大班与茶客各执壹张为照"。道光二十四年十二月二十七日，茶商交付茶叶后，只收到价银三千元，仍欠三千元，洋商推无现银，"只有现存响咭沙滕八百余担，浼茶客代装上省，照市时价发卖"，抵扣货款。茶商只得于道光二十五年正月初旬代为雇艇，收运沙滕到广州销售，最终，洋商仍欠四千元，一再推无现银，双方由此引发了一系列的纠纷。故此，王允中（即王邦达）上禀咃嗡唊咻嗘唎呢师爷（Joao Rodrigue），请求调解和裁判这场纠纷[1]。

"沙滕"亦作沙藤（rattan）[2]，即藤条、藤杖。这里提及的外江茶客源泉号，也就是指通过水路前来珠江三角洲的内地茶商。从情理上看，最有可能的便是王邦达的同乡——徽州茶商。从中可见，徽州茶商经由广州、澳门，与荷兰等欧洲国家有着较为密切的贸易往来。

徽州茶商在岭南的活动，也留下了一些实物。2006 年 6 月澳门博物馆举办有"粤港澳文物大展"，该展览汇聚了广东、香港和澳门三地博物馆珍藏的百余件（套）融合东西方文化底蕴和艺术风格的珍贵文物。展览的内容结集而为《东西汇流——粤港澳文物大展》一书。该书中的"嵌贝（螺钿）折枝花纹茶

---

[1] 刘芳辑、章文钦校：《（葡萄牙东波塔档案馆藏）清代澳门中文档案汇编》下册，澳门基金会 1999 年版，第 684 页。该书上册第 541 档《署香山县丞李为饬催唵哆哟缴还欠汪华玉茶银事下理事官谕》（嘉庆十六年八月二十七日）、第 542 档《署香山县丞李为饬催唵哆哟缴还欠汪华玉茶银事再下理事官谕》（嘉庆十六年），其中"被控假办洋装茶叶，骗局夷妇"的商人汪华玉，从其姓氏上看，可能是徽商。（第 296—297 页）

[2] 1848 年发行的第三版《中国商务指南》，第 194 页。

箱"、"描金制茶纹漆盒和锡镶茶罐",都与茶商的经营活动有关。以"嵌贝(螺钿)折枝花纹茶箱"为例,该图的说明文字如下:

> 此茶箱用贝壳薄片制成花草的纹饰,然后镶嵌在髹漆的箱面上。正面"同安"二字,可能是指福建省的同安县;闽南人心目中重茶于酒,所以同安一带有"寒夜客来茶当酒"的说法。福建是清代产茶的中心,在鸦片战争前,闽茶须先运至广州,然后售与广州的外商,再转销欧洲市场。①

其实,在我看来,茶箱上的"同安"二字并不一定表示地名,或许只是寓含吉祥之义的两个字而已(因为当时的同安茶并不十分有名)。真正值得注意的,倒是这个茶箱顶上的"顶上天都眉熙"六字,其中的"天都"是徽州的别称,"眉熙"为屯绿的花色品种②,因此,该茶箱倘若不是直接与徽州茶有关,那至少也受到徽州茶业的重要影响,以至于直到二十世纪,茶箱上仍要主打"天都"的旗号。

---

① 广东省文化厅、广州市文化局、香港特别行政区民政事务局、澳门特别行政区政府文化局联合主办:《东西汇流——粤港澳文物大展》,第119页。
② 长形称眉,块形叫熙,道光年间盛行二十四花色,即"十雨八珠六熙","六熙"中的二号熙就是"眉熙"。(胡武林著:《徽州茶经》,当代中国出版社2003年版,第63页)

四、徽州与广东的贸易

徽州与广东的贸易，对于徽州区域的社会经济有着较大的影响。道光年间，中国益智会编纂的《东西洋考每月统纪传》提及："福建、安徽之务茶叶之农，未卖出物产，家事萧条，口腹是急。"[①] 当时，婺源县教谕夏炘在《景紫堂文集》中也指出：

> 婺邑近时业茶者，多远至广东，与洋人贸易，奢华靡丽，全失先贤浑朴乡俗，其实起家者少，破家者多，今亦未暇深论。惟当出茶之时，开局检茶，多以女工为之，男妇聚杂，外观既不雅驯，其中复多暧昧……
>
> 鸦片流毒，海滨为甚，婺邑居万山之中，染此者亦复不少，推原其故，皆由业茶所致，然就余所见，有商贾终年在广而不吸食者，有偶为茶客雇工，一至粤城便染恶习者，可见鸦片虽然害人，实人之自为所害。[②]
>
> 婺源居万山中，以山为田，以茶为稼穑，以采买贩鬻，

---

① 《东西洋考每月统纪传》道光戊戌年四月《贸易》，中华书局1997年版，第359页。按：《东西洋考每月统纪传》前期由郭实腊在广州编纂，后期迁到新加坡，由中国益智会编纂。

② 《景紫堂文集》卷7《附讲约余说》，第16页下—17页上，第19页下。见《景紫堂全集》第20册，清同治元年（1862年）王光甲等汇印本，复旦大学图书馆古籍部藏。

往来江右、粤东为耕耘，以精会稽，权子母，与海舶竞废著为收获，其弊也往往逐利而忘义，计锱铢而不明大体，是以儒者恒病之。①

在这里，夏炘指出了赴广州的茶叶贸易，给徽州婺源社会带来了一系列的变化，主要是风俗方面的奢华靡丽。

清代前期，在徽商众多的扬州城内，人们常说"飘洋"的俗谚，还有人"想发广东财"。对此，乾嘉时代扬州人林苏门解释说："广东洋货沽来，鬻于他省，利息厚大，但洋面风波最险，即谚云所谓'飘洋'者。扬俗求财若辈，往往有财未发而卒至祸不旋踵者，皆不知冒险之故，一朝失足，贻憾终身，其举念可妄动耶？嗤之者曰：'想发广东财'。"② 概括言之，所谓想发广东财，应当是指广东洋货因与海外贸易相关，获利丰厚，但也具有一定的风险。由此看来，"广"字往往与"洋"字结合在一起，至少从清代以来，各地有广货，有洋货，还有广洋杂货。民国《南川县志》记载："自清中叶，西南洋货物来华自广东入，故通称外来货物精巧者曰'广'，与'土'对。今则不曰'广'而曰'洋'。"南川县在四川省，从这部方志可以看出——在民众心目中，"广"字就代表着新奇的物品，代表着来自海外的奇技淫巧。在清代民国时期，各地有广锡制品，如广锡奁具、广锡粉妆、广锡镜架、广锡烛台、广锡粉盒、广锡蝴蝶、广锡漱碗、广锡灯

---

① 《景紫堂文集》卷 13《江济川家传》，第 18 页上。
② 〔清〕林苏门：《邗江三百吟》卷 10《戏谑方言》"想发广东财"条，见李坦主编《扬州历代诗词》第 3 册，人民文学出版社 1998 年版，第 487 页。

台、广锡果盆、广锡汤壶、广锡酒罐、广锡暖锅、广锡茶罐、广锡面醝、广锡烛照、广锡卤壶、广锡通壶、广锡灯壶、广锡手照、广锡香碟、广锡茶瓶、广锡饯鬵、广锡灯台、广锡斟壶、广锡茶壶、广锡酒盂、广锡香盒、广锡书灯和广锡油壶等，这些，显然与当时对广东商品的喜爱分不开。人们对于广东货非常喜欢，如在徽州，在祭祀中使用海产品是规格较高的一种祭品，通常有所谓的"五海"（也就是五种海产品），五海中就有"广爪"。日常生活用品中有"广锁""广箱"等，广锁也叫"广东锁"，广箱也就是精美的皮箱。总而言之，凡是时髦、新奇和精致的东西，往往就被冠以"广"字。所以，广东在某些方面引领全国时尚，早在清代就是如此。

任何贸易活动及其相关的交流都是双向的，徽商的茶叶贸易亦不例外。他们在回南时，往往购置大量广东商品返销徽州，从而对徽州社会产生了一定的影响。当时，直接通过茶叶贸易经赣水流域进入皖南的广东商品有相当不少。抄本《万里云程》的记载显示，从广东"回南"的物品中，洋货占有一定的比重。其中，《回南便览》中便有"所买洋货、海味"的记载；而《韶关则例》和《赣关则例》则更详细地开载了徽商所买货物的内容：

点锡、黑铅、洋靛、潮花、玻璃、洋布、大呢、哔吱、羽纱、呢袍套料、呢马卜【裤】料、呢器、洋布被面、洋布手巾、洋参、燕窝、铜器、铁器、花棉绸、程乡茧、梭布、夏布、绵［棉］布被面、破片、烧料器、石料器、角皮器、枝木器、杂木器、纸线器、蜡丸、铝粉、银朱、陈皮、砂仁、牛胶、蔡扇、藤器、桔饼、糖果、鱼米、枝元、檀香、红木香、烧料香、白糖、胡椒、藤黄、海参、铜扣、花生、黄丹、铜箔、牙器、耳锅、藤线、铁线、广砂、捧香、沙鱼皮、石贡粉、粗纸、棉纸、茶饼。

随着大批广东货品的输入，僻野山乡的徽州时尚也受到了一定的冲击。道光时人倪伟人的《新安竹枝词》曰："缠臂双环明翡翠，垂耳双铛缀玫瑰。姊妹争怜好容采，阿郎新向广州来。"①这是说一位女子浑身的珠光宝气，引起周围小姐妹的羡慕，而这些珠光宝气，显然都是因为她有个情郎刚从广州回到徽州。这首竹枝词，反映了广州高档消费品流入徽州的情形。与此同时，洋布在徽州愈益盛行。孙氏茶商家庭档案中有《做衣服帐》，其中就多次提及"洋青"的使用。②另外，《韶关则例》和《赣关则例》列有"点锡""大呢"各目，它所反映的广东物品流入徽州的情况，亦可得到其他资料的印证。有一册抄写精美的《奁谱》，备列了道光年间一个歙县绅商之妻的嫁妆，其中就大量用到了以广锡制成的日常什物及大呢等。从中可见，广货在徽州民间有着广泛的使用③。

---

① 雷梦水等：《中华竹枝词》第 3 册，第 2254 页。
② 需要说明的一点是，洋布及其他物品之输入徽州，不仅仅只有广东这一窗口，江南各地也是另一重要途径。
③ 详见拙文《清代徽州与广东的商路及商业——歙县茶商抄本〈万里云程〉研究》，《历史地理》第 17 辑，上海人民出版社 2001 年版。

五、茶叶在中外贸易中的地位

《茶叶全书》引用 1785 年出版的英国诗刊上英国自由党人的茶诗，曰："茶叶色色，何舌能别？武夷与贡熙，婺绿与祁红。松萝与工夫，白毫与小种，花熏芬馥，麻珠稠浓。"[1] 婺源是徽州产茶最多的县份之一，婺绿亦称屯绿，它与祁红、松萝等，都是出自徽州的茶叶。由此可见，徽州茶在对外贸易中占有重要的地位。

当时，西方人对于茶叶极感兴趣，以至于见到中国的植物，往往就会马上联想到茶叶。譬如，广州外销画家庭呱画过一幅画，是以一名妇女采摘桑叶为题材，这和另一幅藏在马德里民俗博物馆的通草纸画题材相同，这幅图样同时又制成木刻版画，在 1857 年的《伦敦时事画报》上刊登。《伦敦时事画报》误将桑叶说成是茶叶，并且附载了一篇看似精深博大的文章，大谈中国人如何重视茗茶。[2] 一些西方人善于阐发意义，往往用一套又一套的理论讲得头头是道，但事实究竟是什么，有时对于他们来说似乎显得并不十分重要。将茶叶误读为桑叶，便是一个明显的例子。

关于茶叶在中外贸易中的地位，在不少商业书中都有反映。

---

① 转引自王郁凤《徽州茶叶史话》，载黄山市徽州学研究会编《徽学》第 2 期 "徽商研究专辑"，1990 年版，第 191—192 页。哈佛大学商学院贝克图书馆收藏有 A poem upon tea, by peter Anthony mottevx. London, 1712。

② 中山大学历史系、广州博物馆编：《西方人眼里的中国情调》，中华书局 2001 年版，第 24 页。

十九世纪以来，随着中外贸易的拓展，西方商人也编纂了不少商业书。譬如，美国哈佛大学各图书馆，就收藏有《中国商务指南》的多种版本：

（1）**A Chinese commercial guide**, consisting of a collection of details respecting foreign trade in China. By John Robert Morrison, Canton, Printed at the Albion Press, 1834. ①

（2）**A Chinese commercial guide**, consisting of a collection of details and regulations respecting foreign trade with China. by John Robert Morrison.2nd ed., rev. throughout and made applicable to the trade as at present conducted. Macao: S.W. Williams, 1844. ②

（3）**A Chinese commercial guide**, consisting of a collection of details and regulations respecting foreign trade with China. by John Robert Morrison.3rd ed., rev. throughout and made applicable to the trade as at present conducted. Canton: office of the Chinese Repository, 1848. ③

（4）The Chinese Commercial Guide, containing treaties, tariffs, regulations, tables, etc, useful in the trade to China & eastern Asia; with an appendix of sailing directions for those seas and coasts. by S. wells Williams, 5th ed, HongKong, A. Shortrede

---

① 哈佛大学 Lamont 图书馆缩微胶卷。

② 哈佛燕京图书馆善本书。另，商学院贝克图书馆另藏一册。

③ Widener 图书馆。另，哈佛大学商学院贝克图书馆另藏一册。

　　　　　　　　　　　　　千山夕阳：明清社会与文化（全新修订版）

& co., 1863. ^①

综上所述，最早的《中国商务指南》由马礼逊之子马儒翰（John Robert Morrison）编纂，第一版于道光十四年（1834年）在广州出版，十年后在澳门出了第二版，再过四年又在广东出了第三版。因未见第四版，不清楚具体情况如何。但第五版于同治二年（1863年）在香港出版，并改了书名，作者也换成了卫三畏（Samuel. Wells Williams）。就目前所见来看，前三版的篇幅虽有所增加，但总体结构变化不大。但第五版较前三版增加了很多内容，篇幅也扩大了许多。前三版的《中国商务指南》中，有中英文的报单及照会多份，兹抄录中文部分如下。

其一：

本船系某某国船某某字号，船主名某某，装载各样等货，由香港来，现过虎门，入赴黄埔，理合报知。

道光二十三年十二月二十二日未刻报单。

过虎门关口报单。

其二：

特调住劄广州管理英国事务李　为

照会事。现据英国商人△△公司禀

---

① 哈佛燕京图书馆善本书。另，此书有台北成文出版社1966年版。

报，于六月二十九日有英国第壹号
船矮阿，船主名真坚，已到黄埔椗泊。
查按此船牌照，船可载货四百四十
六顿，船上梢人二十名，装载各货，已
将报单与船牌诸件缴在本署收贮，
理合照会，请烦查照，准予开舱起货
可也。须至照会者。

　　计开进口报单：

大呢三千丈；

黑铅二千七百八十一担；

哔叽九千丈；

白洋布五千八百匹；

黑铁一千八百担；

水碇十五担。

　　右　　照　　会

钦命督理粤海关税务文

道光二十三年七月初二日报。

其三：

特调住劄广州管理英国事务李　为

　照会事。现据英国商人某某公司具

　禀，现在黄埔椗泊英吉利第壹号船

　　矮阿，船主名真坚，今欲将后开各货

起交何亚苏驳艇运赴省城，贮在广
源栈房等由，理合通知验明，请烦查
照施行，须至照会者。

计开：

小呢九千丈，每丈七分，银六百三十两；

大呢五百丈，每丈一钱五分，银七十五两；

羽布六百丈，每丈一分五厘，银九两；

印花布五百疋，每疋二钱，银一百两；

小手帕二万条，每条一分，银二百两；

共税银一千零十四两。

初八日验过了。

右　照　会

钦命督理粤海关税务文

道光二十三年七月初六日

第壹号船起货单第壹艇。

其四：

英国商人某某公司，今将第壹号英
船矮阿船主名真坚应纳税银六千
两，请烦查照代缴

钦命粤海关大人查收，所有货物饷银
数目列后，

计开：

进口货物第壹单至十三单六千两，

另，每百两加镕费银一两二钱，共计应

加银七十二两，合共计银六千零七十二两，

上

粤海关银铺

合盛大宝号照

道光二十三年八月初一日单。

其五：

英国商人某某公司，今将第壹号英

船矮阿船主名真坚应纳船钞银二

百两，请烦查照代缴

钦命粤海关大人查收是幸。所有船载

钞饷各数列后，

计开：

该船按牌所载系肆百顿，每顿计银

五钱，共银贰百两；

另每百两加镕费银一两二钱，共计应

加银二两四钱，

合共计银二百零二两四钱，

上

粤海关银铺

合盛大宝号照。

道光二十三年八月初一日单。

其六：

特调住劄广州管理英国事务李　为
　　照会事。现据英国商人某某公司具
　　禀，欲于十九日将后开各货在潮兴
　　栈房装落刘亚坤驳艇，载赴黄埔，交
　　第壹号英船矮阿其船主名真坚收
　　手，理合报知，请烦查照施行，须至照
　　会者。
　　　　　计开：
　　茶叶五百件三万斤，每百斤二两五钱，
　　　　税银七百五十两，
　　　　　　十九日下过了。
　　　右　　照　　会
　　钦命督理粤海关税务文
　　道光二十三年闰七月二十九日
　　　　　第壹号下货单第六艇

其七：

特调住劄广州管理英国事务李　为
　　照会事。现据英国商人△△公司赴

案投递出口报单，禀称英国第壹号

船矮阿，船主名真坚，今已满载，定期

回国，理合先行报知，代请查核船钞

及进出口各货税银若干两，已纳者

若干两，未纳者若干两，以便完纳，发

给红牌，准予行驶回国，实为公便，为

此照会，须至照会者。

　　计粘出口报单：

茶叶三千五百六十件；

大黄六百二十二件；

瓷器十件；

紫花布七十七件。

　　右　照　会

钦命督理粤海关税务文。

道光二十三年八月十九日^①。

　　以上所引，下划线者为人名、船名等专有名词。除了第一份
报单外，其他照会都是有关英国商船的交涉文件。其中，第一至
五份是有关进口货物的报单及照会，而第六份和第七份照会则反
映了五口通商之后一只英国商船出口所运载的物品及其数量。其
实，这些照会可以看成是一种固定的格式，就像徽州文书中的活

---

①　1848 年发行的第三版《中国商务指南》，第 124 页，第 204 页，第 206—208
页，第 210—212 页。

套一样，供人临时随机套用。而这些固定的格式文本，与现存于哈佛大学商学院贝克图书馆中的文书原件基本相同 [①]。前三版的《中国商务指南》中，有"关税表中物品的中文名称（Chinese names of the articles in the tariff）"，其中，出口的部分有：

> 礬石（白礬），八角（八角油），信石（人言，砒礵），手鈪（烧料鈪），竹帘，铜簿，瓦砖、瓦片等造屋之料，骨器、角器，樟脑，竹竿、鞭竿，三籁，桂皮（桂子，桂皮油），冷饭头（土茯苓），磁器粗细各样，衣服，铜器、锡器，土珊瑚（假珊瑚），花竹响爆，澄茄，手扇，杂木器，良姜，黄藤，玻璃片、玻璃镜、烧料等物，土珠（草珠），土胶（鱼胶，牛皮胶），夏布、麻属诸类，石黄，牙器，雨遮（纸雨伞），漆器，铅粉，红舟，云石，花石片，席（如草席、竹席各等），海珠壳器（云母壳器），麝香，紫花布棉属诸布，画工（大油漆画），通纸花，纸扇，纸类，假珠，糖姜及各样糖果，藤帘、藤席及藤竹诸货，大黄，胡丝、土丝，天蚕丝，胡丝经及各等丝经，丝带及丝棉各样，绢、绉、纱、绫、剪绒及各等绸缎，丝绵杂货（如棉绸及丝毛各

---

① 笔者在哈佛大学商学院贝克图书馆查阅到二十多张照会、报单：粤海关外洋船牌（道光十六年）、虎门报单（咸丰三年二张）、闽海关南台口美商红牌（咸丰四年一张、咸丰五年二张、咸丰六年一张）、闽海关厦门口花旗商红牌（咸丰八年）、江海关收税单（咸丰十年）、南台口美商傲单（咸丰四年一张，咸丰五年三张）、江海关执照（咸丰六年）、江海关运米执照（咸丰五年）、闽海南台大关照单（咸丰五年二张，咸丰六年一张）、江南海关照验税单（咸丰十年）、江海关收税单（咸丰十一年）。

样），靴鞋，檀香木器，豉油，金银器各样，白糖、黄糖，冰糖，锡簿，茶叶，生热烟、水烟、黄烟、孖姑烟各等，黄姜，玳瑁器，皮箱、皮杠等物，金银洋钱及各样金银类，银珠。

至于进口的部分有：

阿魏，洋蜡（密蜡，砖蜡），槟榔，海参，官燕（上等燕窝），常燕（中等燕窝），毛然（下等燕窝），冰片，子丁香（上等丁香），母丁香（下等丁香），自鸣钟，时辰镖，千里镜，字盒，梳妆盒，各样金银首饰，香水香油，各钢铁器刀剑等物，帆布，悝布，呀嘀米，玛瑙石片（玛瑙珠），棉花，白洋布，原色洋布，原色斜纹布，白袈裟布，印花布，大手帕，小手帕，柳条巾，旗方巾，颜色布，剪绒布，丝棉布，毛棉布，棉纱（棉线），牛黄，儿茶，象牙，鱼肚，火石，玻璃片及各样玻璃水晶器，槟榔膏，洋参，金银钱，安息香（安息油），乳香，没药，水牛黄牛角，犀角，麻布（白色幼细洋竹布，粗麻布，半棉半麻布，丝麻布），豆蔻花（玉果花），珠海壳（云母壳），铜制品，铁制品，铅（黑铅），钢，水硍，洋锡（番锡），马口铁（锡片），白铜（黄铜），豆蔻，胡椒，木香，沙藤，苏合油，洋硝，鱼翅，生熟牛皮，海龙皮，狐狸皮，虎皮、豹皮、貂皮等，獭皮、貉獾皮、鲨鱼皮等，海骡皮，兔皮、灰鼠皮、银鼠皮等，洋青（大洋），洋靛（番靛），柴鱼（乾鱼类），海马牙，金银类，洋酒，乌木，檀香，苏木，木料（如红木、紫檀木、黄杨木等），大呢（哆啰呢），小呢（哔叽），洋白毡，羽缎，羽沙，羽绸，羽布，绒货（如素毛、丝毛、绵毛等），绒绵。①

十八、十九世纪之交的瑞典历史学者龙思泰（1759—1835），在其所著的《早期澳门史》中指出："江南，该地区现在分成江苏和安徽两个省，……每年都有大量的产品运到这里，换取西方世界的物产和制品。运到广州的货物主要有绿茶和丝绸，通常能使商人获得丰厚利润。"② 他还说，这份关于中国国内商业报告，是采自一册本地的手抄本。这个手抄本说明，中国的每个地区都或多或少地对外国产品有所需求。③《早期澳门史》补编《广州城概述》附录三为《中国的度量衡》，第五章为《广州的主要进出口商品》，在这些部分，作者指出："这些（英国）船只运到中国来的有哆啰绒、哔叽、羽纱、英国白布、绒线、棉纱、棉布、孟买、马德拉斯和孟加拉的棉花、鸦片、檀香、乌木、沙藤、槟榔、木香、胡椒、丁香、胭脂红、乳香、洋硝、毛皮、象牙、琥珀、珍珠、玛瑙石片、钟表、铅、铁、锡、水银、鱼翅、鱼肚、柴鱼等等。从中国运回去的有茶叶、生丝、丝织品、糖、肉桂、

---

① 1848 年发行的第三版《中国商务指南》，第 188—196 页。
② ［瑞典］龙思泰：《早期澳门史》，吴义雄、郭德焱、沈正邦译，章文钦校注，东方出版社 1997 年版，第 303 页。
③ 《早期澳门史》补编《广州城概述》第四章《国内商业、对外贸易、外国商馆、行业与人口》（1833 年 11 月），第 304—305 页。《东西汇流——粤港澳文物大展》中，即有澳门博物馆收藏的手抄本《粤海关税货则例》，该书胪列了各种商品所需缴付的货物税。（第 129 页）此书的格式及内容，均与拙藏的徽州文书抄本《芜湖关事宜户工则例》颇相类似。

樟脑、朱砂、大黄、白矾、麝香和其他各种货物。"①这些，均可与中外文献中的记载相互印证。

《东西洋考每月统记传》道光戊戌年（1838 年）三月"新闻"："今生意愈盛，十二月间英吉利船十二只载货，事务殷繁，外客纷纭往来，街路闹热，西瓜扁舟云集，将今年生意较上年贸易，只有其三分之一矣。诚恐茶叶价虽贱，不得尽载出，商贾终不安心……"②五月"杂闻"："茶叶、湖丝等货，载于外国起价，及省城之生意繁盛，洋舟俱载货返棹。……今年之贸易始亏乏，终兴盛矣。"③九月"新闻"："年稔谷丰，万物殷殷，生意甚盛。外国之船陆续进口，所载之棉花甚多，而价尚平也。据愚想，今年之贸易顺达，百意百随，只可恨英吉利上年所用之茶，比较前年减少四百万斤，所销卖之顶好茶益增，而下等日少，大茶白毫各项一均纳税，未有上下贵贱之别，故好茶之价落，而下项之价昂。亚默利加所用之绿茶不同，其居民月增年添，所用之茶亦更多也，是以今年所载，卖于本国之货，比前年渐增也。"④这几段记载，状摹了鸦片战前中外贸易的实况。

同治年间出版的《中国商务指南》第五版中，有对进出口物品的描述，内容较前三版详细得多。其中一一列举了各种茶叶，有关徽州茶的部分这样写道：

---

① 《早期澳门史》，第 312—313 页。
② 《东西洋考每月统记传》，第 347 页。
③ 同上书，第 373 页。
④ 同上书，第 433 页。

……北纬 35 度的松萝山，也以绿茶著称。这些茶部分来自安徽（Nganhwui）的征州（Hwuichau），在广州称为 Fychow 茶；其他的则来自同省的太平（Taiping），通过扬子江被送到芜湖。……屯溪（Tun-kai）茶来自太平府。……绿茶也叫松萝茶，产自丘陵地带，根据来自三个地区的名称，而有武园（Wuyuen）、平水（Pingshui）和屯溪（Twanki）三个等级，都是高质量的茶叶。……征州（Hwuichau）茶来自整个征州府，该府幅员数千公里，因此质量相差很大，其中的一些如以前所知的休宁，即该府的一个地区，……征州或 Fychow 的茶更黑，叶子有白色的斑点。……屯溪（茶）标示着出自安徽太平的屯溪（the river Twan），叶子卷曲、稀疏、明亮，制作上与熙春茶相似，有些实际上就是好的熙春茶。[①]

上述的"征州"也就是徽州（征的繁体字"徵"，与"徽"字形近而讹），而"武园"应即婺源（此为同音而讹）。婺源茶与屯溪茶一样，都是徽州茶的一部分。"Nganhwui"的发音，可能源自广东人听到的皖人带有方言音调的自称，而徽州茶在广州被称为"Fychow"茶，则显然是因为闽粤一带方言将"h"发成"f"的缘故。

除了上述的商业书外，一些语言方面的资料，也反映了洋商和徽商的活动。如哈佛大学 Houghton 图书馆收藏的语学资料，无疑是当年西方人学习汉文的课本。该书中的对话一（Dialogue

---

① 1863 年发行的第五版《中国商务指南》，第 144—145 页。

Ⅰ），就是与船员的对话（with a shipman and visitor）：

请坐。

请坐。

倒茶来。

请茶。

请茶。

久违，你一向得意得很。

好说，托庇你宝行，生意好得很。

我一向少来问候，

岂敢！生意这些时很有限，为在是闲月，况且洋船亦未曾到得，所以没有甚么生意。

是呀，今年洋船如何来得迟，往年已经早到了，这是甚么缘故？

我耳闻说海面不很太平，常有夷人打仗，所以来得迟。

是今年洋船不到，只怕洋货要起价。

是呀，如若这个时候船不到，各样洋货都是要贵的，再者，买卖生意亦难做。

是呀，若船早到就好了，我亦想买些零物送人，但目下价钱太贵，俟船到了再来帮趁。

好说，若船到，我打发人来奉请大驾，赐顾赐顾。

好说，如此告辞了。

再请坐坐。

不，舍下还有些微小事。

如此不敢奉留。

好说，少陪。

恕不远送。

岂敢!

请。

请。

对话二（Dialogue II）则有：

老爷好!

你好呀。

我要看你欢喜办事。

你几时到了广东?

我到了有半个多月。

果然是，我今日才听说你到了，若我先知道，早前拜你去。

我多谢你得很!

一路平安么?

不平安，路上难行。

未多宽路，我坐轿子行。

我想尊驾一路都是坐船来的。

果然是。惟今年因热得很，所以河道都干了，虽然如此，到底我看尊容有些风色。

你几时回南京去?

新年之前我不能起身。

既然你还在省城，日子长，我们必有机会常见面。

好说，我想今日到府上奉拜，但恐怕你不在府，如今我也要去拜别的老爷们。

我在舍下奉候，或者我有俗事不在家，你可以等一会。

我不能长在外，因舍下有俗事颇多。

我来时，若你不在府上，我逛一会就回来。

你若未曾拜大班，不如而今先到他家去。

该当我也愿意，但怕一早不能拜多人。

若是你的意思狠［很］好，只是不用在各人家耽误工夫，若是一日全拜他们更好。

好呀，就是这样做。

我而今告辞，恐防有事，请你叫你的跟班到我船上找我来。

我要告辞，再者，而今请你家人在我船上叫个人来。

这显然是有关洋商为了与中国人做生意，学说中国话的课本。对话二中的"南京"，是对明代南直隶的习惯称呼，到清代则用以指称江南省——江南省于康熙以后分置为江苏和安徽二省，当然也包括徽州府。

而在另一方面，为了做生意，中国人也要积极学习外语。此前，中央电视台播放的专题片《徽商》，其中的第二集叫《徽骆驼》，中间曾采访一位徽州茶商的后裔，他说自己的祖先做生意时不会外语，但有一个习惯让他赚了大钱，什么习惯呢？原来，这位茶商洗脸时，毛巾是不动的，只是头在摇，因此，洗一把脸头要摇好几摇，外国人在旁边一看，一定是价格谈不拢，于是就加价，所以等他洗好脸，茶叶的价格也就翻了好几番⋯⋯

这虽然出自茶商后裔所言，但将它当作传奇故事或笑话来看待，可能更为接近历史真实。因为不可能每次与洋商谈价钱时，都用洗脸来应付，因此，学点外国话显然是必要的。

譬如，前述的歙县芳坑江氏茶商江有科为了同西商接洽生意，就对外国语言、度量衡制度等都时时留心在意。他有一本札记专门抄录这类问题，该札记中分言语问答、茶名、匹头名、年月日时礼拜、各港、职事人物、衣服等门类。对某些常用的英语单词、短语都用汉字注明意义和读音。如"系"字下注"爷士"；"他"字下注"希"；"去"字下注"哥"；"星"字下注"士打"；"衣服"下注"个罗士"；"石"字下注"士敦"。上述数字，显然是英文 yes、he、go、star、clothe、stone 等字读音的注释。札记中用这种方式注释英语多达数百字[1]。周振鹤教授认为，这应是抄录流行在广东的一些浅显的英语读本，如《红毛番话》之类的著作[2]。事实上，广州当地出版的一些商业书和商人书，成了中外商人参考的重要著作。

我个人也收藏有一册徽商抄录的《各国数法》，开首为佛呣西国、嗊咘国、喘国、咶国、西洋国、咪唎坚国、嘆咭唎国的磅与中国的斤之对应关系。如"嘆咭唎，每一百磅七十五折成

---

① 张海鹏、王廷元主编：《徽商研究》，第 591 页。

② 见其短文《与徽商有关的中英语接触资料》，载氏著《逸言殊语》，浙江摄影出版社 1998 年版，第 55—57 页。

斤"。① 其次为红毛、佛咥、嗫咥国、嘴国、哇国码长,与中国尺的关系。以下分"数目门""单字门""二字门""三字门""四字门""药材门""杂货门""出入口疋""颜色门""珠宝物件""皮草门""茶酒门""□子门""禽兽""虫蛇类""衣服类""身体门""时礼拜""人物执事门""各港口名""倒装句法"和"合语长短句"。

在《各国数法》中,茶写作"咘"(也就是 tea)。如武夷茶作"武夷咘",松萝茶作"松萝咘",珠兰茶作"珠兰咘",安溪茶作"安溪咘"。当时,徽州茶统名松罗茶,而松罗山实际上只是休宁县境内的一座山,方圆不过十余里,每年的产量有限,难以应付商贩的需求。清代所谓的松罗茶,"大概歙之北源茶也,其色味较松罗无所轩轾,故外郡茶客胥贩之于歙,而休山转无过问者矣"。② 清人叶梦珠《阅世编》卷7《食货六》亦曰:"徽茶之托名松萝者,于诸茶叶尤称佳品。"明清时代,松萝茶在全国各地均颇为流行。前述广州十三行"隆记"行创始人张殿铨之发明雨松萝,应当就与此种时尚有关。松萝茶,中文写作"松萝咘",而英文则作"singlo"。Singlo tea 和 Twankay tea 都用以指称徽州茶。③

除了茶叶之外,其他的一些单词也颇为有趣:

---

① 《早期澳门史》补编《广州城概述》附录三《中国度量衡》:"一常衡磅等于3/4斤。"(第325页)所以一百磅就等于七十五斤。

② 许承尧:《歙事闲谭》卷18《歙风俗礼教考》,黄山书社2001年版,第603页。

③ Samuel Ball 所著《对中国茶叶耕殖及制作的描述》中,有一节专门论及屯溪茶(Singlo or Twankay tea)。(第235页)

"墺门"作"骂交"。Macao.

买办，今不多。Comprador.

水手头，波士。Boss.

九五折，挥八仙。Five percent.

太长，刀冷。Too long.

太大，刀喇治。Too large.

太短，刀杀。Too short.

太贱，刀唛。Too cheap.

好多，刀抹治。Two much.

容易，衣治。Easy.

我唔明白，挨那嗳厘士丹。I not understand.

这些，都应当是广东英语（Canton English）。而由徽商抄录的这些广东英语中，我们可以从一个侧面了解清代徽州与广东的经济联系和文化交流。

六、叶钟进的《英吉利国夷情记略》

茶叶贸易是徽州人通往外部世界的桥梁。徽商的贸易活动促使徽人较早地关注海内外的风云变幻，因此而留下了诸多独具特色的文献。道光二十一年（1841年）黟县文人汪文台撰著《红毛番英吉利考略》，该书虽然还是属于掌故的范畴，只是抄录前代的方志、笔记和奏折等，但此书的撰写，早在魏源的《海国图志》第一种版本问世之前，这显然反映了徽州人对于外部世界的强烈关注。

在《红毛番英吉利考略》出版后的第二年，《海国图志》50卷刊刻问世。在这部划时代的巨著中，魏源收录了歙人叶钟进的《英吉利国夷情纪略》①，该文后来被编入《小方壶斋舆地丛钞续编》。此文在以往的学者论述中有所涉及②，但它与徽商的关系却未见有人提到。

《英吉利国夷情记略》分上、下二篇，其上篇介绍英国所在的欧洲之耶稣信仰、礼仪婚嫁习俗、财产货币制度、士农工商及赋税情况、工艺制作、衣食住行、度量衡、军事体系、官方语言和刑法律令等等。下篇则专门记录广州中外贸易中的英国公司（包括公司资本的形成、公司的组织、船员的构成等等）、英国的航海技术以及船只入泊广州黄埔的手续、兰墩（伦敦）的文化礼俗、英国与花旗国的战争（亦即美国的独立战争）、英国在东南亚和南亚的殖民统治以及中英之间的冲突和交涉等。《英吉利国夷情记略》特别注意西方的船坚炮利，文中有对西方火轮船和枪炮的生动描摹。综观上、下两篇，叶钟进不是抄撮前人旧闻，而是对英国及中英贸易的状况有着切身的体会，所以一般认为，他

① 《海国图志》卷52《大西洋》，岳麓书社1998年版，误作"叶种进"。（第1433页）
② 马廉颇：《晚清帝国视野下的英国——以嘉庆道光两朝为中心》，人民出版社2003年版，第31页。

的著作"反映了鸦片战争以前中国人对英国的认识水平"[①]。譬如，《英吉利夷情记略》对于广州的茶叶贸易，有特别详细的记录：

> 英吉利国，前明始大，自大西洋葡萄牙通中国，乞得澳门以居，置买茶叶、大黄等物，归售各国，各国慕之，闻风踵至。乾隆年间，大开洋禁，以粤东为市易所，设洋商通事，西南各国麇至。……至是澳夷始不得独擅其利，乃以澳门夷屋赁与各国居止。澳夷向有番差一人以约束、理词讼，司达一人，治赋税。英吉利既常来，遂于乾隆四十几年间创立公司。公司者，国中富人合本银设公局，立二十四头人理事，于粤设总理人，俗谓大班、二班、三班、四班，外有茶师、写字、医生及各家子弟来学习者，共数十人，每年七八月夷船到时，始至十三行夷馆，许雇唐人买办食用，年终事毕船归，各夷仍往澳栖止。驾船者有船主，统管一舟人，有大、二、三、四伙长，测星日，看罗经，量刻漏，对洋图，以掌舵行舟，有写字人登记数目出入，有医生治疾病，有兵卫掌枪炮，有水手管风帆，以及舢船驳货出入。嗣海道日熟，递次减少，今每舟不过三四百人。
>
> 其初设公司，所来呢羽，立股分售与洋商，总商有三股、四股者，散商有两股、一股者。所买茶，即以股分为则，其茶价照客价明加，每石有银十两、八两不等，名曰饷磅，以此重唊洋商。收茶时，用以上下其手。洋商媚夷者，茶多溢

---

① 　马廉颀：《晚清帝国视野下的英国——以嘉庆道光两朝为中心》，第31页。

额，如近年东裕行两股呢羽，交茶逾怡和四股之数，此明验也。洋商中贤愚不一，每每互相倾轧，倘有泄外夷之短者，该夷公司必知，遇事挑斥，故洋商遇地方官询以夷事，皆谬为不知。而中国用人行政，及大吏一举一动，彼夷翻无不周知。闻嘉庆年间，夷船到口，该大班等恭请红牌到省馆，诘朝穿大服、佩刀剑，到各洋行拜候，稍有名望之商，必辞以事不见，俟其再来，然后往答，迎送如礼，一惟洋商言是听。迄年来船益多，销茶益盛，洋商仰其厚润，于是夷船将到，洋商托言照应，过关即出远迎。又复常踞十三行之英夷，知汉字，能汉语，常称其出入口税饷每年几及百万，而澳夷货来甚少，税饷极微，翻得坐享澳门市易租赁之利，每欲效之。盖不独彼国土产来此销售，而茶叶、大黄，实彼生命攸关。

从中可见，《英吉利国夷情记略》内容显然是采阅夷情，其来源主要有两个方面。叶钟进在全文末尾写道："澳门所谓新闻纸者，初出于意大里亚国，后各国皆出，遇事之新奇，及有关系者，皆许刻印，散售各国无禁，苟当事留意探阅，亦可乩各国之情形，皆边防所不可忽也。"这可能说明《英吉利国夷情纪略》中的许多描述，应出自当时澳门的"新闻纸"之类——此为一个来源。另外，文中有："……澳旁高山，西夷建一望海楼，面零丁洋，用大千里镜，远观可见数日后可到船，并能认知何国旗号。山后向有小路可上，原许一切人登眺，至是西夷不许该班登眺，翻将山后小路铲去，大路设卡，彼亦无如何。时有英夷在葛剌巴犯事，潜逃来粤，原告踪至，控于澳夷目，将该夷拿禁炮台议罪，该班为之缓颊，不听，及令他夷往视，又为守官拒，不得入，因相口角，一并拿禁。诸班哑忍不能致辞。以上闻之通事头人蔡刚，定非虚言。"① 可见，文中的叙述，也有一些应是叶钟进个人的见闻。

道光二十五年（1845年）广东学海堂学长梁廷楠所撰的《英吉利国记》末，有曰："叶钟《寄味山房杂记》论公司既散，则易于管束，然二十年内扰之事，皆出领事曦律一人，以是观之，似犹未为通论矣。"② 此处的"叶钟"，当即"叶钟进"之讹。梁氏虽然对叶钟进之说不以为然，但实际上，他的著作中有多处大段抄袭叶钟进的《英吉利国夷情记略》。

《英吉利国夷情记略》的作者叶钟进字蓉塘，徽州歙县人，长期在广东一带活动，并强烈关注中外贸易活动。而从徽州与广州的茶叶贸易史来看，叶钟进可能是徽商，而且很可能是徽州茶商。

七、徽商与牛痘推广

与徽州茶叶贸易相关的，还有其他一些方面的影响。譬如，中国近代著名的铁路专家詹天佑，就是婺源茶商的后裔。他的曾

---

① "通事头人"应即马儒翰所说的"Head linguist"，一般有四至六名。1848年发行的第三版《中国商务指南》，所列姓蔡的通事有蔡懋（行名宽和）、蔡俊（行名顺和）。（第161页）
② "近代中国史料丛刊"续编第512册，文海出版社约1978年，第101页。

祖父詹万榜是乾隆时人，因经销茶叶，由婺源南下广东。其祖父詹世鸾子承父业，迁居广州。到他父亲詹兴洪时，因茶行已破产，故再迁南海，以耕读为生。据载，詹天佑小时，在香港等地活动的同乡茶商谭伯村对他爱护有加。詹天佑生于咸丰十一年（1861年），其父破产时，大概也就在道光年间，这与大部分徽州茶商的命运是相同的。

又如，牛痘在徽州的推广，徽州茶商也起了一定的作用。天花（Smallpox）是由病毒感染而致，是一种传染性极强的急性发疹性疾病，对儿童的危害很大。明代后期以来，人痘接种法就在中国的不少地方得到广泛应用。及至清代嘉庆年间，西洋传入的牛痘法也逐渐在广州等地推广，当时，广东人邱熺为许多人接种牛痘，并著有《引痘略》一书行世，这部书对徽州有较大的影响。至于徽州何时开始改种牛痘（当时称为洋痘），限于所见不得而知。不过，近年来在徽州各地陆续发现的一批与牛痘相关的书籍：

《引痘略》，抄本1册，原本上书"嘉庆丁丑（1817年）季冬镌，百兰堂藏板"；

《牛痘新书》，刊本1册，封面用毛笔题作"胡性初氏"，前有同治四年（1865年）黄家驹的"刊牛痘新书序"；

《重刊牛痘新书》，刊本1册，封面用毛笔题作"治种牛痘全书 / 方根甫记 / 李廷圭记"。

这些文书来自徽州歙县和婺源，应当反映了当时徽州人对牛痘法的兴趣，其中有的可能与茶商的广州贸易有关。而从现有的文献记载来看，晚清牛痘新法的推广，也主要是由当地的慈善机构负责，清末屯溪有公济局，"以施药、送棺、收婴、施牛痘为目的"。屯溪公济局创设于光绪十五年（1889 年），捐输人员最早就以茶商为主。

八、结语

明清以来，地处皖南的徽州是个著名的商贾之乡。不仅盐、典、木等传统商业活动极为活跃，而且，该地盛产的茶叶（著名的如祁红、屯绿），更使得徽州的商业活动自古迄今一脉相承，成为徽州人连接外部世界的重要纽带。徽州人的商业活动促使他们较早地关注到东西洋世界，乾隆年间汪鹏的《袖海篇》即是徽商对日本社会文化的细致观察[1]，而道光年间叶钟进的《英吉利国夷情纪略》等著作，则较为系统地反映了徽州人对西方世界的认识。徽商出于商业发展的目的，不经意间成了近世较早睁眼看世界的中国人。

---

[1]　关于汪鹏的研究，参见：唐力行：《商人与文化的双重变奏——徽商与宗族社会的历史考察》第六章，华中理工大学出版社，第 193—200 页；王振忠：《徽州社会文化史探微——新发现的 16—20 世纪民间档案文书研究》，上海社会科学院出版社 2002 年版，第 544—545 页。

商路上的武艺：徽商与少林功夫

"浮屠善幻多技能，少林拳法世稀奇"①，少林武术虽然闻名
遐迩，但徽商与少林武术的渊源，却未见有人论及。笔者对此
一问题的关注，始于十数年前在安徽省图书馆阅读到的《休宁碎
事》中的一则史料。继而于数年前，又在皖南书肆经眼一精美的
少林棍谱（明代徽州文书抄本），唯因书商索价极昂，故虽摩挲
久之，却终未能购藏。2003—2004 年笔者在美国哈佛燕京图书
馆，日以阅读珍稀文献为课，偶然间看到该馆所藏的两种少林武
术资料，恰与先前所见、令人难以释怀的史料颇相接近，遂结合
公私收藏的其他文献，对少林武术与徽商及明清以还的徽州社会
作一简要的探讨。

哈佛燕京图书馆收藏的少林武术资料，其一为刊本《少林棍
法阐宗》，三卷，明程宗猷撰，十二行二十二字，一函三册，书

---

① 〔明〕唐顺之：《峨嵋道人拳歌》，转引自无谷、刘志学编《少林寺资料集》，
书目文献出版社 1982 年版，第 419 页。

末钤有"国立北平图书馆收藏"章。① 该书前有婺源大畈人汪以时、陈世埈和程子颐的序，后有程宗猷兄弟叔侄程同、程胤万、程胤兆 ② 和程继康的跋。上卷和中卷为棍谱、棍图、枪式和棍势歌诀等，详细叙述了各类棍法的招式，列举了五十五种执棍姿势，每一种都配有精致的插图，并缀以解释性的歌诀。下卷为问答四十条。此外，该馆另藏有《少林棍谱》一种 ③，该书显然是以前者为母本的抄本，只是更为简略而已。

　　本文首先分析程宗猷的生平事迹，其次对少林武术与明清徽商的经营活动及少林武术与徽州社会的关系等，加以较为详尽的探讨，最后则是简短的结论。

① 哈佛燕京图书馆的 Hollis catalog 作"明天启元年（1621），FC4876（1058），耕余剩技本"，但胶卷上则作万历年间，后者可能是根据序跋所署的年代著录，误。《少林棍法阐宗》于天启辛酉（1621 年）与《蹶张心法》、《长枪法选》及《单刀法选》合刊行世，名曰《耕余剩技》。1919 年，周越然将之改名为《国术四书》石印出版。最近，《中华再造善本》"明代编·子部"收录程宗猷的《耕余剩技》(据国家图书馆藏明万历四十二年、天启元年程禹迹等刻本影印，北京图书馆出版社 2002 年版），计 4 册，前 2 册即为《少林棍法阐宗》。该版颇有缺字，字迹、图幅漶漫不清，印刷极为粗糙乃至低劣，完全失去了中国传统善本的神韵，可谓但见"再造"之名，而无"善本"之实。哈佛燕京图书馆另藏有《程氏心法三种》，见陶湘所辑"百川书屋丛书续编"第五册，庚午、辛未涉园陶氏影印本。"百川书屋丛书续编本"虽未列入善本，但却远较《中华再造善本》精致。
② 程胤兆辑有《天都阁藏书》，天启间刻本，一函 6 册，哈佛燕京图书馆藏。
③ 索书号为：T 6976 9440；FC2114。

一、有关程宗猷生平事迹的几点分析

《少林棍法阐宗》成书于万历丙辰（即万历四十四年，1616年），[1] 该书题作："新都程冲斗宗猷著"，据此，程宗猷当字冲斗。[2] 参校该书者有他的两位叔祖、两个弟弟和两个侄子，另有三位甥孙和三位侄子"阅梓"。其叔程继康在《〈少林棍法阐宗〉后序》指出：

> ……余侄冲斗生负奇气，智勇性成，凡与闻人秘艺遇，靡不习之，靡不精。嗣入少林，遇异僧号按□[3] 堂，艺出诸家之表，从游岳寺，未尽其奥，乃千里秣马，迎请至六安，敬事忱恩，无二所亲。僧高冲斗谊，亦授无余隐。后即□禅麻埠之广福寺，未几寂化。冲斗为心丧，偕同门弟子叔新明为龛垄焉，于是冲斗得以尽其法而超悟之。素负雄力绝技者，远相访诘无虚日，一交臂间，辄索然如小巫而去。故

---

① 程胤万：《耕余剩技叙》。

② 关于程宗猷，此前仅见有陶孝忠《程冲斗和〈耕余剩技〉》一文（载休宁县文化局编《海阳漫话》第3辑，安徽美术出版社1989年版）。该文简单介绍了程冲斗的事迹（文中虽未见有任何注释，但资料均出自《休宁碎事》及《耕余剩技》序跋），作者将程冲斗定位为"少林武术家和武术著作家"，主旨则在于"把他的事迹掘献给读者，希望能为爱国爱乡教育提供点素材"。（第280页）

③ 此下有数字无法辨识，以"□"表示。

声走海内，闻者亦避舍逊焉。昔倭虏寇朝鲜，颖兵宪詹公数使军中教师讽冲斗出。万中丞镇天津时，藉冲斗甚，介王都司折柬招之，人皆以此时冲斗当为知己用矣，辄谢曰："古之报知己者无如聂政之于严仲子，政以老母在，此身尚不敢许，吾安能效温太真作绝裾事？"皆不就。辟道途之警，横槊赴敌，群盗侦知其名，辄遁去，其先声夺人类如此。然赋性仁厚，崇礼让，有以武艺请者，率谢不能。余侪于暇日强试其奇，见坐作击刺之方，即山崩潮激未足谕其勇也，烈风迅雷未足谕其严且整也，环相咋曰："技至此乎，而以为祀、为养之故，未及勒功燕然，以光吾族。"余曰："不然，冲斗以深沉之资，负绝世之学，非炫一时名，其将有待也。"越兹《棍法阐宗》成，不致广陵散绝响之叹……

上述的序文可见，程宗猷自少年起即志向远大，为得神功绝艺，凡听闻有名拳师，即不辞千里前往讨教切磋。这里有几点颇值得注意：

一是程宗猷的出身及其学艺过程。从《少林棍法阐宗》等书中，我们并没有获得关于程宗猷身世的多少直接记载，所见的史料也大多比较笼统。如程氏族人称赞程宗猷为"族之奇士也，磊落魁伟，慷慨然诺，真古侠丈夫风。且孝多淳笃，恂恂儒也。儒不授，转而试武"①，等等。不过，我们从笔记史料中却看到：程宗猷首先是到少林寺习学武艺，据载："少林例：学成者能打散

---

① 陈世垲：《少林棍法阐宗集序》。

众木偶，方许出寺；否则必欲去者，乃由狗窦出耳。宗［冲］斗学既久，独能打散木偶"，① 所以顺利走出山门。根据上文《〈少林棍法阐宗〉后序》的描摹，程宗猷似乎没有完全学到本领，或者确切地说是他对所学到的并不十分满意，而是精益求精。他千里秣马，将异僧迎请至六安 ② 专门授课，以期求得真传。从这一点上看，程宗猷必有相当的经济实力。事实上，据《怀秋集》记载："休宁程宗［冲］斗弱冠好枪棍，祖付三千命贾，宗斗携往河南少林寺学武艺，罄其橐。"关于习学武艺的费用，近人徐珂

---

① 见清徐卓辑《休宁碎事》，清嘉庆十五年（1810年）海堂书巢刻本，卷1，第3页上—下。因程宗猷字冲斗，加上"宗"与"冲"颇为相近，故此处的"程宗斗"应即程冲斗。

② 程冲斗的父辈即有在六安一带活动的踪迹。《四库全书存目丛书》集部190册，收录《程仲权先生诗集》，该书是由程可中（仲权）之子程胤万、程胤兆二人所编。程可中笃信佛教，孜孜以"念佛"、"东林西寺，寻僧问法"为念，（第160页）写下不少与佛教有关的疏、记等。如卷5有《仰山伽蓝碑记》，称仰山伽蓝为"新安丛林第一寺"。（第115页）《程仲权先生诗集》卷8为疏，收录其人所作的《灵隐寺建造两廊中塑五百罗汉像募缘疏》、《南京刻续藏经募缘疏》、《珠泉修寺募缘疏》、《祝禧寺精舍疏》和《六安州菊花店建茶庵募缘疏》等。除此之外，书中有关佛教者还有不少。其中《六安州菊花店建茶庵募缘疏》曰："古者十里一亭，三十里一舍，所以为行旅之居停，耒耜之憩止，暴雨烈日之暂避，传餐寄饮之少依，而先王善政所以亟亟焉眷于兹也。菊花店者，其要则簪属之所必趋，饷馈之所恒系，而平陆莽苍，广野辽阔，风雨之不时，寒温之乖候，露处宵征，仓皇踉蹡，前村尚遥，近关未钥，故茶庵之建，所以为济物之慈也。比丘某首立弘愿，顶礼檀那，爰度地宜，并鸠材植，上以奉玄天上帝香火，下置茶灶，以饮涂旸，洌泉香涌，露茗春芽。龙凤成团，韵辍林中之杵；旗枪始战，涛翻竹下之铛。舌本凉生甘露，喉间香溢醒醐。一橼业举，片瓦功高。一缕一丝而皆可，盈千盈百以何嫌。敢告十方，同发一念。"（第132—133页）建茶庵的做法在徽州极为普遍，而且，茶庵供奉玄天上帝。这条资料可能说明休宁汉口程氏在六安一带颇为活跃，故程冲斗才会将异僧迎至六安习学武艺。

在《清稗类钞·技勇类》中指出："少林寺拳法著于世，学者先存赀若干，衣食之费皆取给于赀之息。学成将行，从庙后夹弄出。门有土木偶，触之，即拳杖交下，能敌之而无恙，可安然行矣。行时，僧设钱于门，反其赀。不然，仍返而受业。有数年不成者，即越墙逸去，赀亦不可得矣。"[1] 对照《怀秋集》的记载，应当可以说明此种惯例行之久远。程宗猷在少林学艺十余年，后又迎请少林异僧至六安，因此，他为学艺而花费不赀，显然是可以想见的。在明代中后期的徽州社会，"中人之产"的标准是"十金"。"数千金"至"万金"的资金规模，则是"上饶之家"。[2] 因此，"三千（金）"无论从何种意义上来讲，都是一个不小的数目。可见，程宗猷原先是要出外经商，应是一名具有相当经济实力的徽商，或者至少是典型的徽商子弟。

二是程宗猷的师传。嵩山少林寺为少林武术之传播地，隋末少林寺僧助唐太宗征讨王世充（俗称"少林寺十三棍僧救秦王"），其后，少林寺遂以武术闻名遐迩。及至明代，出现了一种传说——元至正初年，红巾军围困少林寺，危难之际，原在厨下负薪烧火的僧人持一火棍挺身而出，大喊"吾乃紧那罗王也！"遂以拨火棍击退红巾军。故此，相传少林寺棍法源出紧那罗王，为神传之技。明万历九年（1581年），王士性游少林寺时，看到

---

[1] 徐珂：《清稗类钞》第6册《技勇类》"以摸钱掷石习拳法"条，中华书局1986年版，第2929页。

[2] 参见拙作《〈复初集〉所见明代徽商与徽州社会》，载《徽州社会文化史探微——新发现的16—20世纪民间档案文书研究》，上海社会科学院出版社2002年版，第70页。

"寺四百余僧，……僧各习武艺俱绝"。[1] 可见，当时的少林拳棍就已颇为有名。不过，此类武功"相传甚秘，自非趾其门者不授也"。[2] 根据程宗猷的自述，"余自少年即有志疆场，凡闻名师不惮远访。乃挟赀游少林者，前后阅十数载。始师洪纪师，涸迹徒众，梗概粗闻，未惮〔殚〕厥技。时洪转师年逾八十毫矣，棍法神异，寺众推尊，嗣复师之，日得闻所未闻。宗想、宗岱二师，又称同好，练习之力居多。后有广按师者，乃法门中高足，尽得转师之技而神之，耳提面命，开示神奇。后从出寺同游，积有年岁，变换之神机，操纵之妙运，由生诣熟，缘渐得顿，自分此道，或居一得。至于弓马刀枪等艺，颇悉研求，然半生精力瘁矣"。由此可见，程宗猷到少林寺练武十余年，初拜少林寺武僧之首——洪转为师学习棍法。洪转枪棍俱精，著有《梦绿堂枪法》一书传世。程宗猷又与宗想、宗岱两师习武练棒，以后还从广按（广按是法门中的高足，尽得洪转之真传）谈拳论棒。

程宗猷到少林寺拜师学艺，又四方寻益友，在吸收众家之长后独创一法。在《少林棍法阐宗》"问答篇"中，他指出：

> 或问：长枪则有杨家、马家、沙家之类，长拳则有太祖、温家之类，短打则有绵张、任家之类，皆因独步神奇，故不泥陈迹，不袭师名。今子棍法通玄，不让枪、拳诸名家，即谓之程家棍，非夸也，何斤斤以少林冠诸首哉？

---

[1] 周振鹤编校：《五岳游草》卷1《岳游上·嵩游记》，《王士性地理书三种》，上海古籍出版社1993年版，第32页。

[2] 汪以时：《〈少林棍法阐宗集〉序》。

余曰：惟水有源，木有本，吾虽不敢列枪、拳之林，然一得之见，莫非少林之所陶镕，而敢窃其美名，背其所自哉？

在问答中，问者设问——程宗猷的棍法已自成一派，亦可称为"程家棍"，不必冠以"少林"二字。而答者则以为此棍法源自嵩山少林寺，冠以"少林"二字，实以明其渊源所自。其实，"棍艺擅少林，四方尸祝久矣"，[①] 程宗猷将自己的棍法标为"少林棍法"，以表明衣钵传承之有自。他认为："少林三分棍法，七分枪法，兼枪带棒，此少林为棍中白眉也。"[②] 少林棍中白眉，是指少林棍为棍法中的翘楚，后人将程宗猷所传棍法称为"少林白眉棍"，[③] 实际上是不了解上述一文（尤其是"白眉"二字）的含义致误。

除了少林高僧洪转传授的棍法外，程宗猷还有被人誉作"无不精绝"[④] 的诸般技艺。其双手刀法得自浙江刘云峰，枪法得自河南李克复，弩法则是其游寿春遇土人、得穴中铜机而创。程宗猷鉴于"火器之便于负荷者莫如铳，恨施发为迟，乃潜心古制"[⑤]，他的弩法，吸收了火器的一些优点（如照门等），经过改造，"弩身不满尺七，而担稍有加，或支诸腰，或悬诸肘，携带

---

① 程继康：《〈少林棍法阐宗〉后序》。
② 《少林棍法阐宗·问答篇》。
③ 民国庚午（1939年），沪上书商徐鹤龄易《少林棍法阐宗》之名为《少林白眉棍法》(亦作《少林棍图集》)，见"国术丛编"之二，香港国术研究社。参见无谷、姚远编《少林寺资料集续编》，书目文献出版社1984年版。
④ 汪以时：《〈少林棍法阐宗〉集序》。
⑤ 程子颐、子爱：《蹶张心法序》。

似于甚便，力较擘张，而雄张较腰开而速，临敌似于甚裕，张不藉于多人，……用力收效，又似于甚捷"。他的改古新制铜弩，对初学者以及实际使用上均颇为方便，"中力即能挽，下愚亦可习。……朝学可以暮成"。[①]

综前所述，程宗猷枪棍俱精，兼及弓马刀弩之术，心手俱化，随心而应，诸般武艺皆有造诣，卓然成家。

三是程宗猷学习武艺的目的，主要是为其家族的经商保驾护航。万历二十年（1592年），日本丰臣秀吉侵略朝鲜，明朝出兵援朝抗日，此役沿续了七年之久。官府屡次希望程宗猷出山教授武艺，但程宗猷似乎不为所动。他的绝世武功，看来主要还是为父辈经商提供保护。据《怀秋集》记载：程宗猷出少林寺后，"惧祖责，不敢归，父遣人访得之，闭诸室，不令他游。后父挟重赀，偕之往北京，道遇响马贼，父惧甚，匿草间，宗〔冲〕斗独敌数十人，皆辟易。响马惊拜曰：神人也！邀其父子至山，宴而后归其橐，宗〔冲〕斗从之。方半酣，偶闻门外喧哗，急跃起如飞鸟掠檐间，忽不见。群盗惊甚，少顷，自门外从容来曰：吾乍闻喧，将试吾拳勇，乃下人噪杂，不足辱一挥也。盗皆色然恐，还其行装，送其父子归。其父亦讶甚，曩亦不知其技勇若此也。后恐其将入匪类，不令出游，遂以商贾终焉"。这段史料与前揭程继康之《〈少林棍法阐宗〉后序》中的"辟道途之警，横槊赴敌，群盗侦知其名，辄遁去，其先声夺人类如此"的描述颇相接近，只是《怀秋集》的结尾称：程宗猷后以经商而终其天

────────────

① 程宗猷：《蹶张心法》，第1页下。

年。对于他的后半生，程子颐的《小序》指出，程宗猷"声震南北，当路者屡物色，而欲爵之，终不应。余尝诘之，曰：'人稍抱一长，即企以干世，如公绝技，而固深藏，何哉？'公曰：'吾方以老母在，而不敢出，又以吾未嗣，而不容出，姑置之。'"不过，休宁知县侯安国的《耕余剩技叙》对于程宗猷的后半生，却有另外不同的说法。他说自己曾劝程氏应募，"群答云：**家事颇饶，□（？）为自保身家计，实不欲仕出**。……逾月，天津巡抚李公闻其名，羌官以礼币聘之，且以书相托。余即命陈簿同其官持币往，程生自来谒，**辞语犹如昔日**"。后来因侯安国发怒，斥之为"食肉糜、饱糟醴无用之匹夫"。程氏受此一激，方才答应以身报国，遂父子兄弟并带其家丁八十人，自携粮饷赴军门从戎，以所创强弩及刀枪诸法日夜训练津兵，颇见成效。程宗猷被授以金书，子颐以守备，诸子弟皆把总等职，休宁还建有"义勇可嘉"坊以彰圣宠。虽然，侯安国叙文提及程宗猷的后半生与《怀秋集》的说法有所歧异，但程氏习武的最初目的，却是为了"保身家计"，这一点应当是没有什么疑问的。而"家事颇饶"，则显然与其为经商之家有关。

二、武术与明清徽商和徽州社会

前文提及，除了《少林棍法阐宗》这样的刊本外，哈佛燕京图书馆还藏有《少林棍谱》抄本一种。而在皖南，类似于《少林棍谱》这样的抄本实不在少数。前述笔者在皖南书肆所见明抄本徽州文书，与《少林棍法阐宗》的内容大同小异。另外，在歙县南乡等地，笔者经眼的有关棍法之文书抄本，亦不在少数，这也从一个侧面说明《少林棍法阐宗》在徽州各地的影响。程同在《〈少林棍法阐宗〉跋》中指出："此集一行，海内豪杰之士阅图抉秘，则人各干城，国足御侮，虽功不在一己而在天下不朽。"类似的评价还有不少，如汪以时的《〈少林棍法阐宗〉集序》指出："程君冲斗负奇节，遨游梁、楚间，憩少林者屡矣，遂师交其魁杰，得尽其技。已复精思悟会，更为阐发，图会成帙，各缀以诀，向所谓秘莫问者，披阅瞭若指掌，都人士尚武者缮写服习，竞景附之，甚有冒其名以诒四方。君不知，问且曰：是代吾广布者也。"如果说这还只是友好亲朋的赞美，那么，著名军事家茅元仪的评价，应当更为中允且权威。《少林棍法阐宗》刊行后不久，他即评论道："诸艺宗于棍，棍宗于少林，少林之说，莫详于近世新都程宗猷之《阐宗》，故特采之。"① 茅元仪对《少林棍法阐宗》一书称赏备至，认为所有的武术器械皆以棍法为宗，而棍法则皆以少林为宗。鉴于程冲斗的《少林棍法阐宗》叙述棍法极详，可谓前无古人，茅元仪将其全文（还有《蹶张心法》等）收入自己所著的《武备志》中。清人吴殳（修龄）在其《沧尘子手臂录》自序中亦指出："余所得者，有石家枪敬岩也，峨嵋枪程真如也，杨家枪、沙家枪、马家枪，其人不

---

① 《武备志》卷 88《阵练制·练·教艺·棍》，《续修四库全书》子部·兵家类，第 964 册，上海古籍出版社 2002 年版。

可考。少林枪，余得者洪转之法。汉口枪则程冲斗也，有《耕余剩技》《少林阐宗》《长枪法选》诸书刻印行世。此七家者，其法具存。……今就七家之言，真如一门，而入一师而成一于纯者也。……少林全不知枪，竟以其棍为枪，……少林去棍则无枪也。然少林尚刚柔相济，不至以力降人，冲斗止学少林之法，去柔存刚，几同牛斗，而今世冲斗之传江南最盛，少林犹不可得，况其上焉者乎。总而论之，峨嵋之法既精既极，非血气之士日月之工所能学。沙家、杨家专为战阵而设，马家、少林、冲斗，其用于战阵，皆致胜之具，惟江湖游食者不可用耳。……"[1] 吴殳对程宗猷的棍法颇多评论[2]，并将"程冲斗枪法十六势"附于《手臂录》后，并称之为"程家枪法"。尽管吴殳对少林武术及程宗猷多有微词，但上述一段话却也说明程宗猷的《少林棍法阐宗》一书，在江南各地有着广泛的影响。

《少林棍法阐宗》等拳术械技之作的出现，与明代中叶以后的社会背景，有着一定的联系。

明代中期以还，外则边徼骚扰，内而萑苻窃发。嘉靖年间，东南沿海乃至内陆腹地均遭受倭寇侵扰。譬如，通州"当江之

---

[1] 《沧尘子手臂录》，故宫博物院编：《故宫珍本丛刊》第360册"子部·兵家"，海南出版社2001年版，第325—326页。

[2] 如他说："程冲斗刀法唯破单杀手，其疏可知。"（《单刀图说自序》，第364页）"程冲斗只言重硬，不言轻虚，所以火气不除，此段非冲斗所及，乃少林本法也。但言用时之软，而不言练时之强，实则无根本，所以不及峨嵋。"（《梦绿堂枪法》，第386页）不过，他也评论说："冲斗论枪，远胜《纪效新书》也。"（《临阵兵枪说》，见《沧尘子手臂录》卷4，第374页）"沧尘子曰：此诸势，皆在冲斗雕板行世书中，而此书原本，以之混于洪转枪法中，余敢改而正之。"（第387页）

委，而浮于海澨，南直吴会，北汇淮泗，外屏岛夷，内疏漕道，岁收醝利，以给大司农九塞，其为地也甚重”。嘉靖三十三年（1554 年），因倭寇蹂躏，“城下之庐不遗甓碣，城中民溢食匮，有如处釜，几糜烂焉”。[①] 当时，倭寇的进犯，给通州造成了巨大的破坏，百姓生命财产损失严重。嘉靖三十四年（1555 年），“岛夷自越突新都，且薄芜湖”，也就是倭寇从浙江突袭徽州，将到达芜湖。“芜湖故无城，守土者束手无策”。当时，在芜湖经商的歙县岩镇人阮弼“倡贾少年强有力者，合土著壮丁数千人，刑牲而誓之，……寇侦有备，而宵遁”。[②] 另一份传记也提到，嘉靖年间，“时吴越间奉倭，旁及吾郡（徽州），郡中故无备，警至，率襁负入山，长公（休商程锁）宣言曰：‘吾以岩郡阻上游，寇未必至，至则境内皆倭也，何避焉？’乃勒里中少年，召三老豪杰，分据形胜，列五营，长公军中军，营立一强干者为之长，乃分部伍，聚糇粮，诹日为期，长公执牛耳，盟忠壮祠下。……由是悉遵约束，人人幸自坚。顷之，寇略郡东，寻遁出境”。[③] 嘉靖三十七年（1558 年）前后，倭寇进袭扬州，端赖于流寓扬州的数百名西北贾客（山西、陕西盐商家属善射骁勇者）守城自卫，扬州城才免于遭难。[④] 倭寇进犯杭州，胡宗宪“委山阴尉巡

① 《程仲权先生集》卷 5《筑通州南城记》，第 110—111 页。

② 〔明〕汪道昆：《太函集》卷 35《明赐级阮长公传》，《四库全书存目丛书》集部第 117 册，齐鲁书社 1997 年版，第 452 页。

③ 《太函集》卷 61《明处士休宁程长公墓表》，《四库全书存目丛书》集部第 118 册，第 22 页。

④ 郑晓：《端简郑公文集》卷 10《擒剿倭寇疏》，《四库全书存目丛书》集部第 85 册，第 383 页；嘉庆《重修扬州府志》卷 52《人物·笃行》“阎金”条，《中国地方志集成》江苏府县志辑第 42 册，江苏古籍出版社 1991 年版，第 200 页。

檄关外。尉急，自计贼势张，安能以空拳抵饿虎之喙。椎牛酒，悉召城外居民市户及新安之贾于质库者，皆其乡人也，醵金募土兵可数百人，劳以酒食，具为约令之，众酒酣，扬兵出，卒遇倭，直前，薄其垒，倭骤出不意，小却，我兵贾勇大奋，倭各鸟窜散"。[①]综上所见，倭寇对于东南各地的侵扰，使得活跃其间的徽商西贾，不得不面对着保卫财产和生命的严峻考验。于是，实用的商人也开始留心于防御攻取之间。

程宗猷的"小弟"（可能是族弟）程胤万即曰："余自秦入燕，归而有城守火器战车诸十数辩，苟非仲兄（引者按：指程宗猷），余将抑郁谁语？"[②]有理由相信，程胤万对于城守火器战车的关心，与当时的形势有着一定的联系。事实上，程宗猷的《单刀法》，即吸收了倭刀的长处。万历四十一年（1613年），福建建宁府推官陈世埈在《〈少林棍法阐宗〉集序》中亦曾指出："今北房未靖，南夷方张。"程宗猷的侄子程儒家跋曰："……今边鄙多定，征书四至，公雅不喜筮仕，尝忆公著书之时，当东事未动之先，每谓余曰：成平已久，武事废弛，吾侪今日之讲求，未必非他日之实用也，汝曹其志之！何其事之即起，尽如公言哉！"这些都说明，《少林棍法阐宗》之撰写，与当时的时代背景，的确有着一定的关联。不过，除了这种时代特征外，徽州武功典籍及武术大师的出现，也有着浓厚的地域色彩，它与明代徽州习武之风的炽盛密切相关。

---

① 〔明〕丁元荐撰：《西山日记》卷上，《续修四库全书》子部·杂家类，第1172册，第296页。

② 程胤万：《耕余剩技叙》。

（一）武术与徽州社会

早在南宋淳熙《新安志》的时代，徽州当地就有"其人自昔特多以材力保捍乡土"的记载[1]。程宗猷的《少林棍法阐宗》跋指出："吾族自晋、梁、唐、宋以来，理学文章之外，间以武功显。即有未显，而不乏其人，说者谓是亦山水有自钟者。"近人许承尧也有类似的说法："武劲之风，成于梁、陈、隋间，如程忠壮、汪越国，皆以捍卫乡里显。"[2]在明代，徽州各地都组织有乡兵。据歙西《重订潭滨杂志》下编"乡兵"条记载："前明之末，吾邑村落皆习乡兵，保守闾里，各自为社，争延武师以教子弟。"潭滨亦即潭渡，据该书记载，当时潭渡黄家雇有樊塘人"程一腿"，擅长用腿，前后左右开弓，神妙异常。黄吕（《重订潭滨杂记》之作者）的叔叔黄琬，年纪仅十三岁，就学到了这一绝活，并能挥舞单刀，而当时他的身体还不及单刀的长度。基于各种现实需要，延师习武在徽州民间屡见不鲜[3]，故而徽州文书中屡有延请拳师的"拳关"，兹举十数例如次：

（1）学拳关书序

今夫人莫贵于闶【卫】身，围【卫】身即能守身，守身

---

[1] 淳熙《新安志》卷1《风俗》，"宋元方志丛刊"第8册，中华书局1990年版，第7604页。

[2] 《歙事闲谭》卷18《歙风俗礼教考》，第602页。

[3] 在徽州各地，都有一些拳师。如黟县城中桂林人程大猷（1860—1924），"自幼习武，注重弓、马、刀、石功夫，操练南拳，武艺高强，……从他习武者达数十人。"（黟县地方志编纂委员会编《黟县志》，"安徽省地方志丛书"，光明日报出版社1988年版，第577页）

即为孝心也。予尝闻奔走之劳人，行经险道，遭难微躯，小则发肤丛伤，大则身体致毁，非无手足，莫能围【卫】身焉。惟恃乎拳，斯身可围【卫】，身可围【卫】，即身可守，身可守，将我有发肤，其谁伤之耶？我有身体，其谁毁之耶？三牲虽未备，而孝心庶乎无愧耶！爰表芳情于卷端，兼列弟子于简右……①

（2）投师文

立投师文人△都图某姓名，自愿将身拜到某师傅名下，习学武艺，听凭教训。面议几年为则，出师之日，谢礼银若干。其银面付一半，仍至技艺精通找足，不致爽。倘工艺不精，师留不传，乃师之惰；身好游不练，乃身之过。自立投师文之后，二各毋得反悔，如有此情，甘罚银若干，与悔人受。恐口无凭，立此师文存照。

（3）拳关

立关书人△△，今邀到左近邻居戚友兄弟叔侄人等，各人自愿，敦请拜到△△西宾名下，习学武士拳、枪榜［棒］，二项俱学，训诲日期，随时教诲。习徒者朝夕舞扬不歇，训师者昼夜传教扳掀。倘若师留不严，乃师之惰；弟子好嬉不练，乃身之过。望开茅塞，而吾感激无涯［涯］矣。②

（4）关书

立关书人△△△等，窃惟持己接人，守分为奉；止奸

---

① 《契约诗文称呼便览》，民国年间徽州文书抄本，私人收藏。
② 曹志成：《简要抵式》"论杂式"，晚清民国徽州文书抄本，私人收藏。

御盗，用武防身。以故风淳俗美，在乎发政施仁；治乱持
危，必也文兼武备。遇文王用礼乐，世以兴仁忍让之风；
逢桀纣动干戈，诚有不得不然之势。由此观之，国以甲兵
而卫外，民以拳棍而防身。此上下相同之理也。余等生居
于世，守分安农。无如积弱成懦，事事受人欺凌；法远山
高，每每被强掖制。法条虽肃，有理难伸；弱莫强何，含
冤受气。诚有不立不生之势，常怀家倾事败之忧。是以无
可奈何，爰集同人，敬请△△先生，恭迎敝舍，教演拳
棍，惟冀循循善诱，俾得武艺高精，谨之防身，可使出人
头地，庶几奸盗之辈，莫生觊觎。而持接之间，当存恻忍
也已。①

（5）学武关书

立关书人△△△等，盖闻文学足以辅世，武事可以防
身，武之一事，人生所不可少也。我党青春之辈，虽无文
质，可立武功，如不修治，必流放荡，是以邀集青春十数
位，会议集成倖资△△元正，恭请△△△先生降舍训练一
场，以为薪水之劳。但愿投样之后，各遵教训，同里毋许参
商，如有此情，凭师严责不贷，恐口无凭，书此为序。

（6）学武关书

立关书人△△△△△△等，窃思文可定国，武可安邦。
诗曰：清清多士，为国之桢。赳赳武夫，公侯干城。近世学
堂，文有体操一科；武备学堂，每星期有作文一课，是知文

---

① 汪泽民：《应酬类》，学武关书。

武，固国家之要紧关头也。吾辈天姿不敏，不能习文，则必习武，是以敦请△△△武先生降临草舍，训诲武力一厂[场]，为徒者虽聪明，不善教，不能得其法，但愿教者诚意，学者专心，俨如桃李得春风，花枝畅茂；仿佛为亩逢时雨，秀实者多。是为序。

（7）学武关书

立关书人△△△，窃以文为经邦之略，武多保卫之方，然民国以来，各府州县，所以有文学武备学堂之设也，文学有体操一科，武备有作文一课，是知国家于文武之端，即为重要务也。吾党青年，天姿不美，文不能习，武可以为，特以邀集数人，合集侭资，敦请△处△△武先生降临寒舍，训练武功。为先生者虽有善教，不勤学，不能得其术，即为徒者，虽其聪明，不用功，不能知法。总之，教者努力，学者专心，日有就焉，月有将焉，所谓赳赳武夫，亦可以干城矣，是为序。

生徒芳名束修于后……①

（8）学武关书

立关书人△△等，今因地方蛮横，山窝犷野，凶徒习恶，三五成群，八九为党，故意生端斗扭，如此不合，是以邀集有能少壮之人，自愿拜到△△老师为徒，专学武事，各各防身后患。如有寒冬雨雪闲慢月来，务使用心精教，不可大略。如若不习，乃身之责；教之不精，是师之惰。其

---

① 以上三种，见《日用类书（吕蒙正破窑赋）》。

有供膳，轮流挨次，毋得推却。……谨陈徒弟俸资名列于左。①

（9）关书

盖窃思善人教民，务农讲武，诚以武之不可不讲，亦犹文之不可不教也。况吾辈之人，冲幼之时，未获诗书，致成人而后，徒然玩愒光阴，静而思之，则问男儿之节，不亦有愧耶？爰是慕善，……诚心立学，至于有勇知才，亦不至贻讥于宫墙外望也。议订束修，以应耳提之劳；豫言却礼，聊慰面命之劳。卜以来春，训徒一载，定如此日，矢口子钧，恭请△△老夫子设帐。

谨将人束修列后……②

（10）习武关书

昔者圣人云：益者三友，损者三友。盖益友宜当相近，而损友切莫相交。故居必择邻，交必择友，毋得辱焉。今集益友几人，敬拜某某先生名下，习学防凶武艺，仰祈不靳真传，惟愿声应气求是望，不可虎头蛇尾，庶免孙庞之辱，恒以诚思之诚。③

（11）学武关书

尝闻司徒造士，原尚文谋，而善人教民，亦兼武备。此非独戎行之列，亦以是为守望之须也。我村僻处乡间，远离城郭，倘不素娴武艺，则遭贼盗，何以戒不虞也哉？适有

---

① 《通用称呼帖式》。
② 余尹莘录：《应酬》，民国歙南文书抄本，私人收藏。
③ 胡本盛抄《诸事应酬》，徽州文书抄本，私人收藏。

△△先生武功出众，拳法无双，是以邀同比户，会集连庐，自愿习学。一年谨奉修金△两，庶有备无患，不惟可保乡里无虞，亦足以为熙朝升平之一助云尔。①

在民间日用类书中，类似的"拳关"或"学武（拳）关书"不胜枚举。上述的《学拳关书序》，首先以儒家伦理立论："身体发肤，受之父母，毁之不得。"于是顺理成章地引出人以护身、守身为要，守身即为孝心的逻辑。外出经商奔走，行路多难，只有习拳练武，方能护身以恪尽孝道。而习学的内容，则有武士拳和枪棒等。

以汉口程氏为例，据陈世埈指出："新都程氏甲于邑里，其族数千人，多业儒，取甲第，朱轮华毂相望。即去而善贾，亦挟儒以行。"② 由此可见，程氏以业儒和经商为主，故而程宗猷将《少林棍法阐宗》等四种，合称"耕余剩技"付梓。另外，《少林棍谱阐宗》一书题作：

新都程冲斗（宗猷）著

叔祖云水（廷甫）、伯诚（宗信），弟同物（同）、侯民（胤万），侄君信（儒家）、涵初（子颐）　校

甥孙广微（致广）、观其（时澜）、仲深（时通），侄禹

---

① 罗会玮抄《议约》，晚清抄本。除了上述的文书外，另见有邻近徽州的浙江淳安县蓝皮日用类书中，亦有《学武关书款式》一份。

② 陈世埈：《〈少林棍法阐宗〉集序》。

迹（时涞）、德正（时泽）、观正（时滇） 阅梓^①

以上圆括号为笔者所加，内中应是作者的名字。程宗猷在《纪略》中自述道："余叔祖武学生云水，侄君信，太学生涵初，昔曾同学少林者。"这几位无论是武学生还是太学生，全都习学少林武术。程涵初在书前还作有《小序》，其中提及自己曾游淮阴，"讲艺于云水公之门。云水公与公同源（引者按：指程宗猷）而长者也，习攻杀击刺之法，疾若鸷鹰，徐若游龙，一段摧坚靡锐之气，直令万夫辟易，技至此已谓极矣，然犹不能忘情冲斗公也。"此外，《少林棍法阐宗》由程胤万"为之点定"，^②书前有程胤万和程胤兆的题词，书后则有程同和程胤万的《〈少林棍谱阐宗〉跋》。在跋文中，程同指出："予少习丘坟，妄控武备，日从冲斗仲兄游，见与四方之士较量，无变色，无留难，而果如弩发机，如鹰搏兔，……令当者吐舌，观者骇心。人莫不高之，予亦同声和之。"这些都说明，程氏家族中习武者颇不乏人，而且，对于武术有兴趣的更是大有人在。

事实上，在汉口程氏一族，父子兄弟辈中的许多人都能少林

---

① 除了《少林棍法阐宗》之外，程宗猷另作有：《蹶张心法》，该书题作："新都程冲斗（宗猷）著，弟伯诚（宗信）、侯民（胤万）订；侄涵初（子颐）、君信（儒家）、幼慈（于爱）校；侄观其（时澜）、仲深（时涵）、禹迹（时涞）、德正（时泽）、观正（时滇）、甥孙广微（致广）阅。"是书成于天启元年（1621年）。《长枪法选》，题作："新都程冲斗（宗猷）著，弟伯诚（宗信）、侯民（胤万）订，侄涵初（子颐）、侄君信（儒家）、浙江侣仙施升平校样；侄观其（时澜）、仲深（时涵）、禹迹（时涞）、德正（时泽）、观正（时滇）阅。"《单刀法选》，题名全上。

② 程胤兆：《跋》。

千山夕阳：明清社会与文化（全新修订版）

棍法。县令侯安国曾令他们在当地的衙门内表演武术:"程氏子弟十余人,各手持其器至,刀戟犀利,鞭简皆重数十斤,始命之独舞,再对舞,继之群舞,飘花飞雪,回若旋风。"后来程宗猷率八十人应募,"上奉圣旨有'义勇可嘉'等语"。天津巡抚李公称:"宗猷所携子弟兵虽仅八十人,可当数千之用,使非门下教习有素,恐有闻钲鼓而思逃者矣。"① 对于程宗猷及其兄弟子侄的战斗力,当时的军事部门有着极高的评价。

徽州的尚武风气,一直延续到晚清、民国时期。民国时期编纂《绩溪庙子山王氏谱》的王集成指出:"儒以文乱法,侠以武犯禁,吾庙子山村民,乾嘉以前无儒士,而以侠自奋者,盖皆以义起。"② 他在该谱中的"武士传"及"农人传"中,多列有当地人习武的记载:

> 1. 兆盛公讳灶宝,一讳灶祥,知次子。性忼爽,喜弓马刀剑。年十四五,恒裹利刃袜中,每人静月明,入荒场提之,作剑舞,银光闪闪。间复凝睇自喜,或纵步作势为刺状,曰:咨咨。咨者,刺人之呼声也。**十六、七从人学为少林术**,既而术精,数十人不能敌。洪杨之乱,匪据绩溪县城,分赴四乡搜山,村人纷避地,兆盛恒为之殿,匪将及,弱者惧不免,则回顾兆盛而相慰曰:灶在,吾辈无忧。兆盛亦自负,曰:吾庙子山王灶也,逆吾者以头来试。一

① 侯安国:《〈耕余剩技〉叙》。
② 《绩溪庙子山王氏谱》卷20,第16页下。上海图书馆谱牒研究中心收藏。

日，兆盛行经前村碓，突遇一匪荷矛而前，兆盛击以腿，中其小腹，匪扑地大呼而毙，十余匪闻声踵至，围攻之，矛落如雨，兆盛预格点闪无少失，间伏地纵步潜进，伤匪一人，匪胆慄辟易。兆盛遥见余匪甚众，知终不可敌，且战且退，抵小溪，拔步越溪，以利刃自解上衣，赤其膊，怒发上冲，叱咤而言曰：来！来！一个个葬鱼腹耳！匪惧，又以溪阔水深，不敢渡，乃退。自是匪无不慄王灶名，辄不敢犯。①

2. (农民王兆和，太平天国以后) 勤耕作课，植蚕桑，业稍振。愤邻村之欺侮也，使子安灿习武艺，卒获售，为邑武生。②……(王安灿) 身躯瘦悍，习武艺极精，尝树的百步外，于败篾中检得"嵩"字粘于上，张弓告人曰：杀其头。矢发而的破，视之块然存者"同"也，观者以为快。后一试为邑武生。初，王氏自应元公迁庙子山，生四子，号四房，王氏第四房满琮子社宁，迁居一都扬溪，其后人口渐繁，至是亦有考武者。安灿、邦锡并赴府城，为之摒挡试事……③

3. (王邦锡) 生性豪旷，喜弄弓马。一日，邦锡行经广场，有习武艺者俱在，邦锡张弓发矢，矢贯的。又驰马，亦步勒有序，若熟习然。群惊曰：寄大可考武秀才。寄大者，邦锡小名也。于是邦锡发奋习其业，期年技熟，光绪间赴县

① 《绩溪庙子山王氏谱》卷20，第16页上—下。
② 《绩溪庙子山王氏谱》卷20《世传六·农人传》，第5页下—第6页上。
③ 《绩溪庙子山王氏谱》卷20《世传六·武士传》，第4页上。

试获前列，府试亦如之。及院试，邻村有无赖某姓者嫉之，宣言庙子山王氏从无考者，欲阻考，邦锡觅廪生曹立浩保，立浩者，汪村前人也，……亟保之，遂与试，案发入泮，为武学生员。①

4.（农人王兆明，太平天国后归家）生子安烈，使习武艺，获售为武学生员。②

从当时的实际情况来看，习武的目的，除了应武举一途外，直接的刺激则是民间纠纷中那些门祚低微、丁少人寡之家常受的欺侮。如第 2 例的王兆和，就因受邻村欺侮，愤而令其儿子习武。这恰恰印证了前引第四份关书所提及的："余等生居于世，守分安农，无如积弱成懦，事事受人欺凌，法远山高，每每被强掀制，法条虽肃，有理难伸，弱莫强何，含冤受气，诚有不立不生之势，常怀家倾事败之忧，是以无可奈何，爰集同人，敬请△△先生，恭迎敝舍，教演拳棍，惟冀循循善诱，俾得武艺高精，谨之防身，可使出人头地，庶几奸盗之辈，莫生觊觎，而持接之间，当存恻忍也已"。③ 而第 1 例中的王兆盛，从人所学者即为少林术，这是相当值得瞩目的现象。

具体说来，徽州人苦练拳脚，主要有两方面的需要。一是在地方社会，练习武术是自保身家的一个重要手段。从程氏家族的情况来看，《休宁县兵防志序》曰：

---

① 《绩溪庙子山王氏谱》卷 20《世传六·武士传》，第 3 页下—第 4 页上。
② 《绩溪庙子山王氏谱》卷 20《世传六·武士传》，第 6 页上。
③ 《学武关书》，见汪泽民日用类书《应酬类》。

休宁之为邑，崇山邃谷，深林密箐，拥蔽周遮，其中则一水荥萦于砑参怪石中，百折迂回，以达于杭。其四出之道，亦皆溪涧盘互，岭嶂重叠，以此险巇，宜无事于守矣。乃界连江、浙，唐宋以来，萑符之聚，往往而有。粤自苏寇方戢，继以黄巢，厥后宋有睦寇、江东寇、常山寇，元有蕲黄寇，明有姚源寇。盖自元以前，无防遏消弭之兵，虽宋有郡守谢采伯调兵以御衢寇，而不能专卫乎邑。明巡抚何执礼设操兵于五城，邑虽有兵，顾积弛而媮，转为民累……①

程胤万《〈少林棍法阐宗〉跋》云："吾郡在万山中，四方多羶其沈，而汉川又当邻郡之界，族人士因得仲兄指授以来，略无标劫之警，阴受其福久矣。又得此书（引者按：指《少林棍法阐宗》），面承讨论，传之不替。设年岁不获，而萑符多虞，若有以此技奋义如先世，岂特为皇家保生民，而桑梓得藉以安敉宁也。"汉川亦即汉口，上述这段话的意思是——此处地当要冲，但因程冲斗传授的棍法，不少人多有武功，遂使当地较少匪警。诚如程宗猷自称的那样："山野之民，警寇是惧，亦惟以此寓于从禽角猎之间耳矣。"② 从禽角猎，意指田猎。

① 道光《休宁县志》卷8《兵防·军制》，"中国地方志集成·安徽府县志辑"第52册，第139页。

② 《蹶张心法》自序。清康熙年间休宁县令廖腾煃曾指出："休宁地方，傍山依谷，东连严、衢，南通遂安，西接江右，一切奸黠，出没无常，动于交界地方，开张饭店，窝人惯盗，及打降拐带之徒，不时略卖妇女丁口于异方，种种不法，难以枚举。"他还指出："地方豪猾打降之徒，与营伍悍兵私相结连，窥视富商大贾辎重往来，骤起而劫夺之耳。"（《海阳纪略》卷下，《四库未收书辑刊》七辑第28册，北京出版社2000年版，第422页）

除了防范盗贼外，增强在地方纠纷中的实力，也是人们谈拳论棒的一个重要因素。徽州人彼此畛域分明，故而田地、山场和林木方面的纠纷相当频繁，虽然徽州人素有"好讼"之名，但打官司并不是唯一的解决方法。纠纷的解决，除了依赖官府外，还有民间的调解，以及纠纷双方实力的较量。曾有生员王国贞呈控，被告则"恶恨切齿，声言：'你有好笔头，我有好拳头。'"这让原告非常担心自己的生命安全，"狭路相逢，必加惨害"。[①]这种担心，其实并不是毫无缘由的。徽州地处万山之中，在僻远的乡间，官府虽有声威，但毕竟无法事事躬亲，难免有鞭长莫及之处（即前述第四份《关书》中所称的"法远山高"）[②]。拳头即是强权，在某种程度上仍是真理。[③]歙县南乡的诉讼教科书称为"蛮词"[④]，"南乡蛮"则远近闻名。《默识刑例》抢掳类：

白昼劫抢，法纪昭彰，拦途打劫，脉络难通。

---

① 《歙县民间诉讼案卷集成》中，三十都八图具禀生员王国贞为匿名饬控奸猾异常再叩拘究事。原书私人收藏，书名据内容暂拟。
② 在一些地方，官府的声威也时常受到挑战。如王茂荫即曾指出："旱南乡素有强悍之名，……凡为重案下乡，乡民聚乱，人山人海，官有所举动，则群然而哗哄，哄声雷动。……"（见曹天生整理《王茂荫未刊稿三种》，载《历史文献》第 6 辑，上海图书馆历史文献研究所，上海古籍出版社 2004 年版，第 335 页），故歙县素有"南乡蛮"的俗谚。
③ 大洲源文会公禀："大洲一源，地僻山深，素武功之是尚。"载《徽州歙县诉讼案卷集成》。画家黄宾虹也指出："邑南自深渡而入大周源，其中前有敝族同人远代居此，闻其陡险为外寇所不易入，森林早粮亦颇足支，土人棍棒武艺谙练者多。"《与许承尧》，载上海书画出版社，浙江省博物馆编，《黄宾虹集》书信编，上海书画出版社 1999 年版，第 172 页。
④ 《蛮词》，徽州文书抄本。

狭路相逢，不能躲避，半路截抢，目无法纪。

沿路纠抢，蔎法难堪，藉棍无赖，扰抢为生。

拦路夺抢，蔎法滔天，纠夥打劫，犯法弥天。

黑夜强抢，器皿一光，地棍夥掳，强狠莫制。

凶徒刁狡，搅抢横行，恶棍刁猾，劫掳孤庄。

纠众藉出，横抢耕牛，聚众截抢，道路难通。

狭路阻劫，蚖道无行，横行盗抢，绝路凶打。

恃强欺弱，白日劫掳，倚势强蛮，抢掳截凶。

纠党聚众，沿河强抢，党恶为非，夥抢蔎法。

劫抢孤庄，农民难活，假扮强抢，法律难甘。

夜黑涂脸，妆盗打劫，白昼抢夺，法律昭彰。

势横强蛮，截抢窜逃，恃势欺孤，劫抢山庄。

诈扰为生，殃害无休，刁强逞夥，打劫凶殴。

撞骗夺抢，恐遭不测，诱断围抢，躲匿难防。

断路劫夺，财命两绝。黑夜闯门，捆殴掳掠。

素残凶毙，呈叩偿填，残暴不仁，扰害滋生。

暗害难妨，屡遭莫测，阻抢凶殴，命悬难保。

捆抢杀命，蔎法欺天。

前引第八条《学武关书》中提及教演拳棍的原因，就是"地方蛮横，山窝犷野，凶徒刁恶，三五成群，八九为党，故意生端斗扭"，与上述的情形颇相类似，故此需要邀集少壮，拜师习武。而一旦发生宗族械斗，人多势众、武功高强者自然能够占据上风。新发现的徽商自传小说《我之小史》（詹鸣铎著）记载：民国元年春节，"西山下人，赤膊着，在那太阳之下，学拳习武，……查西山下余姓，系早年跳梁的逆仆，所谓'与我同壤，而世为寇仇'。他本在（詹氏）九姓（世仆）之内，他去年请拳师来教授，将来要与我詹姓对垒交锋，今朝天气晴和，闲暇无事，故在那操习武功，比较武力"。"至初八日，他们忽然纠众，登碧茂公家前次结讼的坟山，强斫荫木。碧茂公的侄辈荣富与他格斗，大被棍伤。他们把荣富二人，打得头破血出，挑而投之于水，甚至（？）逢人乱打，耀武扬威，看他情形，大有不可一世之概。我詹姓的人向来如散沙，畛域各分，秦越相视，经此一激，忽然通体集合起来，万众一心，剑及屦及，是日大队出发，直将西山下人家所蓄养的池鱼十一塘，一扫而空。村内人人捕鱼，个个吃鱼，此也鱼来，彼也鱼往，闹得下半日两阵对圆。我村有名富祥哩，肩荷鸟枪，长驱直捣，且到该处牵得一牛来，要将他宰割分吃，势焰之盛，可想而知。西山下人至此，虽然学拳习武，却无抵抗能力。后到浉坑多请力士，亦不过能保巢穴，要想出而制胜，万万不能。"[1] 正是在这种背景下，即使是一些儒生亦习武练棒。《我之小史》中的婺源思口人程光荣，"英年入泮，才思翩翩，且习拳术，自夸武力"。黄宾虹笔下的"雨墩先生"，"才美焕发，艺兼文武，凡经史子集、九流三教之书，无所不通，骑射拳勇、蹴鞠弹唱之技，无一不习"。[2] 可以说，称戈立矛，引弓击剑，练武风气在徽州各地均相当

---

① 《我之小史》第十九回《悬横额别饶静趣，剪羚子鼓吹文明》。
② 《与黄昂青》，载《黄宾虹集》书信编，第254页。

盛行。

除了大姓外，小姓也颇多习武。如前述"脱壳"[1]的小姓——西山下余姓，即是一例。至于依附大姓的世仆，更有专门的拳斗庄。据叶显恩先生的调查，祁门县十五都，俗有"查湾三千郎户，八百庄"的谚语，郎户即充当家兵的佃仆。这一称呼一直保留到1949年前。凡年龄十六至四十五岁的男子，均在应服拳斗劳役之列。每年冬天，由武艺高强的师傅负责教习武艺，每期四十天。郎户亦称"拳斗庄"，以服家兵劳役为主要内容，负责守卫山场、财产，防备外界和越界开山种粮或其他不测事件。发生械斗时，这些人总是被驱作充当打手。而在主人外出经商时，则往往是作为保镖，以保护主人的生命及财物不受侵犯。[2]

（二）镖师与徽州行商

对于徽商而言，外出行商，经常会遭逢道路不靖，为魁悍武桀的响马所劫夺。前述程宗猷与其父亲挟重资往北京经商，即曾遭遇响马。天启六年（1626年）出版的《士商类要》，记录有不少从商经验。如"天未大明休起早，日才西坠便湾泊"条即指出："不论陆路、水行，俱看东方发白，方可开船离店。若东方冥暗，全无曙色，寒鸡虽鸣，尚属半夜，若急促解缆陆行，恐堕奸人劫夺之害，不可不慎。至于日将西坠，便择地湾船投宿。俗

---

① 清代前期开始摆脱大姓控制的小姓，在徽州称为"脱壳"或"褪壳"。
② 叶显恩：《关于徽州的佃仆制》，载《中国社会科学》1981年第1期。

云'投早不投晚，耽迟莫耽错'也。"① 又如告诫商人"逢人不可露帛，处室亦要深藏"，指出："乘船登岸，宿店野行，所佩财帛，切宜谨密收藏。应用盘缠，少留在外，若不仔细，显露被人瞧见，致起歹心，丧命倾财，殆由于此。"② 再如，"客商慎勿妆束，童稚戒饰金银"条则指出："出外为商，务宜素朴，若到口岸肆店，服饰整齐，小人必生窥觑，潜谋劫盗，不可不慎。"③ 《士商类要》一书中，也有不少有关盗贼的直接描述。其中，尤其是对船户的描摹特别之多："雇船如小买之由，要看人船好恶。……船家乃暗贼，往来介意提防"。④ "谚云：'十个船家九个偷。'……张家湾、河西务车脚，甚是能偷"。⑤ "苏、杭、湖船人，载人居上层，行李藏于板下，苟不谨慎，多被窃取。"⑥ 此外，《买卖机关》中有："卸船无埠头，防生歹意。"意思是说："凡卸船，必由船行经纪，前途凶吉，得以知之。间有歹人窥视，虑有根脚熟识，不敢轻妄。倘悭小希省牙用，自雇船只，人面生疏，歹者得以行事，以谓谋故，无迹可觅，为客者最宜警惕。"⑦ 明隆庆年间徽商黄汴所编的《一统路程图记》⑧中，更具体指出诸多盗贼和响马活跃的地点：

① 〔明〕程春宇：《士商类要》卷2，见杨正泰著《明代驿站考》，上海古籍出版社1994年版，第298页。
② 〔明〕程春宇：《士商类要》卷2，见《明代驿站考》第297页。
③ 见《明代驿站考》第297页。
④ 〔明〕程春宇：《士商类要》卷2《经营说》，见《明代驿站考》第301页。
⑤ 《士商类要》卷2《船脚总论》，见《明代驿站考》第294页。
⑥ 见《明代驿站考》第297页。
⑦ 〔明〕程春宇：《士商类要》卷2，见《明代驿站考》第298页。
⑧ 见杨正泰著《明代驿站考》，上海古籍出版社1994年版。

编号	路程	治安状况	卷帙
1	北京至南京、浙江、福建驿路	自北京至徐州，响马贼时出，必须防御。	卷 1，第 146 页
2	南京至广西水、陆路	本府（桂林府）由平乐府水至梧州等府，瑶贼恶甚。	卷 2，第 157 页
3	本司（广西布政司）至柳州府、庆远府路	瑶贼恶甚，水陆皆难。	卷 3，第 165 页
4	柳州府至田州府、泗城州路	瑶贼恶甚，水陆皆难。	卷 3，第 165 页
5	南京由漕河至北京各闸	贼有盐徒，晚不可行，船户不良，宜慎。	卷 5，第 182 页
6	淮安由南河至汴城水路	船户谋客可防，虽有船伴，亦宜谨慎。	卷 5，第 183 页
7	瓜洲至庙湾场水路	小安丰至朦胧五十里，盐徒卖私盐为由，实为强盗，谨慎。	卷 5，第 184 页
8	巢县由汴城至临清州路	自颍州至大名府，响马贼甚恶，出没不时，难防。	卷 6，第 189 页
9	淮安府至海州安东卫路	右路晚亦可行，盐徒甚恶……	卷 6，第 190 页
10	扬州府至山西平阳府路	自宿州至汴城，有响马，宜慎。	卷 6，第 191 页
11	徐州西至汴城路	马牧（徐州至此，响马多）	卷 6，第 194 页
12	嘉定州平羌镇至峨眉山路	自湖广至仪真，强盗出没不时，有夹洲处，贼尤甚。夏港口有斜沙入江心，未过沙而转尖者浅，其沙上货无粗细[①]，一例而掳。凶年贼多。	卷 7，第 200 页

① 此书原书标点作："未过沙而转尖者，浅其沙上，货无粗细"，似觉未妥，今酌改。

编号	路程	治安状况	卷帙
13	大江上水，由洞庭湖东路至云、贵	草鞋夹中，虽谨慎，无风浪之防，夜偷摸，粗细货皆要，日调包，闻贱休买。	卷7，第202页
14	江西城由广信府过玉山至浙江水路	江西至玉山，水缓，夜有小贼，可防。	卷7，第202页
15	杭州府、官塘至镇江府水路	盘门、五龙桥、八尺、王江泾、大船坊、塘栖小河多，凶年有盗，艘船无虑，早晚勿行。	卷7，第203页
16	杭州迁路由烂溪至常州府水路	烂溪、乌镇无纤路，水荡多，人家少，荒年勿往，早晚勿行。……平望鹰脰湖中，风、盗宜防。……自常州至浙江，牙行须防，价值难听，接客之徒诓诱，闾门市上货杂，不识休买，剪绺宜防。	卷7，第203页
17	陶桥至各处	南翔地高，河曲水少，船不宜大，过客无风，盗之念，铺家有白日路来强盗之防。……由泖湖双塔船至苏州，有风、盗、阻迟之忧，船大人多。……泖桥东去黄浦，西去黄泖，南往嘉兴，北往松江，早晚多盗，宜防。	卷7，第206页
18	衡州府到岳州府水路	自衡州至长沙，日无强盗，夜宜谨慎。	卷7，第207页
19	湖口县由江西城至广东水路	自湖口至于康郎山，盗贼不时而有，江中强盗得财便休，惟此湖贼凶贪无厌，杀人常事。北入吴城，南入赵家围，风、盗渐可省。……滇江多滩无石，上难而下易，船大无虑，峡中山蛮宜防。	卷7，第208页
20	广东至安南水、陆路	濛江口。（有贼）	卷7，第208页
21	湖口县至广信府玉山县水路	康郎山（……山在湖中，前后多盗，谨慎……）	卷7，第209页

编号	路程	治安状况	卷帙
22	江西由休宁县至浙江水路	江西至饶州，湖中贼出不时，荒年尤多。……富阳之下，有潮有盗……	卷7，第211页
23	祁门县至湖口县水路	饶州牙行用筐子船出湖接客，好恶难分，必不可上。	卷7，第211页
24	吉安府至茶陵州路	自吉安府至路江，每处十里。……中途土豪口称"粮长"，每挑索银五分，不与即打，有司不知，过客甚受其害。	卷7，第212页
25	扬州府跳船至杭州府水路	嘉兴至松江船，昼去而夜不行，此路多盗。	卷7，第213页
26	杭州府至休宁县齐云山路	冬间，夜有盗。	卷8，第222页
27	徽州府至崇安县路	沙溪有盗，宜慎。	卷8，第223页
28	休宁县由几村至扬州水、陆路	自呈坎至几村，不可起早，日调包，夜偷摸，打闷棍常有者，冬有强盗，谨慎。	卷8，第224页
29	芜湖县至徽州府路	自芜湖县至徽州府，每处十里，早有闷棍，日有调包，夜有盗，宜慎。	卷8，第225页

　　从黄汴所编的《一统路程图记》来看，虽然该书记录了全国的商业路程，但书中述及南方（尤其是长江中下游地区）盗贼状况及车匪路霸的条目，明显多于其他地方，但这并不表明长江中下游的治安状况比其他地方更差，而是因为：这一方面是徽商重点经营的区域在长江中下游一带（长江中下游地区素有"无徽不成镇"之谚），故而对于这一地区特别熟悉，更能知危识险。另一方面更说明，南方的广大地区，治安恶劣之处远少于北方，故能一一详列。而北方则险处丛生，除了少数路线（如到开封的各

条路程）外，徽商也相对地不那么熟悉，故而只能笼统地指出："自北京至徐州，响马贼时出，必须防御。"所谓"响马"，是指结伙拦路抢劫的强盗。因马身系铃，或抢劫时先放响箭，故有此称。清人褚人获《坚瓠乙集》卷1《各省地讳》："各省皆有地讳，莫知所始。如畿辅曰响马，陕西曰豹，山西曰瓜，山东曰胯，河南曰驴，江南曰水蟹，浙及徽州曰盐豆，浙又曰呆，江西曰腊鸡。……又李时尝以'腊鸡独擅江南味'戏夏言，言即答以'响马能空冀北群。'"① 李时、夏言，均为明人，"响马"竟成为畿辅一带之地讳，这说明早在明代，响马贼是陆路沿途商卖中的顽症。明沈德符《万历野获编》指出："窃谓此地为畿辅要害，而去州县稍远，响马大伙多盘据其中。无守令弹压，任丘各大家，又为之窝主，几不可诘问。"② 明代徽商方良材曾让人从开封携带千金同其他商贾一起到杭州买货，中途却被"暴客乘快响马尽夺之"，只得向官府报案，几经周折，才将罪犯缉拿归案，并追回赃款。③ 官府衙门虽有缉匪捕盗之责，但并不是每个案件均能侦破。因此，长途行商，需要武功高强之人方能保住性命及财产。不难想见，倘若没有技击泰斗程宗猷的保驾护航，程父可能早就命丧黄泉，人财两空了。

可见，在明清时代，无远弗届的徽商在外出经商时，常常历经艰险。特别是在盗匪横行的地区，往往需要加强自我保护。徐

---

① 浙江人民出版社1986年版，第一册，第1页下。
② "元明史料笔记丛刊"，中华书局1959年版，第616页。
③ 《复初集》卷32《从弟良材君传》，《四库全书存目丛书》集部第188册，齐鲁书社1997年版，第197—198页。

野君所作的《汪十四传》，记载了非常精彩的故事：

汪十四者，新安人也，不详其名字。性慷慨激烈，善骑射，有燕赵之风。时游西蜀，蜀中山川险阻，多相聚为盗。**凡经商往来于兹者，多辄被劫掠，闻汪十四名，咸罗拜马前求护**。汪许之，遂与数百人俱拥骑而行，闻山上嗃矢声，汪即弯弓相向，与箭锋相触空中折堕，以故绿林甚畏之，商贾尽得数倍利。无几时，汪慨然曰："吾老矣，不思归计，徒挟弓矢之勇，向猿猱豺虎之地以博名高，非丈夫所贵也！"因决计归，归则以田园自娱，绝不问户外事。而曩时往来川中者，尽被剽掠，山径不通，乃踉跄走新安，罗拜于门外，曰："愿乞壮士重过西川，俾啸聚之徒大不得志于我旅人也，壮夫其许之乎？"时汪十四雄心不死，曰："诺！"大笑出门，挟弓矢连骑而去，于是重山叠岭之间，复有汪之马迹焉。绿林闻之，咸惊悸，谋所以胜汪者，告诸神，当以汪十四之头陈列鼎俎。乃选骁骑数人如商客装，杂于诸商之队而行。近贼巢，箭声飒沓来，汪正弯弓发矢，而后有一人持利刃向弦际一挥，弦断矢落，汪忙迫无计，遂就擒，入山寨中。贼党咸持金称贺，犹意在往劫汪之护行者，暂置汪于别室，絷其手足不得动，俟日晴，取汪十四之头陈之鼎俎以酬神。忽一美人向汪笑曰："汝诚豪杰，何就缚至此？"汪曰："毋多言，能救我则救之，娘子军不足为也。"美人曰："我意如斯，但恐救汝之后，汝则如饥鹰怒龙，夭矫天外；而我凄然一身，作帐下之鬼，为之奈何？"汪曰："不然，救其一失其一，亦无策甚矣。吾行百万军中，空空如下天状况，区区贼奴何足当吾锋哉。"美人即以佩刀断其缚而出之，汪不遑起谢，见舍旁有刀剑弓矢，悉挟以行，左挟美人，右持器械，间行数百步，遇一骑甚骏，遂并坐其上。贼闻之，疾驱而前。汪厉声曰："来！来！吾射汝。"应弦而倒，连发数十矢，应弦倒者几数十人。贼无可奈何，纵之去。汪从马上问美人姓名，美人泣曰："吾宦女也，父为兰省给事中，现居京国，今年携眷属至京被劫，妾之老母及诸婢子尽杀，独留妾一人，凌逼蹂践，不堪言状。妾之所以不死者，必欲一见严君。又私念世间或有大豪杰能拔人虎穴者，故踌躇至今。今遇明公，得一拜严君，妾乃知死所矣。"汪曰："某之重生，皆卿所赐，京华虽辽远，当担簦杖策卫汝以行。"于是奔走数千里，同起居饮食者非一日，略无相狎之意，竟以女归其尊人，即从京国返新安终老焉。**老且死，里人壮其生平奇节，立庙以祀，称为"汪十四相公庙"，有祷辄应，春秋歌舞以乐之，血食至今不衰。**①

这是一个美人救英雄，而义风侠骨的英雄又千里走单骑、护花至京城的动人故事。此段文字后收入徐珂《清稗类钞·义侠类》，作《汪十四送美人归》。② 徐珂的文字与上文颇有出入，最大的一处是"闻汪十四名，咸罗拜马前求护"，而《清稗类钞》

---

① 孙洙辑：《排闷录·义侠》，抄本1册，哈佛燕京图书馆善本室藏。
② 《清稗类钞》第6册，第2774—2775页。

则作："闻汪名，咸聘为镖师。"另外，文末亦并无汪十四临终前受到祭祀的记载。

《汪十四传》出自笔记，颇具传奇色彩。笔记的作者是徐野君，亦即徐士俊，此人为钱塘人，与徽州出版商汪淇（憺漪子）关系莫逆，俩人经常合作出版书籍。汪淇曾说："野君好观优伶演剧，终夜忘倦。"① 徐野君作有《曲波园传奇》，因此，徐野君敷衍的故事，传奇色彩可能在所难免，不过，有鉴于他与徽商汪淇的交往，《汪十四传》应当有着历史的影子，也反映了特定地域一定的真实状况。

从故事情节来看，汪十四及诸商人活动的舞台是在西蜀，而在明清时代，的确有不少徽商活跃于西蜀各地。如明嘉靖时人许尚质，"负担东走吴门，浮越江南，至于荆，遂西入蜀。翁既居蜀，数往来荆湖，又西涉夜郎、牂牁、邛笮之境"② 《初刻拍案惊奇》中的徽商程德瑜，"专一走川陕，作客贩货，大得利息"。③ 徽商许朴庵"少游江湖，久客西蜀，精于奇赢，居积致富"。④ 黟县人汪国傁"与蜀客贾于荆襄间，白莲教匪扰，转徙入蜀"，后至重庆府。⑤ 婺源秋溪人詹文锡，入蜀经商，于惊梦

① 《尺牍新语》卷 22《技术类》，广文书局 1971 年版，第 402 页。
② 歙县《许氏世谱·朴翁传》，转引自张海鹏、王廷元主编《明清徽商资料选编》，黄山书社 1985 年版，第 244 页。
③ 《初刻拍案惊奇》卷 4《程元玉店肆代偿钱，十一娘云岗纵谭侠》，人民文学出版社 1991 年版，第 69 页。
④ 《重修古歙东门许氏宗谱》卷 10《朴庵公祭田记》，转引自张海鹏、王廷元主编《明清徽商资料选编》，第 245 页。
⑤ 同治《黟县三志》卷 6 下《人物·孝友》汪振铎传，〔清〕谢永泰修、程鸿诏等纂，"中国地方志集成"安徽府县志辑第 57 册，第 103—104 页。

滩凿山开道，方便过往商贾，人称"詹商岭"。① 这些，都是徽商在西蜀一带活动的背景。徽州有对汪公（华）及汪华诸子（相公）的信仰，不过，一般认为汪华九子，故通常在文献上仅见有汪公大帝及汪公九子的信仰（最常见的是"汪九相公"，其次为"汪七相公"，再次则为"汪八相公"），而未见有汪十四相公庙。此处的记载，则为我们提供了商人崇拜的一个极佳例子。

　　明清以来，在盗贼横行、治安状况恶劣的商路上，徽商往往需要有相当的武艺防卫身家。前述程宗猷保护父亲的故事，也同样说明了这一点。所谓"辟道途之警，横槊赴敌，群盗侦知其名，辄遁去，其先声夺人类如此"——身怀奇技的程宗猷之事迹，与此处的汪十四故事颇有异曲同工之妙。不同的是，程宗猷保护的徽商是自己的父亲（或者也可以说是经商的合伙人），而汪十四则是职业的镖师。关于职业镖师或镖客，徐珂所辑的《清稗类钞》中，还记录了一位徽州镖客的经历：

　　　　徽州汪某以勇称，有大贾延之为镖客，卫之入陕，道逢显宦挟重资，约同行止。抵旅舍，甫解装，有童子来投宿，系骑于门外，趋至汪前，曰："若囊中物，皆攫取而来，予当攫取而去。明旦君若缓发，恐见骇也。"汪讶而不敢言。夜过半，呼起行，诿为倦，请后，约去远，乃就道。十里入山径，见车驮狼藉，童子坐岩上，指溪以示汪，皆死人也。

---

① 光绪《婺源县志》卷28《人物·孝友二》，"中国方志丛书"华中地方第680号，〔清〕清汪正元、吴鹗等纂修，光绪八年（1882年）刊本，台北成文出版社1985年版，第2067页。

汪大骇，童子曰："此去山路恶，可速行。"汪叱众急趋，以贪程，失住处，彷徨谷中。见山堰有草庵，求栖宿，一比邱尼年四十余，引至堂东小室曰："栖此，夜间多虎狼，勿乱窥，骣马置苑中，无妨也。"一更许，闻扣门，徐闻尼曰："取不义物也，蕺其魁，何得多杀人，忘我戒。"即闻以杖击物声。汪众悚惧，未及晓，束装，谢尼而行。[1]

值得注意的是，上述有关徽州镖客的例子，其背景均在中国西部及西北的川陕一带。

（三）武术与徽州坐贾

除了行商外，徽商坐贾也经常受到地痞流氓的骚扰。在明清时代，随着商品经济的空前繁荣，人口社会流动的增加，各地都滋生出一些"地棍"，他们凌弱暴寡，无恶不作。[2]徽州人曾以对联的形式，勾勒此色人等的丑态："老我生涯鹰攫肉，生计全凭三寸舌；问谁敲吸豹褫皮，贪谋欲吸万人脂。"[3]譬如，明代嘉定南翔镇上侨寓徽商丛集，从事棉布贩卖，"百货填集，甲于诸镇"，经济日趋繁荣。万历中，徽商受"无赖蚕食，稍稍徙避，而镇遂衰落"。[4]在明代，江南的"打行"颇为活跃。明末

---

① 徐珂：《清稗类钞》第 6 册《义侠类》"盗尼戒多杀人"条，第 2769 页。
② 关于这一点，可参见陈宝良《中国流氓史》(中国社会科学出版社 1993 年版) 等论著的相关部分。
③ 《对联便览》，徽州吕绍常文书。
④ 万历《嘉定县志》卷 1《疆域考上·市镇》，《四库全书存目丛书》史部第 208 册，齐鲁书社 1996 年版，第 690 页。

侯峒曾指出："吴中为奸民者有二：一访行，一打行也。明旨禁访行者，或跳而他匿矣。打行薮慝，敝邑为甚。小者呼鸡逐犬，大者借交报仇，自四乡以至肘腋间皆是。昨岁郭门之外，有挺刃相杀者，有白昼行劫，挟赀乘马，直走海滨者。"[①] 侯峒曾即为嘉定人，他的描摹可信度应当较高。及至晚清时期，现存的苏州府碑刻中仍有《禁止地匪棍徒向安徽码头及凉亭晒场作践滋扰碑》、《吴县禁止各船户在安徽码头楼下砌墙摆摊并添竖柱阻碍船户上下之路碑》等[②]，这些，显然都从一个侧面折射出徽州客商在异地所受的滋扰。

在这种形势下，徽商为保护自身的权益不受侵害，往往亦须习练武术以求自卫。明代徽商、休宁由溪人程天宠，"挈重赀，贾浯溪，昼则与市人昂毕货殖，夜则焚膏翻书弗倦。……于是尽读阴符黄石公诸书暨孙吴兵法，日与诸豪士试剑校射，群英咸集，乃跃马三试之，皆中鹄贯革，海宁诸武胤咸吐舌推毂"。[③] 徽商詹鸣铎自传《我之小史》提及婺源城中著名的拳勇程佑生，"一生孔武有力，曾与保卫队斗殴，手擒二人，如打大钹，抛而远之，连擒连抛，见者无不吐舌。城中下流如朱刺等，索债剥衣，强项之至，一逢佑生司，则避之惟恐不及焉。邑中夜摆诗摊，朱博士某公来打诗条，摊上劝以勿打，某公报称我已输了，

① 《侯忠节公全集》卷7《与万明府书（崇祯乙亥）》，民国二十二年（1933年）铅印本，第5页下。复旦大学图书馆古籍部藏。
② 参见江苏省图书馆编《江苏省明清以来碑刻资料选集》，生活·读书·新知三联书店1959年版。
③ 《休宁率东程氏家谱》卷11《明威将军程天宠甫小传》，转引自张海鹏、王廷元主编《明清徽商资料选编》，第431页。

摊上道：你输了，我给你铜元二枚好了。当时取以给之。既而警察来索取陋规，例给铜元四枚即去。后佑生司来打诗条，摊上连忙立起，孝敬铜元二十枚，请端去吃吃酒。故曰：博士不如警察，警察不如程佑生"。《我之小史》的作者詹鸣铎，在婺源县城开设振记小店，"曾有异地镶客来投名刺，打布施。佑生司走来，提其镶口向外，镶客连忙收拾，望望然去之。佑生司言：兴孝坊一带，上自振记，下至信诚庄，劝你少走为妙云云。"可见，武艺高强的拳勇往往能阻止地痞流氓、镶师剑客的骚扰。许承尧的《歙事闲谭》也记载："汪霖，字雨苍，号榆园，歙西岩镇人。身工不满七尺，英毅精悍，虽强武者遇之，皆自失。尝游武林之西湖，众无赖子弟数十百人，方劫持一新安客，势汹汹张甚。君视之，故人也。怒，奋臂直入，翼故人纵横出。数十百人，咸自荡击颠踬，有僵不能起者。君顾视大笑，徐把臂去。……于是人争传君材武，有愿奉千金请授技者，君麾之去。"[1] 这些，都是徽商习武御侮的例子。

广义而言，商界也是江湖，投身商界，亦即闯荡江湖。在某种场合，武术功底与从商技能相互结合，才能为自己营造出良好的商业环境。在侨寓地，有时出于对各类资源的争夺，对某种利益的独占和追求，极易引发纠纷乃至激烈的械斗。根据武术史籍，湖南麻阳人滕黑子，少年以操舟为业，耽嗜拳击技艺。对此，杨杏农的《江汉琐言》记载：

---

[1] 《歙事闲谭》卷29《汪雨苍》，第1039页。

千山夕阳：明清社会与文化（全新修订版）

当道咸年间，湘人之业木商者称极盛时代，其木料以运至武汉消［销］售者为多，每岁木排之抵汉者，约数千张。（聚集木料数百根，用竹绳扎为一张，故名，木排每排需十数人驾使之。）惟以彼时汉镇泊舟码头，俱为川鄂人以强有力占尽，湘人几无插足地。故木排抵汉时，只能湾泊于鹦鹉洲上流一带，而下流则不准湘人越雷池一步，偶有误泊者，则必遭川鄂人聚众殴击，湘人不敢与较也。滕氏素以驾木排为业，因挟技击奇术，平日义声颇著，故舟人俱崇奉之。彼时适抵汉，因江水暴涨，木排断缆，流至鹦鹉洲下，川鄂人遂将木排扣留，更聚众欲斗。滕氏乃约舟子中之健者十余人，并慷慨相告曰：吾湘因无泊舟码头，日受川鄂人之欺侮凌践，至于忍无可忍，然彼等所恃者，人众而心齐，故敢肆其横强，吾湘则人虽多，竟以身旅客地，而心怯不敢与较，致日任川人之殴责而无了日，未免为湘人羞，今吾拼此生命，一雪此耻，诸君且随我来，毋庸畏怯，彼等人纵多，只须我一人足矣。舟众闻滕言，皆奋发欲与川鄂人一决。滕即率此十余人，至鹦鹉洲上游，命将木排夺回。川鄂人见滕人少，遂群起持木棍攒殴，滕即腾身而起，霎时间，川鄂人被抛入江者数十人，余均鼠窜以去。迨次日，川鄂人呼群而至，人约千余，滕更空拳出而相搏，当之者无不抛掷数丈外，且奋斗时，人只见滕氏如怒鹘横空，往来搏击，捷若闪电。此役也，川鄂人之被击及沉没江心以死者约百余人，并经控告，官吏以川鄂人以众殴寡，先有不合，遂判湘人得直。滕氏之名大著，而鹦鹉洲乃归湘人独有焉。①

这是在汉口上演的一出"打码头"的流血械斗。根据武汉地方史的研究，清代嘉道咸时期，徽商与湖南帮为争夺对"宝庆码头"的控制而展开了血腥的械斗。据载，嘉庆初年，宝庆帮（来自湖南宝庆府所属邵阳、武冈、新宁、城步和新化等县来的船民）在长江汉水交汇处、龟山头斜对面的汉口岸边辟有码头，即宝庆码头。另在月湖堤、鹦鹉洲、白沙洲，宝庆帮亦建有码头。汉口宝庆码头开辟后不久，即为徽帮所据。嘉庆中叶，宝庆帮在同乡官僚的支持下，圈占了部分地区，作为宝庆码头用地及同乡船民住地。徽帮并不甘心，数次企图以武力夺回码头。咸丰六年（1856年），宝庆帮在湘军将领曾国荃、刘长裕等人的支持下，纠合船民，大败徽帮，并乘机扩大地盘。此后，械斗持续不断，直到1949年方才告终。② 由此可见，《江汉琐言》中湘人与川鄂人的争端，其实应是与徽商的纠纷。在这里，除了官府势力作为后盾外，拳勇股肱之力亦有相当的作用。

类似的例子在上海、景德镇等地也都有发生。《绩溪庙子山王氏谱》卷20《世传六·侠义传》即载："祥株公……天性豪侠，从人学拳术极精，少习木业，为细作佣于上海。是时上海徽人极少，漫无团结。故有徽宁会馆，宁人尤无多，旧日传遗基业，十六七为外商所占，屡争不回。一日勘官议界，外商人众而

---

① 引自尊我斋主人《少林拳术秘诀》第十章，北京市中国书店1984年版，第80—81页。

② 皮明庥、吴勇主编：《汉口五百年》，湖北教育出版社1999年版，第54页。

有大力，徽宁人不能敌。桂率同伙十余人趋前力争，外商皆挥去之，桂不为动，于是遂启争执。外商围之数重，桂率同伙徒手与角，众尽披靡。勘官知不可侮，乃谕改期。及期，双方均以代表至，外商情无可遁，遂恢复。"[1] 光绪以后，庙子山一带外出经商、特别是前往上海经商的男子相当之多。文中有徽宁人与"外商"（其他地区的商人）在上海旧传基业的争执中，拳勇起了决定性的作用，不仅迫使对手让步，而且也折服了勘官——这是发生在上海的一个例子。而詹鸣铎《我之小史》续编卷2，也提及婺源著名拳勇、段莘人汪伯海在江西景德镇"义救詹詹〔兆〕林"的故事："盖詹兆林即我的林叔公，向伙景镇南货店，亦以拳勇著名。店中白糖桶，打叠安放，林叔公每举重若轻，店中同事，多服其神力。且南货店友多从司务习拳术，讲到林叔公，无不崇拜。那年适江西会馆万寿宫演戏，林叔公往观。戏台之下，偶言这戏演得不好，江西人素来蛮横，有一人翻驳，谓：没有人请你看，好你就看看，不好你就不要看便了。林叔公大怒道：这是会馆演戏，你叫我不要么？要叫我不要看，除非到你家老婆房里去演。那人反唇相讥，冲突起来，两下举手斗殴，江西人纷纷扰扰，都来帮打，棍棒交下，板凳继起，砖头瓦石，抛掷不绝。一时喊叫声，辱骂声，妇孺号哭声，闹成一片，戏场大乱，台上停锣。林叔公夺得一棍，左冲右突，被江西人困在垓心。时汪伯海在门外，听得人人喧嚷：打灰〔徽〕州老！打灰〔徽〕州老！……急忙赶进一看，见大家攻打林叔公，这还了得？当下夺得一棍，即与林叔

---

① 《绩溪庙子山王氏谱》卷20，第15页下—16页上。

公以背贴背，各舞其棍，八面威风。无论棍棒板凳，砖头瓦石，一触其棍，即成反击，打得落花流水，东倒西歪。二人徐打徐出，到了大门之外，疾驰而去。江西人众大败，是役也，伤者百数十人，重伤者七八十人，因伤致死者六人……"[①] 这是发生在光绪二十三年（1897 年）的事，由此可见，拳棍是民间争斗中最常见的武器。《我之小史》中还提及有一次江西人"打了灰〔徽〕州会馆，六县公呈，蒙省派委员董公查办。董安徽人，断令修理会馆，做戏请酒，凶犯荷枷台前示众。彼时五县人都已认可，惟黟县人不遵，谓打了朱子牌、万岁牌，何等重大，必杀两颗人头悬挂石狮方可。后来缠讼，多延时日，反至蹉跎"。正是因为有诸多纠纷，所以景德镇"南货店友多从司务习拳术"。即使是在徽州本土，由于某种原因与客民亦经常发生激烈的冲突。[②] 在这些冲突中，人多势众、武艺高强者自然能占据上风。

三、余论

自宋代以来，火器开始应用于军事，"达远洞坚，遏冲御突"。及至明代，火器的使用更加普遍。作战时，冷热兵器往往根据各自的特点相互协调，配合使用。虽然近距离搏杀，冷兵器

① 《我之小史》续编卷 2 第五回《为谋事留杭暂搁，过新年到处闲游》。
② 参见拙文：《19 世纪徽州民俗风情的一幅素描》，载《徽州社会文化史探微——新发现的 16—20 世纪民间档案文书研究》，第 309—311 页。

仍是唯一的重要手段，但明代火器在其功能及发挥作用方面，在某种程度上超过了近远距离作战的传统拳术械技。[①] 故此，戚继光指出："拳法似无预于大战之技，然活动手足，惯勤肢体，此为初学之艺入门也。"[②]

民间武艺的重心不是武器，而是拳术。《少林棍法阐宗》是冷兵器时代的传统武术技艺，到火器已广泛应用的晚明，此类技艺诚如程宗猷及其族人一再声称的那样，谈拳论棒主要是自卫身家。程宗猷将弩制与长枪、倭刀及棍法合而行世，他自称："余草莽之臣，耕余所得者也，因目为耕余剩技。"[③] 其中，他所辑的棍法，"授诸桑梓，为异日保障丘墓之备"。[④] 这些，都绝不是自谦的说法。通过上文的分析可知，其主要用途具体表现为在乡里的抵御欺侮，异地行商时的强身自卫，为贸易保驾护航。至于其后为官方所赏识，并逐渐运用于实战，从而从民间武术转化为临阵杀敌的军旅武术，应当并非程氏的初衷。以往对于程宗猷及《少林棍法阐宗》的研究，多是从后者（也就是武术史或军事史的角度）加以探讨，而从商业史角度的分析则实不多见。

本文的结论是：程宗猷"数十余季极力苦心"[⑤] 钻研武术，与徽州当地的尚武之风及明代中叶以还经商风气的日益炽盛密切

---

① 参见：林伯原《谈中国武术在明代的发展变化》，载人民教育出版社编《中华武术论丛》第1辑，人民教育出版社1987年版；国家体委武术研究院编纂《中国武术史》第七章《明代武术》，人民体育出版社1997年版。

② 戚继光：《纪效新书》卷14《拳经捷要篇》，"丛书集成初编"，中华书局1991年版，第49—51页。

③ 程胤万：《耕余剩技叙》。

④⑤ 程宗猷：《蹶张心法自序》。

相关。关于这一点，以下将进一步申论。

明代中叶以后，各地商帮此起彼伏。行商坐贾以长途贩运、以有易无为主要经营特点。为了保证商业贸易的正常运转，一些商人不得不苦练本领，或雇佣武艺高强者保护自己。尊我斋主人所著《少林拳术秘诀》一书，剖析少林拳术的源流变迁（并不全面），其间勾勒了一些武林高手的生平事迹，从中可见，拳击与商业，实有着密切的关系。①他在谈及"南北派之师法"时指出：

> 南北之区分，究以北地为胜，其中有关乎天时地理者，非人力所能为也。盖以燕赵齐秦之郊，多豪侠奇绝之士，且北地苦寒，生于其间者，筋骨实较南方为强，而饮料食物之中，米与麦又大有悬殊。吾尝周历幽燕长城诸地，广漠平

---

① 《少林拳术秘诀》第十章之三《胡氏之技击术师法派别》："胡某，忘其名，黔之黎平人，父业商，家颇饶资财，仅生胡一人，钟爱甚至。胡少年即嗜技击术，凡乡里之以拳勇著称者，无不留之于家，款待极盛。嗣见来者技俱平常，不足餍其所欲，乃挟资游川、滇、湘、鄂间，亦无所得，怏怏返里，仍日夕从事于此，不为少倦。"后得少林异僧一贯点拨，技艺精进。"后又同一贯师挟赀遍游北方，凡燕、晋、秦、齐诸名都大邑，无不游历殆遍，至一地，必访其中之精于此道者"。因家道中落，返里。"以黔中绿林最多，凡他地之往黔运售烟土者，常遭劫夺，胡遂出为镖客，以保护商旅，凡绿林之巨魁酋首，闻胡在其中，即不敢取锱铢，胡因是每岁所入颇丰，家亦渐裕。惟是当时远近闻胡名，皆欲执贽为弟子，一习其术，而胡择之最严。时川中某盐商子，挟资巨万，登门求受业，胡见其人有骄暴气，峻拒不纳。"（第90—93页）李镜源，"又号长须李，湖北省之夏口人，父业木商，故家富于资，少年入塾，于课余之暇，即好弄拳棒"，年二十余赴沔阳，遇陕西烟商高某，切磋武艺，后至陕西三原某寺，学习技击术。（第65页）另，清代粤东的洪家拳术，据传出自福建茶商洪熙官。（李英昂编著《古今少林拳图谱》，香港艺美图书公司1957年版，第7页）这些人的身世家境，均与程宗猷颇为相近。

原，一望无垠，每至秋冬之交，而南人之初至其境者，已有瑟缩萧索之意，迨至北风怒号，寒飙裂骨，南人之不能撑支，更无论矣。北人则习惯成性，毫无畏缩，虽层冰盈丈，雪花如掌，而鞍马纵横自豪，此北方人之筋骨较诸南人为强健者，乃天演界中之生成的优势，不可讳也。益以北地最重镖客，人之所以此谋生活者不可胜数，因其地绿林豪客，所在多有，其中盗首贼魁，亦常有挟奇技异能者，不可以寻常视之。而商贾之出于其途，欲保持其财物者，势不能不顾[雇]聘镖客，此等镖客，必须操极精之技术，而后可以保他人之财物，与自己之生命，此中精微，洵所谓真实本领，而丝毫不可假借，故凡欲以充当镖客为生计者，平日秘密之练习，先必求其普通，而后习其专门。总须择性之所近，力之所能及者，朝夕以求之，必臻乎至精极熟之境，始可出而应镖之选。此盖由于一生之生活关系，乃以技击一道，为第二之生命，是以操术之精，有非南人所可几及者，正以此也。①

尊我斋主人没有提及程宗猷等人的事迹，从其叙述中也颇有重北轻南之势。其实，在明代，与武术结缘的徽州人还不止程宗猷一人。除了程宗猷外，吴殳还非常推崇"峨嵋枪程真如"，在《沧尘子手臂录》一书之后，附有程真如的《峨嵋枪法》。其书题

---

① 尊我斋主人著：《少林拳术秘诀》第十章《南北派之师法》，第63页。尊我斋主人的生卒年代不详，但此书另见有民国四年（1915年）上海中华书局刊本（哈佛燕京图书馆收藏）。

作："峨嵋僧普恩立法，海阳弟子程真如达意，古吴后学吴殳修龄辑。"吴殳有《评程真如峨嵋枪法》一文："徽州程真如所著峨嵋枪法，……卓哉绝识，枪家之正法眼藏也。"[1]"海阳"亦即休宁，这说明——在明代，徽州休宁至少出现了具有全国影响的两位武术大师，他们分别前往少林和峨嵋学习武术。因书阙有间，我们对于程真如的生平事迹并不十分清楚[2]，本文主要以程宗猷的例子，说明徽商与少林武术以及对徽州社会的影响。

在明清时代，南北最具势力的商人是徽商与晋商。晋商与走镳护院的镳客及镖局（亦作标局、镳局）之关系以往多有人论及，根据卫聚贤的研究，"标局是雇用武术高超的人，名为标师傅，腰系标囊，内装飞标，手持长枪（长矛）于车上或驼轿上，插一小旗，旗上写标师的姓，沿途强盗，看见标帜上的人，知为某人保镳，某人武艺高强，不可侵犯。重在旗帜，故名'标局'。标局分春夏秋冬四季运现，至山西太谷县，名'太谷标'；又运至祁县、平遥、汾阳，名'太汾标'；此时名为标期，又称过标"。卫氏引证万籁声之《武术汇宗》并综合民间传说指出：

---

① 《沧尘子手臂录》，《故宫珍本丛刊》第 360 册 "子部·兵家"，第 381 页。
② 程真如的《峨嵋枪法序》中指出："西蜀峨眉山普恩禅师，祖家白眉，遇异人授以枪法，立机空室，练习二再，一旦悟彻，遂造神化，遍游四方，莫与并驾。属余客游蜀中，造席晤言，师每首肯，问及武事，则笑而不答。余揣其意，在求人也。因与荆江行者月空礼师请教，师命余二人樵采山中，经历二载，师笑曰：二人良苦，庶可进乎？我有枪法一十八札，十二өл手，攻守兼施，破诸武艺。汝砍采久，而得心应手，不知身法、臂法已寓于是，遂教余二人动静进止之机，迟疾攻守之妙。久之，余南还，又访沙家枪、马家带棍枪，则意疏浅，较之余师之法，相去远矣。余叙其法，不忘师所自，命之曰峨嵋枪法。"（《故宫珍本丛刊》第 360 册 "子部·兵家"，第 377 页）从中可见，程真如的经历与程宗猷颇为相似。

山西有行意拳法，祁县传为戴大旅（廷桓）、戴二旅（廷（梽））所创，据称此法从岳飞传下，兄弟二人在河南从老道人中学习，后来在十家店经商，有一、二百里土匪抢掠，被兄弟二人赶走，由此而出名。[1] 戴氏兄弟二人与形意拳的关系，与程冲斗之创设少林棍法之情形，颇有异曲同工之妙。

从现有的资料来看，徽商与镖局并无密切的关系，更没有组成镖局那样的组织。然而，徽商与少林武术却有着极为密切的渊源，这显然与明代徽商的经营特点及其时代变迁有着密切的关系。在明代，北中国有很多徽商活动的踪迹。如山东临清，有诸多徽商聚集。而河南开封附近，更是徽商经营的大本营。当时，江南与华北地区有着密切的经济联系，主要表现为北棉南运和南布北运，[2] 在这一过程中，徽商显然起了重要的作用。他们中的不少人从汴梁购置木棉，再到江南贩卖棉布。此外，四川一带亦是徽州人重点经营的地区。正是在这种背景下，当时在华北和西南出现了程冲斗和程真如那样的技击泰斗。及至清代，徽商的势力主要集中在长江中下游地区。虽然也有像汪十四那样的镖师，但较之北方 [3]，南方一带的治安从总体上来说相对较好 [4]，政府对

---

① 卫聚贤：《山西票号史》，中央银行经济研究处 1944 年版，第 5—9 页。

② 参见张海英：《明清江南商品流通与市场体系》，华东师范大学出版社 2002 年版。

③ 《清稗类钞》第六册《技勇类》，多有对北方及西蜀治安状况的描述。如"乾、嘉之际，行北道者咸苦盗贼"。（第 2904 页）"嘉庆末，……时川、陕之寇，湖、广之苗，虽先后平定，而绿林豪客纠合通匪，因山泽林箐之形势，探丸鸣镝，阻截要隘者，所在多有"。（第 2912 页）

④ 江南人即使为人走镖，也是前往北地。如无锡北乡人楚二胡子，"习术于江南某镖客。三年，术成，恒为客商保卫辎重，往来齐、楚、燕、赵间"。（《清稗类钞》第六册《技勇类》，"楚二胡子持腰带"，第 2920 页）

地方社会的控制亦相对严密，而且，相对而言，南北方盗贼作案的手段也有不同，尤其是长江中下游一带，总体上更倾向于诡计巧取，而非暴力豪夺，故此，徽州虽然也出现过类似于汪十四或汪某那样的一些镖师（均以西南或西北为其活动背景），但却始终没有形成镖局那样的组织。在徽州及南方各地，信局的活动似乎更为普遍。①

---

① 参见拙文：《徽商与清民国时期的信客与信局》，载《人文论丛》2001年卷，武汉大学出版社2002年版。

《太平欢乐图》：盛清画家笔下的日常生活图景

    "图文图书"是近年来中国出版界流行的一种图书形式，所谓图文图书，通俗地说，就是书中除了文字描述之外，还配插有一些图画或照片。以我个人为例，2000年和2005年在生活·读书·新知三联书店分别出版的《乡土中国·徽州》和《水岚村纪事：1949年》，都是与摄影家李玉祥合作的作品。类似的图文图书从2000年以来在出版界几乎是铺天盖地，并呈愈演愈烈之势……

    由于图文图书的大批出现，早在世纪之交，有人就曾经预言，中国社会的"读图时代"到了。读图时代的到来，与中国社会的转型密切相关——由于社会日趋多元化，人们的生活节奏大大加快，再加上电视、网络等新的视觉娱乐方式的出现，使得一般人的阅读习惯发生了极大的改变。雅俗共赏的图文图书，能够满足许多人快餐式的阅读消费习惯，这应是图文图书大行其道的重要因素。当然，还有一个很重要的原因是与整个中国综合国力的增长息息相关。试想，倘若一个社会没有足够的财富积累，人们又焉能于阅读纯文字时想尽花样地满足视觉享乐？

不过，说到图文图书，在中国其实古已有之。上古有"左图右史"或"左图右书"之说，图载星辰、山川、草木、鸟兽之形。古人认为，有插图的读物，不仅使得考镜易明，而且亦便于人们记览。亘古迄今，此类图书编纂的传统可谓不绝如缕，乾隆时代的《太平欢乐图》，便可算得上是清代的一部图文图书。

乾隆四十五年（1780年），清高宗第五次南巡，浙江画家方薰将《太平欢乐图》册，通过曾任刑部主事的金德舆进呈内廷，结果受到了乾隆皇帝的嘉奖。据说，方薰原创的《太平欢乐图》画册进呈内廷后，曾留了一套副本在金德舆处。因这套画册得到乾隆帝的褒奖而名扬天下，故而金德舆保存的副本也为世人所瞩目，周遭的人们争相借阅。这个副本，后于嘉庆十二年（1807年）被嘉兴的一位古玩鉴藏家陈铦所得。道光七年（1827年），嘉兴画家董棨根据方薰《太平欢乐图》的副本，临摹了一册《太平欢乐图》，这就是上海学林出版社2003年10月出版的《太平欢乐图》(以下简称学林版)，里面包括一百幅的彩色图片，题作"清董棨绘、许志浩编"。作为编者，今人许志浩指出：

> 据笔者查阅北京故宫博物院、台北故宫博物院、上海博物馆，以及海内外其他大型博物馆、美术馆等收藏资料，现均无方薰《太平欢乐图》正本和副本下落的记载，极有可能已佚。因此，董棨临摹的这部画册，可能是海内孤本，其史

料价值是十分珍贵的[①]。

事实上，作为一种图册资料，《太平欢乐图》在海内外均不罕见，就在学林版发行的那一年，我在美国哈佛燕京图书馆就曾见到一册《太平欢乐图》，为光绪年间石印本（以下简称光绪版），属于普通古籍。而在我任教的复旦大学图书馆，也有一部残本，亦属常见古籍[②]。想来，《太平欢乐图》一书在海内外各大图书馆均非稀见。因此，如果说董棨的这个本子（也就是学林版）作为彩色的画册之一[③]，或许自有其价值所在，但在未交代现存刊本来龙去脉的前提下侈谈其史料价值，似乎有点匪夷所思，至少，"海内孤本"实在无从谈起。

一、《太平欢乐图》之光绪版及学林版

根据光绪版的序文，光绪十四年（1888年）刊印的《太平欢乐图》是根据方薰的《太平欢乐图》副本，用石印的方式刊出。因此，从史料学的角度来看，董棨的这个本子（亦即学林

---

① 〔清〕董棨绘、许志浩编：《太平欢乐图》序言，学林出版社2003年版，第5页。
② 1951年1月22日《亦报》刊出的周作人短文《太平欢乐图》，亦曾指出《太平欢乐图》的"石印小本"。见钟叔河编《知堂书话》上册，海南出版社1997年版，第743页。
③ 实际上，关于彩色的《太平欢乐图》，上海图书馆另藏有更为精美的版本。

版）只是方薰《太平欢乐图》副本的摹本。换句话说，光绪石印本实际上更接近其本来面目。

我仔细比较过两种版本，发现学林版《太平欢乐图》与光绪石印本有着很大的差别。

在两种版本的一百幅图中，都各有一张未见于另一种版本。光绪版的《嘉兴净相寺槜李》就未见于学林版，这幅图是光绪本的第四十五图 ①，其说明文字如下：

> 案：槜李产嘉兴净相寺，每颗有西施爪痕。朱彝尊《鸳鸯湖棹歌》云："徐园青李核何纤，未比僧庐味更甜。听说西施曾一掐，至今颗颗爪痕添。"即咏此也。徐园青李亦佳，惟不及槜李味尤鲜美耳 ②。

朱彝尊为清代嘉兴著名学者、词人，亦曾参与《明史》的纂修。康熙年间，他写过《鸳鸯湖棹歌》一百首，将当地的地名、人物、物产和各类典故熔于一体，生动地描述了嘉兴一带的社会

---

① 光绪石印本《太平欢乐图》，楼山书局，光绪戊子（1888 年）版，第 23 页上。

② 关于槜李，清人纳兰常安指出："……嘉兴有李，甘美胜北产，或谓地名槜李，原因李而得名。……按净相寺，即古槜李地，所产最佳，寺有五十余树，环寺民居亦得三十余树，逾此则味不若矣。以所产少而争购者多，倍觉矜贵，每枚价约二分，务于春日预定乃得，迟则为他人先。及五六月成熟，外青而内紫，皮薄而脆，啮之如寒冰琼浆，可解醒躄，惟不能经久。越三四日，液流致败。又，徐园在县南门外六里，所产亦佳。竹垞棹歌云：'徐园青李核何纤，未比僧庐味更甜。'实录也。"（《受宜堂宦游笔记》卷 23《浙江五·嘉兴府》"槜李"条，广文书局 1971 年版，第 1153—1154 页）

千山夕阳：明清社会与文化（全新修订版）

风情。《太平欢乐图》一书，就经常引用《鸳鸯湖棹歌》的诗句，作为典故，借以说明市井百态和名胜物产。事实上，浙江嘉兴市的别名就叫樆李，这个地名在先秦典籍《左传》中就已出现。而这一幅图却不见于学林版。后者为凑足一百幅，却多出了一幅（亦即学林版的第八十五幅《卖柴卟》，该图未见于光绪版）。何以出现这种情况？确切的原因不得而知，推测是因为董棨当时未得《太平欢乐图》的全本，少了一张《嘉兴净相寺樆李》，故而只好摹仿原书的风格，临时加了一幅《卖柴卟》。

学林版是董棨根据方薰的《太平欢乐图》副本临摹而成，因此，在构图和画法上均与光绪石印本有着明显的差异：

其一，《太平欢乐图》作为图文图书，其说明文字在光绪版中书于画的旁边，而董棨的摹本则是文图分列，一幅图配上单独的一张文字说明，这是一点明显的不同。

其二，总体说来，学林版描摹的人物形象清隽，而光绪版中的白描则多显得丰颐广颡。准情度理，丰颐广颡或许更符合画家营造太平盛世气象的本意。不仅如此，在一些细部刻画上，学林版也显得比较粗糙，缺乏活力。两种版本中的有些图幅，在画法上更有一些细微的差别。例如，光绪本的《贩桑椹》图，展示了暮春时节的场景：嘉兴、湖州各地桑圃中繁实累累，乡民们将这些桑椹采摘下来，鬻之于市。画面中人右手夹着一个装满桑椹的竹篓，左手则提着一杆秤。我们注意到：在这里，秤砣是下垂的。而在学林本图十八 [1] 中，则是将秤砣夹在手心。有趣的是，

---

[1] 〔清〕董棨绘、许志浩编：《太平欢乐图》，第36页。

关于秤砣的画法，在《太平欢乐图》的两种版本中，不少图幅都不尽相同。譬如，《太平欢乐图》中有一幅收纱之图，状摹了江南一带因盛产棉花，每家每户都将收获的棉花纺成纱线，于是就有一些人沿门挨户地去收购。图幅中画有面对面的两个人，在光绪版中，右边那人肩上扛着的秤上明显挂有一个秤砣，而在学林版中却未见①。再如，学林版的图三十六《里巷贩熟食》②中，有个正在称肉的人，秤上没有秤砣，但在光绪版中，秤上则是挂有秤砣的。看来，董棨似乎很不想画秤砣，遇到秤砣，总是想方设法地将之藏起，仅此一点，颇可看出摹本的偷工减料。

　　类似于此的例子还相当不少。光绪本的《卖酸梅汁》，那名挑担小贩穿着的衣服比较严实，而在学林本③中，则是将脖子后的皮肤露出了一大块。再如，学林版第五十一图《萤灯》④也与光绪版不同。光绪石印本中人物左手中的一大堆萤灯更形复杂，右手拿着的那盏萤灯之下有一个缨穗，而学林版则未见。学林版第九十图《食山楂》⑤，根据说明："其子大如指。"这就是说山楂应有指头那么大，而画中的山楂无论是大人手中的还是小孩脖子上套的，都显得太小，不像光绪版那么大，那么真实。学林版的图六十六《钉秤》⑥，内容是说浙江乃商贾辐辏之区，称量货物必藉权衡，所以就有一些人专门制作秤杆，以钉秤为业。关于这幅

---

① 〔清〕董棨绘、许志浩编：《太平欢乐图》，第 20 页。
② 　同上书，第 72 页。
③ 　同上书，第 68 页。
④ 　同上书，第 102 页。
⑤ 　同上书，第 180 页。
⑥ 　同上书，第 132 页。

图，学林版与光绪版颇有差别：光绪版中人物的脑后拖有一根辫子，衣服后面也有带子飘出，这在学林版中则未曾见到。学林版第五十八图《修鞋匠》[1]，在构图上与光绪本也有所不同。在学林版中，修鞋匠身后的那根棍子是直的，而光绪版的棍子却是弯弯的，后面的那块皮则是挂下来好一块。显然，光绪本在细节上的画法更为精致。

除了图像外，学林版文字说明亦有缺漏。如《元宵灯市》曰："《西湖游览志》正月上元前后，张灯五夜，自寿安坊至众安桥，谓之灯市。朝世际升平，年丰物阜，浙江元宵灯市盛于往昔……"[2]。此处的"朝世际升平"文意不通，经查光绪版，可知应作"我朝世际升平"，漏一"我"字。

其三，学林版各图标题均为编者所拟，随意性较大。如第八十一幅《卖恤盐》，内容是引清代的《两浙盐法志》，说是根据规定，"肩引"（引是盐政中销盐的凭证）只许在本县城乡市镇肩挑贩卖食盐，每人不许超过四十斤，一起卖盐的人也不得超过五六名，而且买卖的范围更不准越过一百里之外。又说：由于地近场灶之处，私盐买卖相当猖獗，政府特许一些无业之民前往盐场挑卖，"盖于杜除私贩之中，寓抚恤穷黎之意，圣朝宽典古未有焉。"[3]学林版的编者显然是根据"抚恤穷黎"这句话，将此图定名为"卖恤盐"，其实并无典籍依据。又如，第四十一幅图注有"今我朝右文稽古，开四库全书馆，裒辑群书，文德广披，士

---

① 〔清〕董棨绘、许志浩编：《太平欢乐图》，第 116 页。

② 同上书，第 41 页。

③ 同上书，第 163 页。

子益蒸蒸向学，各州邑书肆遂如栉比，兼有负包而卖者，多乌程、归安人也"。这是说清代乾隆时期对文化高度重视，开四库全书馆，收集、编辑各类书籍，为编修四库全书做准备。这使得读书人更加一心向学，所以天下各个州县的书店鳞次栉比，除了那些有固定门面的书业坐贾外，还有一些背包卖书的行商，而这些人大都来自乌程和归安。编者显然不清楚乌程和归安是湖州府的附郭二县，故将该图拟作"归安卖书人"，显属未妥。实际上，此图应作"乌程归安卖书人"才更为妥帖。①

其四，两个版本中各图的排列顺序完全不同，这是关系到全书脉络的重要问题。兹将两书的排列顺序列表比较：

顺序	学林本（括号中与光绪本对应编号）	学林本页码	光绪石印本（括号中与学林本对应编号）	光绪石印本页码
1	元旦吹箫（2）	2—3	吉祥如意万年青（100）	1 上
2	除夕欢乐图（100）	4—5	元旦吹箫（2）	1 下
3	买禾苗（31）	6—7	元宵灯市（20）	2 上
4	卖桑叶（26）	8—9	元宵吃圆子（74）	2 下
5	卖蚕茧（25）	10—11	（乌程）归安卖书人（41）	3 上
6	卖良丝（29）	12—13	湖州毛笔（42）	3 下
7	肥田的菜饼和豆饼（33）	14—15	新安墨（43）	4 上
8	蔬中雅馔水芹（17）	16—17	刻图章（96）	4 下
9	卖糖粥（19）	18—19	捏泥人（53）	5 上

---

① 类似的例子还有一些，但此处为了比较上的方便，姑且仍然沿用学林版的命名。

　千山夕阳：明清社会与文化（全新修订版）

顺序	学林本（括号中与光绪本对应编号）	学林本页码	光绪石印本（括号中与学林本对应编号）	光绪石印本页码
10	收纱（88）	20—21	太平纸鸢（63）	5 下
11	卖蓑衣笠帽（32）	22—23	吹箫卖饧（92）	6 上
12	浙江旧时织布机（30）	24—25	初春韭芽（67）	6 下
13	水果之乡（44）	26—27	杭州龙井茶（87）	7 上
14	弹棉之弓（87）	28—29	源于九江之鱼（16）	7 下
15	中秋月饼（66）	30—31	浙江四季之笋（88）	8 上
16	源于九江之鱼（14）	32—33	西湖莼菜（27）	8 下
17	杭州泉水（18）	34—35	蔬中雅馔水芹（8）	9 上
18	贩桑椹（27）	36—37	杭州泉水（17）	9 下
19	蔬菜贩卖（94）	38—39	卖糖粥（9）	10 上
20	元宵灯市（3）	40—41	孵小鸡（65）	10 下
21	赶考市（61）	42—43	卖雏鸭（50）	11 上
22	乡试题名录（64）	44—45	灵芝（99）	11 下
23	乡举卖烛（62）	46—47	杭州兰花（25）	12 上
24	春节书春联（98）	48—49	三羊开泰（82）	12 下
25	杭州兰花（23）	50—51	卖蚕（84）	13 上
26	浙江名瓷（58）	52—53	卖桑叶（4）	13 下
27	西湖莼菜（16）	54—55	贩桑椹（18）	14 上
28	端午小孩戴艾虎（35）	56—57	卖蚕茧（5）	14 下
29	西湖采荷花（46）	58—59	卖良丝（6）	15 上
30	养金鱼（50）	60—61	浙江旧时织布机（12）	15 下
31	夏月卖扇（39）	62—63	买禾苗（3）	16 上

顺序	学林本（括号中与光绪本对应编号）	学林本页码	光绪石印本（括号中与学林本对应编号）	光绪石印本页码
32	菱芡莲藕出西湖（47）	64—65	卖蓑衣笠帽（11）	16 下
33	卖西瓜（43）	66—67	肥田的菜饼和豆饼（7）	17 上
34	卖酸梅汁（42）	68—69	端午包粽子（73）	17 下
35	淘河沙（49）	70—71	端午小孩戴艾虎（28）	18 上
36	里巷贩熟食（90）	72—73	浙江草席（70）	18 下
37	吴兴筍蕈（85）	74—75	织帘（39）	19 上
38	重阳食栗糕（69）	76—77	制雨伞（72）	19 下
39	织帘（37）	78—79	夏月卖扇（31）	20 上
40	卖砖瓦（52）	80—81	浙江凉鞋（68）	20 下
41	归安卖书人（5）	82—83	湖州鹅毛扇（44）	21 上
42	湖州毛笔（6）	84—85	卖酸梅汁（34）	21 下
43	新安墨（7）	86—87	卖西瓜（33）	22 上
44	湖州鹅毛扇（41）	88—89	水果之乡（13）	22 下
45	古玩贩子（59）	90—91	嘉兴净相寺檇李	23 上
46	杂货篮（77）	92—93	西湖采荷花（29）	23 下
47	浙江木工（80）	94—95	菱芡莲藕出西湖（32）	24 上
48	水乡蒲团（81）	96—97	萤灯（51）	24 下
49	修锡器（55）	98—99	淘河沙（35）	25 上
50	卖雏鸭（21）	100—101	养金鱼（30）	25 下
51	萤灯（48）	102—103	浙江名鸟（52）	26 上
52	浙江名鸟（51）	104—105	卖砖瓦（40）	26 下

顺序	学林本（括号中与光绪本对应编号）	学林本页码	光绪石印本（括号中与学林本对应编号）	光绪石印本页码
53	捏泥人（9）	106—107	箍桶（54）	27 上
54	箍桶（53）	108—109	磨铜镜（64）	27 下
55	浙江鸡毛帚（57）	110—111	修锡器（49）	28 上
56	铜杓（56）	112—113	铜杓（56）	28 下
57	江蟹（70）	114—115	浙江鸡毛帚（55）	29 上
58	修鞋匠（84）	116—117	浙江名瓷（26）	29 下
59	浙江红绿柿（72）	118—119	古玩贩子（45）	30 上
60	除夕瑞炭（96）	120—121	碑林拓片（61）	30 下
61	碑林拓片（60）	122—123	赶考市（21）	31 上
62	卖土布（89）	124—125	乡举卖烛（23）	31 下
63	太平纸鸢（10）	126—127	插解元草（78）	32 上
64	磨铜镜（54）	128—129	乡试题名录（22）	32 下
65	孵小鸡（20）	130—131	八月赏桂花（75）	33 上
66	钉秤（79）	132—133	中秋月饼（15）	33 下
67	初春韭芽（12）	134—135	食山楂（90）	34 上
68	浙江凉鞋（40）	136—137	杭菊（89）	34 下
69	田泽田螺（74）	138—139	重阳食栗糕（38）	35 上
70	浙江草席（36）	140—141	江蟹（57）	35 下
71	野味（93）	142—143	品字菊（95）	36 上
72	制雨伞（38）	144—145	浙江红绿柿（59）	36 下
73	端午包粽子（34）	146—147	卖豆腐（93）	37 上

顺序	学林本（括号中与光绪本对应编号）	学林本页码	光绪石印本（括号中与学林本对应编号）	光绪石印本页码
74	元宵吃圆子（4）	148—149	田泽田螺（69）	37 下
75	八月赏桂花（65）	150—151	浙江卖油郎（86）	38 上
76	小炉匠（83）	152—153	卖恤盐（81）	38 下
77	竹编焙笼（97）	154—155	杂货篮（46）	39 上
78	插解元草（63）	156—157	卖陶器（91）	39 下
79	卖篾器（82）	158—159	钉秤（66）	40 上
80	艺盆梅（95）	160—161	浙江木工（47）	40 下
81	卖恤盐（76）	162—163	水乡蒲团（48）	41 上
82	三羊开泰（24）	164—165	卖篾器（79）	41 下
83	赁春（86）	166—167	小炉匠（76）	42 上
84	卖蚕（25）	168—169	修鞋匠（58）	42 下
85	卖柴爿	170—171	吴兴笤帚（37）	43 上
86	浙江卖油郎（75）	172—173	赁春（83）	43 下
87	杭州龙井茶（13）	174—175	弹棉之弓（14）	44 上
88	浙江四季之笋（15）	176—177	收纱（10）	44 下
89	杭菊（68）	178—179	卖土布（62）	45 上
90	食山楂（67）	180—181	里巷贩熟食（36）	45 下
91	卖陶器（78）	182—183	种树匠（94）	46 上
92	吹箫卖饧（11）	184—185	衢州名橘（98）	46 下
93	卖豆腐（73）	186—187	野味（71）	47 上
94	种树匠（91）	188—189	蔬菜贩卖（19）	47 下
95	品字菊（71）	190—191	艺盆梅（80）	48 上

顺序	学林本（括号中与光绪本对应编号）	学林本页码	光绪石印本（括号中与学林本对应编号）	光绪石印本页码
96	刻图章（8）	192—193	除夕瑞炭（60）	48 下
97	卖糯米花糖（98）	194—195	竹编焙笼（77）	49 上
98	衢州名橘（92）	196—197	卖糯米花糖（97）	49 下
99	灵芝（22）	198—199	春节书春联（24）	50 上
100	吉祥如意万年青（1）	200—201	除夕欢乐图（2）	50 下

　　学林版的第一百幅《吉祥如意万年青》，在光绪本中排在第一幅。到底哪一种排序更为合理呢？我们先来看看说明。《吉祥如意万年青》一幅的文字如下：

　　　　瑞草中有万年青，叶丛生似带，四时郁葱，今浙人比户珍植，辅以吉祥、如意二草。耆老相传，圣祖仁皇帝南巡，幸云林寺，有老僧夙具慧悟，以一桶万年青献，闻之者欣喜忭舞，咸以为本朝亿万年太平一统之征云。①

　　很明显，这是对先皇康熙帝歌功颂德的文字，排在首幅理所当然，而不应当排在最后一幅。在对先皇的嵩呼遥祝之后，接着的《太平欢乐图》按照岁时节序依次展开，这是光绪本的脉络。以下，让我们翻开石印本的《太平欢乐图》，逐页感受乾隆时代人们在一年四季中的生活实态。

---

① 　光绪石印本《太平欢乐图》，第 1 页上。

二、《太平欢乐图》的岁时节序脉络

首先是元旦吹箫，浙江人每到元旦，闾阎稚子俱吹箫击鼓，作为娱乐的一种方式，其箫曰太平箫，鼓曰太平鼓。元旦过后，很快就到了正月十五，乾隆朝时际升平，年丰物阜，所以浙江的元宵灯市非常热闹，街巷间搭起彩棚，悬挂各色花灯，上面书写着"天子万年""天下太平""五谷丰登""风调雨顺"等字，好一派万民同乐的景象！在元宵佳节，无论士庶，必买粉团互相馈遗，谓之灯圆。民谚有"上灯圆子落灯糕"，吃灯圆，取岁岁团圆之意。

春节过后，挟册操瓢的读书人便要开始努力学习，为功名奔波了。于是，街衢巷陌间各类与科举考试有关的人群纷纷出现。如湖州府乌程县、归安县的书商，湖州归安善琏等村的笔商，徽州婺源县的墨商，等等，纷纷背负行囊，带着书籍、湖笔和徽墨等走街串巷，跋山涉水，走访书塾，向读书人兜售。由于应试之先需要各取保结，对于读书人而言，图章必不可少。故此，路边便有粗晓六书者，以篆刻为业，卖起了昌化石、青田石之类的图章。

春天来了，人们纷纷外出踏青，杭州人到西湖游玩，一些手工艺人就制作了湖上土宜（如泥孩、花湖船等）兜售给游人。此时，芳草如茵，菜花满地，小孩们往往聚在一起放飞纸鸢（风筝）。据说，春天放风筝，令小孩张口望视天空，有助于消除郁积在身体中的内热。当时，有小贩以麦芽糖做成禽鱼果物之类卖给儿童，嘴里还吹着像箫一样的竹管，称为卖饧箫。

春天到了，各种时鲜蔬菜纷纷上市，如初春的韭芽，因是刚刚上市，价格很贵，数十茎就需要十余钱。新鲜的春笋（园笋、莺笋、紫桂笋）、香粹滑柔的莼菜以及蔬中雅馔——芹菜等也相继登场。除了蔬菜，浙江东西濒江控海，鳞族繁衍，鱼类资源相当丰富，如六和塔下钱塘江之鲥鱼，吴兴太湖之白鱼，苕溪之鳖鱼，等等，很早就见诸载籍。及至清代，人们往往会到江西九江一带购买一些初生的鱼苗，养在池中，以备日后的食用。这时，龙井新茶也开始上市。因杭州井水味咸，不可用以煮茶，而西湖多山泉，虎跑、白沙二泉尤其甘洌，所以郊区的村民往往汲取山泉，担鬻城中。

春天不仅是万物复苏的季节，而且也是农村人口四处贩卖农产品、进城打工的好时光。于是，在城市乡村，卖小鸡、贩雏鸭的小贩纷纷出现在街头。另外，各地的人也纷纷前来杭州等大城市务工经商。为了满足这些人的需要，每过中午，街上就有人卖糖粥，供往来如织的行人吃饱。

杭嘉湖各府都以养蚕为业，其中以湖州府最为繁盛。每当养蚕的季节，就有人担着蚕种在市面上兜售。与这种生产结构相适应，杭嘉湖各府肥沃的土壤都用来栽种桑树，桑叶也同样可以在市场上销售①。桑树的果实（桑椹）是一种珍果，相当好吃，暮

---

① 〔清〕纳兰常安：《受宜堂宦游笔记》卷23《浙江五·湖州府》"育蚕"条："浙省各郡皆有蚕，而茧丝之利，惟湖州最饶。以乡民育蚕，家喂而人饲也。目蚕曰蚕花，称养蚕曰看蚕，以无刻不需人看也。每谷雨后称蚕市，各村闭户，不闻人声，凡官吏催科狱讼，一切停止，曰停蚕卯。甚至姻友无往来，生徒皆歇业，以蚕性忌生人也。其事蚕为终岁计，至慎且重焉。最要者，饲蚕之桑，先于有桑之家预定买叶，谓之稍叶，先付银者为现稍，得便宜。……"（第1169—1170页）

春时节在市场上也可以买到。春蚕吐丝后结茧，不善编织的人都将蚕茧卖出。当然，也有一些是供自家纺织之用。但纺成的丝，亦有不少流入市场。四五月间缫车既停，人们携丝入市货卖。从养蚕缫丝纺纱织布的整个过程来看，各个环节都有很高的商品化程度。部分食物及生产资料和生活用具的日渐商品化，反映了人们的生产和生活与市场的关系愈来愈紧密。

除了养蚕外，农业耕耘自然更是本务之一。浙江在三四月间，人们选择好的种子，以水浸泡，让它发芽，然后播种在田间，渐长成苗。这种秧苗也是用来出卖的，村农买了这种苗，称为分苗，再将它种在田里，是谓插苗。春夏之交正是江南多雨的季节，所以农作时的蓑衣笠帽必不可少。至于肥料方面，原先是用草，将其沤烂作为肥料。但在乾隆时代，人们也到市场上购买菜饼和豆饼来肥田。

转眼之间，端午到了，按照传统习俗包粽子，据说有很多人并不自己包裹，而是从市场上购买。这一情节，反映了社会分工的精细以及民众日常生活节奏的加快。端午节时，一般人还买来菖蒲和雄黄，并让小孩头戴艾虎，取其耆艾之意。

此后，天气渐趋炎热，床上该换草席了，这些草席通常是由绍兴人所织①。其实，太阳光的直接照射不仅晃眼，而且还会

---

① 〔清〕纳兰常安：《受宜堂宦游笔记》卷24《浙江六·宁波府》"席草"条："浙江席之美者，有温席、洋席，然皆不及鄞席之盛行。至炕床席，尤必以鄞席为之。……乡人种席草者，比种禾稻，其利十倍，以故三四月间，青葱遍野，南乡妇女多不理丝麻，以织席为业。当日率以此致富。及今货多利薄，习是业者日就贫困。"（第1209页）《受宜堂宦游笔记》序于乾隆十年（1745年），当时，浙江席草主要出自宁波，但到《太平欢乐图》成书的乾隆四十五年（1780年）前，席草则主要出自绍兴。这或许说明席草的主产地在浙东经历了此衰彼盛的过程。

使室内的温度升高，所以遮光的窗帘必不可少，它是用竹子编成的。

稍晚，梅雨季节接踵而至，出门必须撑把纸伞。同时，闷热的天气让人实在受不了，各类夏令用品纷纷登场。不仅是用的，如折叠扇、油纸扇、鹅毛扇和凉鞋等，还有吃的夏令消暑饮品——酸梅汁，以及西瓜等各种各样的水果。关于夏令水果，《太平欢乐图》中罗列了西瓜、杨梅、樗李和莲藕等诸多名色。

夏天是萤火虫出没的季节，浙江人用绛纱作小笼如灯，里面放一些萤火虫，称为萤灯，供小孩子玩耍。

由于天气炎热，人们可以下水作业，于是就有人下河挖取灰土，据说将这些灰土放在炉中燃烧，可以得到一些银铢（可能是指一种鲜红色的颜料，亦即红色硫化汞），此种营生叫作淘沙。

与此同时，人们在劳作之余，也不忘休闲娱乐、怡情养性，如养金鱼、画眉、鸽子之类。

尽管天气炎热，但平头百姓还是要在烈日下劳作。如浙江造房子用的砖瓦主要来自杭州、嘉兴一带，有人就挑着砖瓦在街上兜售。在街头，还有箍桶的，磨铜镜的，修补锡器的，为人鼓铸铜勺的，卖鸡毛掸的，卖瓷器的，担卖古董的，卖碑帖的……这些市井上的各种营生，都很值得关注。比如说修补锡器的那一幅，文字说明指出："广州锡器最擅名，顷浙江亦能仿照。"明清时期，因海外贸易的繁盛，使得广州在一些方面引领全国的时尚。"广"字在当时是一种精致、时髦的代名词，广州锡器就是一种时尚的日用品。原先，此类锡器只有广州可以制作，但到清代前期，浙江也能仿造了。

在描写市井百姓的劳作之余,《太平欢乐图》也没有忘记读书人的活动。唐代士子参加科举考试,餐具炭火等都需要自己准备,宋代以后,这些东西均由官方提供,但参加考试的士子自己要带些果品、糕点之类的。到清代,人们赶考时需带插蜡烛用的烛墩、用以磨墨写字倒水用的水注,以及用来放糕点果品的竹篮。所以,就有一些商人专门兜售这些东西,其地点就在科举考试之所在——贡院的东西桥一带聚卖,称为赶考市。《太平欢乐图》接着考证说——从唐代开始,举子考试,到了傍晚就给蜡烛,每天晚上给三条蜡烛,后代沿袭这种做法,让举子挑灯夜战。故而每到乡举之年,在考场附近就有人卖考烛,称为三元烛(其寓意当然是连中三元)。浙江士子,乡试考举人时,还有一些风俗,如买青蒿插在帽子上,作为簪花之兆(亦即攀蟾折桂的好兆头),这种青蒿就被称为解元草。这里有一个典故。因为乡试的第一名称为解元,《诗经·小雅》中有一句叫“呦呦鹿鸣,食野之蒿”。蒿,也就是青蒿。《鹿鸣》是《诗经·小雅》的篇名,是贵族的宴会诗,系宴请群臣时嘉宾所用的乐歌。明清时期乡试放榜的第二天设宴,唱《鹿鸣》这种乐歌,通常是以巡抚主持其事,届时,新科举人都要前来参加宴会,称为鹿鸣宴,所以用插青蒿来作为中举的兆头。在乡会试之年,有《题名录》出现,《题名录》也叫《登科录》(亦即中举者的花名册)。当时,乡试揭晓之日,士庶皆聚观榜下,住得比较远的人,就拿市面上印行的《题名录》来传看,如果看到自己认识的人中了举,往往就很高兴地指给别人看,据说那是很光彩的一件事。

　　科举登科,比较文雅的说法是叫蟾宫折桂。《太平欢乐图》

在叙及《登科录》之后，紧接着就画了杭州人在七月初贩卖桂花，"大约皆蚤黄也，更有丹桂、银桂诸种。八月始花，产天竺、月轮山、西溪诸处，步屧过之，香盈岩壑"。这种起承转合相当自然，反映了《太平欢乐图》的各个图幅之间，的确有着内在的一种脉络。

日子很快到了中秋，八月十五，民间以月饼相互馈赠，也是取团圆之义。月饼有各种名色，如桂花饼、枣儿饼和豆沙饼等，间阎互相赠遗，称之节礼。到了秋天，山楂（又称山里果）也登场了。这时，杭州郊外的农民又采摘野菊，将它焙干，卖给人们泡茶喝，称为茶菊[①]。直到现在，杭白菊还相当有名。

到了九九重阳节，要食重阳糕了。很快的，湖蟹、江蟹也上了餐桌。持螯赏菊，这是金秋时节的风俗，于是街上又有了担卖菊花盆景的人。与此差相同时，柿子也上市了。浙江市面的柿子有红、绿两种，来自浙南处州的松阳柿最为珍果。

可能是自重阳迄至年终，没有更多的岁时节俗或时鲜物产可以展示，再加上此时正值秋收之后，农民又开始出外找活，所以接着又穿插着一些没有季节特征的市井营生，如卖豆腐，卖田螺、蛤、蚬的，卖油的，零星卖盐的，提着杂货篮卖杂货的小货

---

① 〔清〕纳兰常安：《受宜堂宦游笔记》卷22《浙江四·杭州府》"城头菊"条亦曰："凤凰山产菊，花不甚大，而蒂紫味甘，取以点茶绝佳。每杪秋霜降，千丛竞发，依谷傍坡，烂如黄锦，惜不令陶彭泽住此山也。又城头一带产菊，名城头菊，其花倍小，点茶更佳，砖甃石罅，根株蔓生，不知从何处得种。花发之际，幽香袭人，冷艳溢目，采以充贡，然不可多得。武林市廛，茶菊货诸他方，虽亦名城头菊，实由乡中分畹列栽，花朵大，香味远逊也。"（第1123页）

郎，嘉善卖陶器的，钉秤的，做木工的，卖蒲团的，卖竹器的，为人修冶钥匙铰链的小炉匠，做鞋修鞋的，卖笤帚的，到建筑工地打工的，弹棉花的，种树的。此时，在杭嘉湖的乡村和市镇中，还有沿门收纱和兜售棉布的。随着市井营生的繁荣，饮食业也相当发达。有走街串巷的熟食担，这些熟食担上的熟食，均由挑担者从固定的熟食作坊中批发而来。

秋冬之际，橘子上市，其中以衢州的橘子最为著名，有绿橘、红橘、狮橘各种，香味俱佳，市贩者称为衢橘[①]。这时候，也正是猎人进山打猎、捕捉鸟兽的最佳时节，浙西的衢州府、严州府地处山区，是打猎的好去处。杭嘉湖地处平原水乡，只有海宁县的山鸡、德清县的黄雀最好，偶尔也会有一种像鹿但又比鹿小的麂，猎人捉到后，卖到市场上去，称为"野味"。

此后又穿插着一些日常营生（如卖菜的、卖梅树盆景的）。接着很快到了腊月，天气冷了要烤火，浙江市面上出现了卖松盆柴的，还有的是将炭捣碎成粉末，用米汤想办法将之糊弄成团，称为欢喜团。到除夕时放在盆子中烧，周围再用柴火围起来，一家老少围坐在炭盆前娱乐，取吉利的意思，称为瑞炭。其时，天气冷了，取暖烤火的工具也上市了，这就是熏笼，也叫

---

① 〔清〕纳兰常安：《受宜堂宦游笔记》卷27《浙江九·衢州府》"衢橘"条："衢橘之种不一，有朱橘、绿橘、狮橘、漆碟红、金扁、抚州，自城中以至乡村僻野，无不遍栽，每杪秋霜降，芳实累垂，碧叶丹姿，弥望数十里，可爱也。诸橘中，狮橘皮厚耐寒，可以致远；朱橘色深，红若丹砂，颗肥大胜诸橘，但质易败。商贩用木桶捆载，售于他处，并远达京师。今衢州比户皆有橘园一区，得利颇厚，然衢田禾甚少，往往恒产所入，不足供赋，而橘利反十倍于农。"（第1349页）

焙笼。

腊月二十四日，是中国人的祭灶时节，灶王爷要上天向玉皇大帝汇报工作，俗称"交年"。民间通常要准备一些黏糊糊甜蜜蜜的食物（如胶牙饧、糯米花糖和豆粉团等），以图粘住灶王爷的嘴巴，让他尽量说好话。因此，此日有沿门卖饧者。到了腊月，新年即将来临，人们用红笺书写前人偶句嘉言贴在门上，称为春联。市场上，也有专门书写春联出售的。

大年三十，也就是除夕之夜，家家户户买五色画纸粘于壁间，其上图案往往是《太平有象》《眉寿福禄》《和合如意》等，总名为《欢乐》。

至此，光绪本《太平欢乐图》中的一百幅悉数落幕。从中可见，光绪本中各个图幅之排列顺序，显然是以一年四季的自然变化为脉络。此种脉络顺序，与乾隆以后出现的不少民俗著作（如《清嘉录》等）颇为类似。据此，我们可以按时序串起一长幅完整的城乡生活画卷。反观学林版《太平欢乐图》，整本书的排列极为混乱，其中的第二幅《除夕欢乐图》，实际上应排在光绪石印本中的最后一幅。这是因为《太平欢乐图》的总体脉络是以季节为序，《除夕欢乐图》被列为第一百幅（亦即最后一幅）显然更为合理。另外，第二十幅《元宵灯市》[①]，本应排在第三幅；第七十四幅《元宵吃圆子》[②]，本应排在第四幅；……这些，除了正常的时序外，光绪本对于一个节俗的介绍前后也相当完整。如果

[①] 〔清〕董棨绘、许志浩编：《太平欢乐图》，第 40 页。
[②] 同上书，第 148 页。

按照学林版的排列顺序，则各个节俗相互分割，如前述元宵节俗中的"灯市"和"吃圆子"，就分别列在全书的不同部分。类似的例子还有很多，在此无须赘言。总之，学林版《太平欢乐图》全书缺乏正常的脉络。我以为，作为画册，该版可能是在辗转流传、摹写以及重新装裱的过程中发生了严重的错乱，因此，关于《太平欢乐图》一书的排列顺序，应以光绪的石印本为标准。

三、《太平欢乐图》创作者的身份

石印本前有光绪十四年（1888年）钱塘吴氏序："图为金鄂岩比部倩方先生兰坻所绘，凡百叶，各附以说，出赵味辛、朱春桥诸公手笔，鲍先生以文题以《太平欢乐》。乾隆五次南巡，进呈御览，蒙恩给缎疋，事载《桐乡县志》。"这是说《太平欢乐图》系由金鄂岩让方兰坻画的，共一百幅，画旁附有说明，这些说明出自赵味辛、朱春桥等人之手，最后由鲍以文将之题为《太平欢乐》。这段翰墨因缘主要涉及三个人：一是画家方兰坻，二是金鄂岩比部，三是鲍先生以文。方兰坻即方薰，根据一般的说法，他是浙江石门人，而在事实上，其人祖籍来自徽州。据余霖纂《梅里备志》：

> 方薰，字兰坻，一字懒儒，号樗庵，石门布衣。先世自

歙迁石门，父槃，工诗画，号白岳山樵，杨谦尝为作家传。薰生而敏慧，十五岁即随父历三吴、两浙，与贤士大夫游，亦以画名于时。后侨寓禾中梅会里。父殁，假馆桐乡，历主程氏及金氏，又主濮院濮珊园家。以累世未葬，积馆谷，卜地于桐乡郭公桥。[①]

"白岳"即徽州的道教名山齐云山，可见方氏祖籍应来自徽州，其人出生书画世家。在乾嘉时代，徽州除了有大批盐、典、木商活跃于东南繁华都会中，还有许多医卜星相画师百工出没其间。这一点，我们只要读一下乾隆时代的《扬州画舫录》等书即可明了[②]。方薰当时活跃在浙江石门一带，在当地，有不少徽商活动。早在明代弘治以前，徽州人就到石门经商。石门县治北的石门镇，自明代以来即是江南油坊业的中心。当地油坊的生产组织（包括管理人员）有"出使朝奉（今之供销员）"、"管作朝奉"（今之车间主任）和老大（经理或经理代理人）等。其中的"朝奉"、"老大"之类的称呼，应当都与徽商有关。与石门毗邻的桐乡，徽州人的活动也相当频繁[③]。光绪《桐乡县志》卷15《人物下》寓贤中，有不少徽州人。所以方薰出自徽州，并不令

---

① 余霖纂：《梅里备志》卷5《流寓》，民国十一年（1922年）阆沧楼刻本，"中国地方志集成"乡镇志专辑第19册，上海书店出版社1992年版，第305页。

② 参见拙著《明清徽商与淮扬社会变迁》，生活·读书·新知三联书店1996年版。

③ 参见拙著《徽州社会文化史探微——新发现的16—20世纪民间档案文书研究》，"社会科学文库·史丛"第9册，上海社会科学院出版社2002年版，第446—456页。

人诧异。

至于金鹗岩，他曾做过刑部主事，所以被雅称为比部。光绪《桐乡县志》记载：

> 金公德舆，字云庄，号鄂岩，县城人，官刑部奉天司主事。……公七岁即能诗，稍长，嗜读书，考求金石图史，收藏名人翰墨，兼工书画。乾隆庚子南巡，献《太平欢乐图》册、宋板《礼记》等书，蒙恩赏给缎疋。后宦游京师，喜结纳当世贤士大夫，率以风雅相高，数年告归，筑桐华馆于邑中，延致四方名流，极谈宴唱酬之乐。凤敦友谊，喜振拔单寒，亲旧以缓急告，施与无吝色，家本素封，坐此中落①。

另据梁章钜的《吉字室书录》引《蒲褐山房诗话》，金氏"以赀官刑部主事"。从以上几点来看，金德舆是位商人，他的刑部主事应是捐纳而来。

与《太平欢乐图》有关的人物还有"鲍先生以文"，他是乾隆时代极负盛名的徽商，叫鲍廷博，以文是他的字，其人号渌饮，徽州歙县人，父思翊因经商赴浙江，最早侨寓杭州，后迁居桐乡县青镇东乡的杨树湾。鲍廷博为歙县诸生，好古博雅，喜购秘籍，为清代前期著名的藏书家，编有《知不足斋丛书》。其人手校书卷尾，多有"红袖添香夜勘书"小印，极富情趣。乾隆朝

---

① 光绪《桐乡县志》卷15《人物下·文苑》，光绪十三年（1887年）刊本，清严辰等纂，"中国方志丛书"华中地方第77号，成文出版社1970年版，第559页。

编修《四库全书》，鲍氏献其家藏古籍善本六百余种，受到乾隆皇帝嘉奖，获赐《古今图书集成》一部。从当地方志以及现存的书画作品来看，鲍廷博与金德舆和方薰二人皆有相当多的交往。而《太平欢乐图》一书，从其选题至确定书名，再到最后献给南巡的乾隆皇帝，三人可谓精诚合作。

在清代，康熙和乾隆都先后多次南巡，沿途文人奉献珍玩古籍图画已成惯例。以康熙皇帝的第五次南巡为例，现保存在汪康年《振绮堂丛书初集》中的《圣祖五幸江南全录》就记载：

> （康熙四十四年三月）十六日，皇上开船过高邮州，……至晚，抵扬州黄金坝泊船。有各盐商匍匐叩接，进献古董、玩器、书画不等候收，扬州举人李炳石进古董、书画不等，上收《苏东坡集》一部。
>
> （四月二十二日）有舒城县监生沈弘祚跪献《万年有道颂》册页。
>
> 二十三日，……江宁县陈进献古董、册页并鹦哥、画眉、八哥各笼架。又有上江各府贡监生童名士人等，赴行宫进献诗赋册页。①

及至乾隆时代，类似的贡献仍屡见不鲜，有的人也因此而纡青拖紫飞黄腾达。远的不说，就以桐乡画家金廷标为例，其人系

---

① 汪康年辑：《振绮堂丛书初集》第一集《圣祖五幸江南全录》，宣统庚戌（1910年）刊本，"近代中国史料丛刊"第546册，文海出版社1970年版，第19、68、69页。

桐乡望族，父亲金宏工泼墨山水，金廷标得其家学，"花草士女，俱入能品，善取影，白描尤工"^①。乾隆丁丑（二十二年，1757年）第二次南巡时，他画了十六阿罗汉册献给皇帝，被招入皇家画院。乾隆每次看过他的画作，都会御题称赏，曾有"七情毕写皆得真，顾陆以后今几人"之褒。廷标去世后，乾隆不仅赋诗纪念，表达惋惜之意，而且还下令将他生前所作悉数装裱，收入著录清代内府所藏历代书画珍品的《石渠宝笈》。金廷标的生平际遇极受世人艳羡，光绪《桐乡县志》卷首就发过这样的感慨，说乾隆皇帝为金廷标的画题诗多达一百六十首，而金氏不过是桐乡这样一个偏隅小县的读书人，只因有一点小小的技艺，备受垂青宠召而荣登云路，供奉内廷绘事，他的画作收入《石渠宝笈》，姓名也列在皇家的御屏之上，真可谓幸运之至！类似于金廷标这样的人，在康乾时代相当不少。因此，金鹗岩将《太平欢乐图》献给乾隆，也是希望"学成文武艺，货与帝王家"，得遂瞻天仰圣之夙愿。

四、乾隆时代的社会风俗

明清时代，"上有天堂，下有苏杭"，这一带人们的生活相对较为富庶，社会经济亦最具活力，是中国社会的黄金地段。《太

---

① 　光绪《桐乡县志》卷15《人物下·方技》，第589页。

平欢乐图》敷展的正是十八世纪江南社会丰富多彩的风俗画卷。

当时，由于城市商业的繁荣，有许多外来务工经商的人聚集在各大都市。"浙江频岁以来，屡逢大有，筑场纳稼之际，有负杵佣春者，比户登登，闻声相庆。《东观汉记》梁鸿于皋伯通家赁春，《汉书》公沙穆为吴祐赁春，力役之事，贤者为之，遂为佳话"[①]。乾隆时代，风调雨顺，年成一直很好，人们有了钱，于是颇多兴作，这时候就有一些人带着工具前来受佣于人，出卖劳动力。这段文字引证《东观汉记》和《汉书》中的记载，说汉代梁鸿、公沙穆那样著名的贤人，都曾经为人赁春。其中，梁鸿是东汉文学家，与妻子孟光隐居于霸陵山中，以耕织为业，后来到吴地，为人佣工春米。每次回家时，妻子孟光为他准备饭菜，都要举案齐眉，以示敬爱。公沙穆东游太学，没有盘缠，就扮作佣工，为吴祐春米。后者与之交谈，对其才学极为感佩，"遂共定交于杵臼之间"——后世遂以交友不嫌贫贱为"杵臼之交"。《太平欢乐图》举梁鸿、公沙穆这两个典故说明，受人雇佣、替人干体力活，并不是什么可耻的事，古代的贤人也干过这样的事情。这一看法颇为难得，而类似的观点在书中尚不止一处。

其实，在清代，许多人对于下层劳动者仍然存在着一定程度的蔑视。《太平欢乐图》中有一张箍桶的图画。关于箍桶，在徽州就流传着一个故事，说婺源当地有一个官宦人家，门上对联写着"一门九进士，六部五尚书"，说这一家族出了九个进士，在中央的六部（吏、户、礼、兵、刑、工）中有五个尚书。后来，

---

① 光绪石印本《太平欢乐图》，第43页下。

在当地务工的一位江西都昌的箍桶匠，觉得这副对联很好，就将它原样抄下，贴在自家门上。有一次，都昌县令路过，见状极为感佩，以为是个官宦大家，就从门口一直拜进去，到了里面，才发现只有几个箍桶，遂极为恼怒，厉声质问箍桶匠，要他交代清楚此联从何而来。后者承认是从婺源县抄来的，并说自己实际上是"一门九桶匠，六桶五只箍"。县令听罢，紧接着刁难他，问他怎么箍，因为桶没有箍是要散的，箍桶匠回答说：有一只瓦桶是没有箍的，总算将这个难题应付过去。这个故事的内涵，是反映徽州婺源与邻近的江西都昌之间的雅俗之分，意思是说徽州为文风鼎盛之地，而江西都昌则是一个文化比较落后的地区，那里的人多以下等的手工艺谋生，如箍桶就是一个典型的例子——这当然反映了读书人对于下层民众（如箍桶匠之类）的蔑视。而光绪本《太平欢乐图》图五十三《箍桶》曰：

> ……今规木为圆，以篾箍之，亦曰桶。箍桶之技，匠之末技也。然可以代耕，人亦习之。《谈薮》云：二程子入蜀，至大慈寺，见箍桶者口吟易数，就揖之，质所疑，酬答如响，此儒而业于匠者也。[1]

作者认为：箍桶是手工匠人最一般的一种技艺，但藉此却可以谋生。理学家程颐、程灏某次入蜀，到大慈寺，就曾向一位箍桶匠请教，其实箍桶匠中也有一些读书人。换言之，与前揭的

---

[1]　光绪石印本《太平欢乐图》，第 27 页上。

赁春一图相同，作者认为：腿脚奔忙的力役之事，贤者亦在所不免，箍桶匠中也有贤人。像二程那样的圣人都没有轻视过劳力者，我们这些人有什么理由歧视那些"民工"呢？有了这条理由，一向高高在上的文人士大夫，才有兴趣采里巷之故事，绘一时之人情，对社会底层的三百六十行作细致的观察，并将他们的形象生动刻画出来。藉此，似乎还可以在全社会形成"正确的舆论导向"——劝导民众无论劳心劳力贱贵穷通，皆当安分守己随缘度日，从而共同构建欣逢盛世喜戴尧天的和谐秩序……

也正因为这一点，使得《太平欢乐图》生动地展示了十八世纪纷繁多姿的城乡生活风貌。除了箍桶匠外，《太平欢乐图》中还有许多市井中的营生，我们不妨再举个例子，如卖油郎。明代话本选辑《今古奇观》第 28 回，有一篇脍炙人口的《卖油郎独占花魁》，写的是名妓从良的故事——一位叫莘瑶琴的女子初入青楼，即抱定了从良之决心，数年的青楼生活，她一直在物色合适的从良对象。最后，卖油郎秦重以异乎寻常的痴心，深获莘瑶琴的芳心，这位花魁娘子终于以身相许。《卖油郎独占花魁》后来在各种说唱中也有出现，如有一种传统鼓词就唱到：

> ……正东来了卖油郎，此人名字叫秦钟，父母双亡离故乡，苏州城内曾贸易，卖油为生度日光，担油正在大街走，猛抬头看见一位女娇娘……①

---

① 原奉天东都石印局版，见陈新主编《中国传统鼓词精汇》下，华艺出版社 2004 年版，第 881—882 页。

鼓词中的情节显然来自小说，而在《今古奇观》中，那位卖油郎秦重不是苏州人，而是临安城（杭州）。他是临安城清波门外一开油店的朱十老过继来的小厮，原是从汴京（开封）逃难而来的，后因油店内的人事纠纷，秦重成了走家串户的卖油郎，人称秦卖油。他所兜售的油，除了贩与住家外，还有的则卖与寺庙。《今古奇观》中卖油郎秦重的生活时代，是以南宋的杭州城为其背景。其实，小说反映的年代应是明代。因此，走街串巷的卖油郎之形象，至迟从明代以来应当是司空见惯的。有鉴于此，《太平欢乐图》中有那么一幅浙江卖油郎的图画，他挑着菜油、麻油、豆油三种食用油，在街衢巷陌间向市民兜售，应是颇为典型的形象。

自明代中叶以来，由于生存竞争的日趋激烈，分工协作愈来愈精细、严密。在江浙地区，某种职业与人群紧密相联，成为一种新的现象。当代的不少职业，至少已延续了数百年。如路边刻图章、弹棉花的，在《太平欢乐图》中都有反映。以刻图章为例，据说中国最早的图章通常皆以铜铸，及至元代，才开始以花乳石刻之。从《太平欢乐图》中可以看出，清代前期浙江人在路边摆摊刻图章，应已蔚然成风。这样的图景，即使是在当代中国的许多地方还可以看到，只是刻章人的服饰有所改易而已。

对于杭嘉湖一带的日用饮食往来酬酢，《太平欢乐图》也多所描摹。尤其值得关注的是，《卖糖粥》一图显示，每过中午，街上就有人卖糖粥，供那些不能在家就餐的人们吃饱——这相当于现代都市中为满足务工经商者的快餐盒饭，从一个侧面反映了清代前期城市流动人口数量的巨大。

在日常的家居生活中，蔬菜是人们日用佐餐之必备。以西湖莼菜为例：

> 案：《萧山县志》谓莼出湘湖，味胜他产。其实湘湖无莼，皆从西湖采去，浸湘湖中，一宿乃愈肥耳，非产自湘湖也。阅《耕余录》曰：莼菜生松江华亭谷，武林西湖亦有之，其味之美，香粹滑柔，略如鱼髓蟹脂，而轻芬远胜……[1]

湘湖是浙江省萧山一带的湖泊，《萧山县志》中说：湘湖是出产莼菜的，味道比其他地方的莼菜要好。但《太平欢乐图》的解说则指出，其实湘湖的莼菜，都是从杭州西湖采来的，然后泡在湘湖里，过了一个晚上，就变得更肥美了，并且被人当作是湘湖所产的莼菜。这个记载耐人寻味。南宋著名诗人陆游曾写过数十首描写莼菜的诗作，其中有"携友共采湘湖莼"的诗句，明人袁宏道亦以湘湖莼菜比之荔枝，"足知其味之珍美"[2]。直到现在，萧山市还建有萧山湘湖莼菜厂。可见，湘湖莼菜可谓源远流长。揆诸实际，莼菜是江南各地较为常见的一种植物，深绿色的叶子呈椭圆形，生长在清水中，通常是浮于水面，嫩茎和叶背有胶状透明物质，所以上述的说明称，它的味道很鲜美，"香粹滑柔"，口感有点像鱼髓和蟹脂那样。春夏季节，人们往往采摘嫩叶作为

---

① 光绪石印本《太平欢乐图》，第 8 页下。
② 〔清〕纳兰常安：《受宜堂宦游笔记》卷 25《浙江七·绍兴府》"湘湖"条，第 1234 页。

蔬菜。莼菜不仅口感较好，而且它还是一种让人生发出某种情感的蔬菜。《晋书·张翰传》曰："翰因见秋风起，乃思吴中菰菜、莼羹、鲈鱼脍，曰：'人生贵得适志，何能羁宦数千里以要名爵乎？'遂命驾而归。"从张翰的"莼鲈之思"看出，早在西晋，莼菜羹就已相当有名，它与江南水乡的意象（或是记忆）已紧密地联系在一起了。

除了蔬菜外，杭嘉湖地处江南水乡，蚌壳类的水产品、螃蟹等别具风味，自然成了人们的至爱：

> 案：《嘉善县志》：分湖中产紫螯蟹，殊美。《湖州府志》：蟹出曹溪者佳。《咸淳临安志》：西湖多葑田，产蟹。《蟹略》云：西湖蟹称为第一。今湖蟹难得，卖者率江蟹耳，有产于溪河间者，居民作簖采之，谓之簖蟹。菊黄时，煮食尤美。[1]

这里首先是引证了嘉兴、湖州和杭州三地的方志，说明这一带产蟹的概况。所谓葑田也称"架田"，是在沼泽中用木桩做成架子，四周及底部用泥土和水生植物封实，形成一个飘浮在水面上的农田。也就是说，当时人们用这种飘浮在水面上的农田养殖螃蟹。所谓的簖，是指插在河流中拦捕鱼蟹的栅栏，这种栅栏由芦苇或竹子做成。上述这段话指出：西湖蟹最好，但湖蟹难得，市面上所卖的都是江蟹而已。

秋风渐起，黄叶飞舞，菊黄蟹肥，人们持螯赏菊，此为一大

---

① 光绪石印本《太平欢乐图》，第35页下。学林本说明文字与此不同，煮食尤美，后者作"煮团脐，析姜食之，风味不减于湖蟹"。（第115页）

乐事。世人将金秋时节的吃蟹、饮酒、赏菊、赋诗，视作岁时节俗中的一段闲情逸致。

在人们的日常餐桌上，鱼类自然更少不了。浙江省境内河流众多，湖泊星罗棋布，东面又靠海，所以鱼类并不缺乏。《太平欢乐图》指出：近时（应当是指清初以来），市面上所卖的鱼大多是鲢鱼，据说鲢鱼的鱼种出自江西九江。这些鱼苗买来时细如发丝，将之养在池里，用草饲养，就会逐渐长大。该段文字说明揭示了一个相当重要的信息——那就是鱼的人工饲养及其商品化倾向。乾隆年间歙县盐商方西畴在回徽州故乡时，写有一批《新安竹枝词》，其中有一首这样写道：

> 大通江口买鱼花，昼夜星驰早到家，
>
> 青鲩白鲢须拣择，朝朝割草饲糟渣。

这首诗的意思是说：从安徽铜陵县长江东岸的大通镇江口，买了鱼花（亦即鱼苗），昼夜兼程赶回家中，因为怕鱼苗死亡。青鲩（草鱼）、白鲢应该挑选一下，每天都要割草，喂它糟渣。之所以如此，诗诗原注曰："鱼苗买自大通，饲以糟渣，始不作土气。"[1] 对此，徽州绩溪人胡适先生指出："徽州是山地，很少鱼虾的。家里有喜事，要早一二年去买鱼种来放在池塘养大备用的。"[2] 《太平欢乐图》和《新安竹枝词》的记载说明，清代乾隆

---

① 转引自张海鹏等主编《明清徽商资料选编》，黄山书社 1985 年版，第 22 页。
② 见胡颂平所编《胡适之先生晚年谈话录》1961 年 3 月 30 日条，中国友谊出版公司 1993 年版，第 138 页。

时代，食用鱼的人工饲养已极为盛行，人们从长江中捕捉鱼苗，然后运回本地饲养，或出售，或自用。可见，鱼苗的经营有着很高的商品化程度，这一点无论是在江南的杭嘉湖还是皖南的徽州都是一样的，不同的只是——杭嘉湖地区是到九江去买鱼苗，而徽州则到大通一带采购。

除了粗茶淡羹的日常饮食外，人们对于野味亦情有独钟："浙江当秋冬之交，猎人入山捕取鸟兽鹿豕之类，惟衢、严诸山郡有之。杭、嘉、湖多沮洳薮泽，所产惟海宁之山鸡、德清之黄雀为最佳，间有似鹿而小者谓之麂，猎人得之鬻于市，名曰野味。"[1]中国人素有"家花不如野花香"的心理，吃惯了山珍海味的人们，往往希望别出心裁。在作者笔下，野味主要来自浙西的衢州、严州山区以及海宁茗山、湖州德清等地。除了山鸡、黄雀、麂子之类，也有人喜吃果子狸，这在美国马萨诸塞州赛伦市（Salem）的碧波地·益石博物馆（Peabody Essex Museum）所藏的十九世纪中国市井风情画中有所刻画[2]。

鱼肉类蛋白质之外，水果也是人们日常生活所不可或缺，《太平欢乐图》中有不少四时鲜果，如夏天的西瓜、杨梅和桑椹。有些水果还制成各种果酱，并调成夏令饮品。如夏天卖的酸梅汁，就是由梅酱调制而成。

盛清时代，杭嘉湖一带是中国最为富庶的地区，人们非

---

[1] 光绪石印本《太平欢乐图》，页47上。学林版说明文字与此稍有不同，海宁作"海昌茗山"。（第143页）

[2] 美国皮博迪艾塞克斯博物馆藏画《十九世纪中国市井风情——三百六十行》，黄时鉴、[美]沙进编著，上海古籍出版社1999年版，第221页。

常注重家居装饰，在住宅中，盆景的运用极为普遍。如将万年青这样的瑞草（也有的是用兰花、灵芝、菊花、桂花、梅花等），或置诸庭院，或栽于小盆，人们买来放置在几案间以供雅玩，营造出一种水边篱下的情调。适应这种家居装饰及休闲娱乐的需求，有人对花卉采用了类似于温室栽培的技术。譬如，杭州府的余杭县、富阳县都是盛产兰花之处，每年腊月，就有人挑着瓯兰花来卖。其栽培方法是将兰花中花蕊繁盛者，携置烟霞岭之水乐洞中。其时，虽然洞外是冰天冻地，寒冷异常，但洞内却气暖如春，所以过不了几天，兰花就绽然盛开了。这种将兰花置于山洞中的做法，与温室栽培的技术颇相类似。而在清代，对盆景的观赏是全国性的闲情逸趣。扬州盐商就有以摆放许多盆景夸奢斗富的例子，这在《扬州画舫录》中有生动的描述①。而在南通②、苏州③、福州④和南

---

① 〔清〕李斗：《扬州画舫录》卷6《城北录》："扬州盐务，竞尚奢丽，一昏〔婚〕嫁丧葬，堂室饮食，衣服舆马，动辄费数十万。……或好兰，自门以至于内室，置兰殆遍。"（"清代史料笔记"本，中华书局1960年版，第148—150页）

② 〔清〕李琪：《崇川竹枝词一百首》："绮石黄磁小阁深，安排蒲草又茸针。炉香初烬帘初卷，重理王郎一曲琴。"诗注曰："郡多花匠，善治盆玩。……"（王利器、王慎之、王子今辑：《历代竹枝词》丁编，陕西人民出版社2003年版，第2081页）

③ 〔清〕宗信：《续苏州竹枝词》："书卷棋枰与酒樽，荡摇小艇出阊门。山塘避暑归来晚，茉莉珠兰买成盆。"（《历代竹枝词》辛编，第3937页）〔清〕艾衲居士《竹枝词》："曲曲栏干矮矮窗，折枝盆景绕回廊。巧排几块宣州石，便说天然那啈生。"（《历代竹枝词》丁编，第2090页）〔清〕尤维熊《虎邱新竹枝词八首》："花市人家学种兰，春兰未发蜡梅残。试灯风里唐花早，烘出一丛红牡丹。"（《历代竹枝词》丙编，第1490页）

④ 与《太平欢乐图》差相同时的《福州竹枝词》，作者查奕照为浙江嘉善人，曾有"榕枝小树瓦盆栽，当作奇峰列肆开"之诗。（《历代竹枝词》丙编，第1449页）

昌① 等地，人们也以妆点盆景作为时尚。除此之外，杭嘉湖市民还饲养金鱼以及各种鸟类，并在春天时外出放风筝，这些，也都成了普通民众颐养身心的生活方式。

节日是烘托民众生活气氛的重要契机，《太平欢乐图》中自然少不了有关佳节庆会的画面，如祭灶、写春联、除夕烧瑞炭、元宵灯市、端午节习俗等，均一一摹写。庭燎绕空，羽觞醉月，士女倾城，金吾不禁。值此春花秋月好景良宵，人们以各种特别的饮食点缀佳趣，如祭灶吃麦芽糖，元宵吃圆子，端午节吃粽子，八月中秋吃月饼，重阳节吃栗糕，等等，都让人睹物兴怀。除了节日食物外，还有一些是小孩的玩具。如《捏泥人》：

> 西湖每当春桃秋菊之时，游人接踵，有售泥孩者，买之以娱童稚。《西湖志》曰：嬉游湖上者，买泥孩、花湖船等物回家，分送邻里，谓之湖上土宜。张遂辰《春游词》曰："柳阴舟子笑相呼，手抱泥孩出酒炉。"形容如绘②。

此类的朝欢暮乐，实际上不只局限在杭州西湖，在东南的许多城市中，也都有类似的场景。乾隆时代，在扬州西郊的蜀冈一带（蜀冈也是春秋郊游的好场所），当地没有固定的商店，只用布帐竹棚搭起销售点，白天营业，傍晚收摊，所卖的都是小孩的

---

① 〔清〕熊荣：《南州竹枝词》："华堂新障揭三星，折取梅花置胆瓶。争向街头买柏叶，春光爱得是常青。"诗注："除日，乡村人拗柏枝沿街唤卖。人家竞市，同蜡梅插瓶中，以当雅玩，而新年光景在目矣。"（《历代竹枝词》丙编，第 1352 页）

② 光绪石印本《太平欢乐图》，第 5 页上。

玩具。如雕绘的土偶，有不少是扬州春台班新戏中的角色，如打花鼓之类。还有苏州人用五颜六色面粉捏造人形象，称为捏像。捏像的人不仅手上一刻不停，而且嘴里还吹着竹箫，称为"山叫子"。也有的是用铜做成的哨子，放在舌尖上歌唱各种小曲[1]。看来，《太平欢乐图》中的吹箫卖饧和捏泥人，实际上就是扬州的"山叫子"。除此之外，在杭嘉湖地区，夏天还有装着萤火虫的萤灯，也是买来供小孩玩耍的。

杭嘉湖一带是中国文风最为兴盛的地区之一，《太平欢乐图》中有不少反映科举考试及民风士习的图幅，如赶考市、三元场烛、插解元草和题名录等。与科举的兴盛相关，江浙一带读书、藏书之风相当浓厚，故而各类书商均异常活跃。《太平欢乐图》中湖州乌程、归安县的书商，不仅在各地开店，而且还背着书包到处兜售。其实，在清代，湖州的书船也相当有名。清同治《湖州府志》就曾提及：湖州的一些书船，"南至钱塘，东抵松江，北达京口"，奔走于士大夫之门，搜访奇书。此种情形，早在乾隆中叶就已相当有名。江南的一些藏书家如鲍廷博（也就是将这个图册命名为《太平欢乐图》的那位徽商），便与书商过从甚密。这批湖州书贾船只，不仅在江南各地极为活跃，而且还将大批的图书销往日本和朝鲜，促进了中外文化的交流[2]。

《太平欢乐图》还留心注目于与科举相关的文房用具，如湖

---

[1]　〔清〕李斗：《扬州画舫录》卷16《蜀冈录》，中华书局，第371页。
[2]　参见拙文《朝鲜燕行使者所见十八世纪之盛清社会——以李德懋的〈入燕记〉为例》，载尹忠男编《哈佛燕京图书馆所藏朝鲜资料研究》，韩国景仁文化社2004年版。

笔和徽墨。以徽墨为例，学林版中有"新安墨"一幅 ①，画面中一位头戴暖帽面朝左看的清人，左手拎一包袱，右手捧着一盒徽墨，其注曰："徽州之新安墨盛行于浙，凡携箧走书塾觅售者，新安墨也。"这是有关徽州墨商的一条珍贵史料。据南宋陆游的《老学庵笔记》记载，早在绍兴年间，新安墨工戴彦衡就主张制墨要用黄山松 ②。从南宋到明代，戴彦衡墨店都相当著名。及至万历年间，徽州一府六县的墨业愈益兴盛。徽州人"例工制墨"，当地人"家传户习" ③。而到了清代，徽墨更是闻名遐迩。据周珏良先生的概括：当时，墨商的出身地主要是徽州府的歙县、休宁、绩溪和婺源诸县。清代的贡墨由歙县包办，文人自制墨也大多由歙县墨家代造，当地的徽墨具有质地上好、隽雅大方和装潢精美的特点；休宁墨的特点是华丽精致，雅俗共赏，特别迎合附庸风雅的富商大贾之口味；而婺源墨则大部分比较粗糙，主要是面向普通民众。对此，著名的古建筑学家陈从周先生有一篇回忆"旧式商贩"的短文这样写道：

> 少时曾见肩贩商，有安徽徽州属之笔墨商，浙江绍属之兰花商，青田之青田石（刻图章石）商，皆徒步千里，沿途成交者。徽之笔墨商，肩落货物，沿新安江入浙至浙江九县。又有经绩溪、宁国入长兴、吴兴至浙者。至一地暂住，

---

① 〔清〕董棨绘、许志浩编：《太平欢乐图》第 43 图，第 86 页。
② 〔宋〕陆游：《老学庵笔记》卷 5，"唐宋史料笔记丛刊"，中华书局 1997 年版，第 61 页。
③ 〔明〕沈德符：《万历野获编》卷 26《玩具·新安制墨》，"元明史料笔记丛刊"，中华书局 1997 年版，第 660—661 页。

藏笔墨于蓝布袋中，此袋前后置物搭于肩上，沿途叫卖，早年乡居于学塾门首，每从此购笔墨。货售毕再进当地之货物，步行返歙。①

陈氏为浙江杭州人，生于1918年。而从学林版《太平欢乐图》中可见，那位"携篋走书塾觅售"的墨商，左手拎的正是一个蓝布袋。由此可见，自十八世纪的乾隆时代一直到二十世纪的民国初年，在浙西一带走街串巷的徽州墨商可谓络绎不绝，"新安墨盛行于浙"，百余年间均未曾改观。而陈先生在上文中提及的绍兴兰花商人、青田的青田石商人，在《太平欢乐图》中也有描述。

读书风气的浓厚，也使得江浙一带近视的人数颇为可观，眼镜遂成了读书人的一种日常必备。《太平欢乐图》曰："今村镇间有提筐售卖荷包、眼镜并牦梳、牙刷、剔齿签之类，琐细俱备，号杂货篮。"② 走村串户的小贩手中提着小筐，里面放着荷包、眼镜、头梳、牙刷和牙签等。这种提在手上的杂货篮，说明从明代传入中国的眼镜已非常普及，价格也相当便宜。

说到眼镜，乾隆三十一年（1766年），杭州人严诚、陆飞和潘庭筠三人前往京师参加会试，住在北京南城的天升旅店，偶过琉璃厂书肆，邂逅朝鲜燕行使团中的一个随员。后者见严诚所戴的眼镜，便藉机搭讪，表示自己非常喜欢，严诚随以相赠。以此为机缘，严诚、陆飞和潘庭筠三人与朝鲜著名学者洪大容以及其他的朝鲜燕行使者，结下了深厚的友谊。对此，洪大容的《杭传

---

① 《梓室余墨》卷1，生活·读书·新知三联书店1999年版，第59页。
② 光绪石印本《太平欢乐图》，第39页上。

《尺牍·乾净同笔谈》中，对此有相当详尽的描述：

> 二月一日，禅将李基成为买远视镜，往琉璃厂，遇二人容貌端丽，有文人气，而皆戴眼镜，盖亦病于近视者，乃请曰：我有亲识求眼镜，而市上难得真品，足下所戴甚合病眼，幸卖与我，足下则或有副件，虽求之亦当不难矣。其一人解而与之，曰：求于君者，想是与我同病者也，吾何爱一镜，何用言卖？乃拂衣而去。基成悔其轻发，不可公然取人物，乃以镜追还之，曰：前言戏耳，初无求之者，无用之物，不可受也。两人皆不悦，曰：此微物耳，且同病有相怜之义，何君之琐琐如是！基成惭不敢复言，略问其来历，则以为浙江举人为赴试来，方僦居正阳门外乾净同云[1]。

十八世纪的"远视镜"，亦即现代的近视眼镜。在严诚等人眼中，眼镜是"微物"，这或许可以从一个侧面印证——在江南，眼镜应是杂货篮中所卖的地摊货。

除了科举文化外，《太平欢乐图》中还有不少反映农村生活的画面，从中可见农民的辛勤劳作。如《卖蓑衣笠帽》描摹布谷既鸣，负蓑戴笠者奔走阡陌，开始了田间的耕耘劳碌。而田间耕作需要肥料，农民便从市场上买来菜饼和豆饼壅田。根据明清史学者的研究，豆饼作为肥料出现在《农书》上，始于明代中叶。及至清乾嘉时期，豆饼用作肥料开始普及，尤其是在长江下游地

---

① ［韩］洪大容：《湛轩书外集》卷2，见"韩国历代文集丛书"第2602册，《湛轩先生文集》，韩国景仁文化社1996年版，第120—121页。

区，农家将其作为肥料广泛利用[①]。而作为商品肥料的豆饼之大量使用，大大提高了劳动生产率，这应当反映了当时较高的农业商品化程度。其实，在江南农业生产的诸多环节中，商品化的现象随处可见。譬如，在农耕播种阶段，有人专门培育禾苗嘉种，卖给农民用于插秧。除了农耕外，在江南男耕女织的家庭结构中，织布也是重要的生产活动。在养蚕织布的过程中，同样存在着买卖桑叶、蚕茧、良丝、纱线等诸多市场化的现象。此外，家禽的饲养，亦存在着商品化的倾向。在宁、绍等地，有不少孵化家禽的餔坊。"餔"通煦，意思是温暖。具体做法是"置温火于密室，用竹筐贮鸡卵，藉火上以被覆之，十八日剖而成鸡。其餔鸡之室名餔坊，村人俱向餔坊贩卖"[②]。餔坊，在差相同时的满人纳兰常安之《宦游笔记》中，亦被称为"哺坊"[③]。诸如此类，在《太平欢乐图》中均有生动的展现。

五、繁华背后的众生相

金德舆在《呈〈太平欢乐图〉原奏》中指出："观民之欢乐，

---

① 〔日〕足立启二：《豆饼流通与清代的商业性农业》，载《日本中青年学者论中国史》，上海古籍出版社1995年版，第456—492页。

② 光绪石印本《太平欢乐图》，第10页下。学林版说明文字，餔字作"蓝"。

③ 〔清〕纳兰常安：《受宜堂宦游笔记》卷26《浙江八·绍兴府》"哺坊"条："……自淮以南，有所谓哺坊者。……今萧山、会稽诸邑，亦多哺坊。"（第1269页）

足以知时之太平；观时之太平，足以知民之欢乐也。"① 他说自己看到当时风调雨顺国泰民安、社会欣欣向荣的景象，故而请人画了《太平欢乐图》进呈给皇帝。而从《太平欢乐图》中的一百幅图画中，人们可以深刻感受到乾隆时代杭嘉湖地区民众的日常生活气息。

《太平欢乐图》之后，描摹市井百态的图书尚有不少，这在海外的一些汉学机构（如美国的哈佛燕京图书馆、日本的东京大学东洋文化研究所等）颇有保存。1999 年 12 月，上海古籍出版社出版了由黄时鉴教授和美国人沙进共同编著的《十九世纪中国市井风情——三百六十行》，画册收录了美国碧波地·益石博物馆收藏的十九世纪三十年代的中国外销画，描绘的是广州的市井生活。所谓外销画，也称中国贸易画或洋画，是由中国画师绘制而专供输出国外市场（通常是销往欧美）。与这些相比，《太平欢乐图》中的一百幅反映出的都是在统治者眼中从事正当职业的百姓之安居乐业。而在中国外销画中出现的如演法（走江湖）、卖假药、贩私盐、打卦算命、睇风水、和尚募化、盲乞儿、唱卦知、发疯妹、凤阳乞丐等社会边缘人群，以及一些看上去上不得台面的职业，如换屎精、倒尿娘、赌尿佬、卖老鼠药和设鬼（做法事）等，则绝不见于《太平欢乐图》，从这一点上看，难怪《太平欢乐图》会让虚荣的乾隆皇帝龙颜大悦。

不过，尽管《太平欢乐图》不无粉饰太平的成分，但从中也可在很大程度上窥见十八世纪民间的日常生活实态。换言之，《太平欢乐图》犹如一面时代的镜子，映鉴出乾隆盛世江南芸芸众生的红尘凡世。

---

① 光绪石印本《太平欢乐图》，第 1 页上。

千里之行：明清徽商与商编路程图记

所谓商编路程，也就是商人所编的旅行和商务指南。标题前面的四个字，当然是源自"千里之行，始于足下"这八个字。因为任何人无论要走多远，都要有一个起点，都要从自己脚下这个地方走起，所以，这里就用"千里之行"这四个字，作为商编路程的代称。

以下，首先就谈一下作为旅行指南的路程书之由来，以及路程书的不同类型。

一、"路程"的由来及其类型

所谓路程，是指人们外出经商或旅行时，作为交通和商务指南的书籍。最简单的路程，上面记载从一个地方到另外一个地方，两者之间的距离是几里，所以路程最早也叫"里程"。

元代李有所写的《古杭杂记》就记载，早在南宋时期，当时的都城临安（今浙江杭州），就有印刷出版的《朝京里程图》：

> 驿路有白塔桥，印卖《朝京里程图》，士大夫往临安，必买以披阅。有人题于壁曰："白塔桥边卖地经，长亭短驿甚分明。如何只说临安路，不数中原有几程。"①

"驿路"也就是古代的主要交通道路，因为在沿途官方都设有驿站，所以称为驿路。上述这段话的意思是说：有关道路或路程方面的详细情况，在杭州一个叫白塔桥的地方，有《朝京里程图》这样的印刷品出售。当时，各地士大夫前来杭州，都一定要买这种《朝京里程图》来翻看。

从《朝京里程图》的书名来看，其内容应当是记载南宋境内各地前往杭州的里程。因为标题中不仅有"里程"，而且还有"图"，所以应当是既有文字记录，又有地图，是图文并茂的一种出版物，亦即所谓的"路程图记"。另外，由于记录的是官方规定的驿路，所以在各条道路上，沿途都设有供人休息、提供补给的亭子或驿站，故而上面所引的诗歌中提到"长亭短驿甚分明"，也就是说书中记录的路亭和驿站之分布情况都相当清楚。

由于南宋是偏安政权，当时，中国北部的大部分领土被金朝

---

① 〔元〕李有：《古杭杂记》，见王国平总主编《杭州文献集成》第1册《武林掌故丛编》1，杭州出版社2014年版，第129页。引者按：《古杭杂记》此条历来存在不同版本，各版文字方面略有差异，如"驿"一作"堠"，"数"一作"说"或"较"。

所占领。一些文人士大夫一直希望能收复北方失地，所以对于南宋政权之偏安心态相当不满。"如何只说临安路，不数中原有几程。"这两句的意思是说，现在的《朝京里程图》上，反映的是各地到南宋首都临安的路程。这里的"京"，也就是首都，是指南宋的临安，而不是北宋的开封。金朝将北宋灭亡，俘虏了宋徽宗和宋钦宗两个皇帝，占领了中原，这是大宋王朝的国耻。本来大家应当想方设法北伐收复失地，但现在连《朝京里程图》这样的出版物上，都只记录南方各地到杭州的路程，而没有记录前往开封的里程，这说明当权者根本没有收复失地的愿望——这当然是批评时政的两句诗。

从李有《古杭杂记》的记载来看，早在南宋时期，路程图就已出现。当时的路程图是以京师临安为中心，这种路程图，应当主要是供各地文人、士大夫进京赶考或公干使用的。

此类以京师为中心编纂的路程图，在后代也一直有人在编纂。例如，清代乾隆年间，李文藻所写的《琉璃厂书肆记》就指出：北京琉璃厂有个书店叫宝名堂，店老板姓周，他就"专卖仕籍及律例、路程记"。李文藻是清代山东的一位著名藏书家，他所写的这篇《琉璃厂书肆记》非常有名，被公认为是研究清代北京文物掌故的一篇文章。文中就提到，宝名堂书店，专卖科举仕宦、法律方面以及路程记这样的书籍。其中，路程记也就是路程，一般来说，没有包括地图的叫"路程"或"路程记"，而包括地图的旅行指南，则叫"路程图"或"路程图记"。

在清代的北京琉璃厂，除了销售路程图记之外，还有专门的书店刻印这种路程。例如，有一部专门描述北京旅行指南的《都门纪略》，其中的第四集就是《新增路程辑要》。据说，该书"板存琉璃厂东门内路北宝文斋书画处随时修补"，这段文字说明，反映了琉璃厂一个叫宝文斋的书店曾刊印作为旅行指南的路程书。《都门纪略》这部书，是清代道光二十五年（1845年）由北京通州人杨静亭所编写、出版，该书后来在同治、光绪年间屡次增补、刊行，其中的京师至各省路程（也就是《新增路程辑要》）是孙梅溪所编纂，后来在同治年间被一位徽州祁门人增补到《都门纪略》一书中，而得以刊行出版①。

当然，有的路程图记不直接叫"路程"，而是取其他的名称。例如，清代有个叫赖盛远的人，就编有《示我周行》一书，它的主要内容，根据书中的记载是"由各省至京师，系众星拱北辰之意。"从这样的描述来看，《示我周行》一书，主要是记录全国各省到北京的路程，之所以这样编排，大概是因为孔子说过——"为政以德，譬如北辰居其所而众星拱之。"这是说，统治者应当以道德作为治理国家的标准，此种做法，就像天上的北极星是在它固定的位置上，其他的星星则环绕着北极星。与此相对应，北京是皇帝所居的地方，皇帝必须以德治国，所以他所待的地方，就像是天上的北斗一样，其他的各省省会则像是众星，众星也都围绕着北斗。所以，《示我周行》这部书，就以北京为中心记录了各省到北京的路程。

赖盛远的这本路程书叫《示我周行》，比较文雅，它出版于

---

① 关于《都门纪略》一书的具体研究，可参见辛德勇：《关于〈都门纪略〉早期版本的一些问题》，载《中国典籍与文化》2004年第4期。

乾隆三十九年（1774年），书名的典故出自《诗经·小雅·鹿鸣》。《鹿鸣》一诗以鹿鸣起兴，盛赞宴会上礼仪隆盛，气氛和谐。其中就有一句叫"人之好我，示我周行"，意思是人们友善地对待我，他们为我指示大道，我也乐于遵照他们的指引。"周行"的大概意思，一般认为也就是大路、大道的含义。通常，人们都说赖盛远的这部书叫《示我周行》，不过，也有的一些资料显示，它的正式名称同时也叫《天下路程》——这可能是因为此类路程书是供大众使用的，"示我周行"的名称过于典雅，所以还是不如"天下路程"这样的表述更加直白，一般人一看就懂。

这种"朝京里程图"式的天下路程，除了记录从各地前往北京的路程外，还有由京师出发前往各省反向的路程记。例如，16世纪前中期的明代嘉靖年间，由绍兴府山阴县人张天复编撰、张元忭增补的《广皇舆考》之卷19《皇华考上》，就列举了从北京出发的路程，一共14条，包括前往南京和全国其他十三布政使司所在地的路程，既有水路，又有陆路。

作者张天复和张元忭是父子二人，这两个人是明末著名散文家张岱的祖先，他们都是当时比较知名的官员。我们知道，张岱是明末清初人，有一部著名的笔记叫《陶庵梦忆》，这部书是在明朝灭亡之后所写的，主要是回忆晚明江南的社会生活，并藉以抒发故国之思的一部著作，颇为优美、生动。张天复、张元忭是浙江山阴人，也就是现在的绍兴，在明代，绍兴与徽州一样，也都是高移民输出的地方，大批的绍兴人外出，到中央六部和各地的地方衙门里充当胥吏，与此同时，还有不少人到全国各地贩卖南货食品，尤其是兜售绍兴酒。到清代以后，人们归纳绍兴人外出的这种状况，叫"无绍不成衙"，也就是各地的衙门中总有绍兴人在充当胥吏和师爷（亦即著名的"绍兴师爷"），这些绍兴胥吏和师爷，共同构成了中国政治体制中隐性的权力网络。而由于绍兴人到各地充当胥吏以及贩卖南货，所以绍兴人与徽州人一样，流动性相当之大，因此，他们很早就迫切需要编纂各种路程。《皇华考》虽然是一种官书，但也有可能与此种背景有关。

张天复、张元忭二人编纂的《皇华考》，记录了从北京到全国各地的路程。除了《皇华考》之外，当时民间书坊刊刻的不少日用类书中，也有一些这种类型的路程。如晚明以来大量出版的万宝全书中，就有不少相关的路程。万宝全书是晚明以来民众日常生活的百科全书，其中记录了上至天文下至地理，以及一般人衣食住行、休闲娱乐诸多方面的知识，内容相当丰富。其中，就有指导人们出行的旅行指南，也就是路程。

上述的这些路程，都与自南宋以来在杭州出版的《朝京里程图》那样的路程图记相似，也就是以首都为中心编纂的路程，这些路程，当然主要是为了便于人们进京赶考，到京城办理公务，提供必要的指南。其中记录的道路，基本上都是官方驿站系统经过的路程。

除了《朝京里程图》这样的路程图记之外，明代中叶以后，随着商品经济的发展，商编路程大批出现，尤其是徽商和山西商人所编纂的路程图记①，现在保留下来的还相当之多。换句话说，

---

① 迄至目前，有关山西商人所编的路程书之最新研究成果，为何慕辑校《清代民国时期山西商人路程书整理辑校》一书（河北大学出版社 2023 年版）。

从明代中叶以后，商编路程图就与前述"朝京里程图"式的路程，成为路程书的两种类型而并行于世。

商编路程是商人根据个人经商的需要而编写的，所以，相比起《朝京里程图》式的路程图记，一般来说显得更为随意。有鉴于此，万历二十九年（1601年），张元忭的儿子张汝霖，就在为《广皇舆考》一书撰写的"凡例"中写道："世本刻有路程，然类多贾客私纪，殊少次第，揽［览？］者病焉。"① 这段话的意思是说，现在市面上流行的有关路程的书，大多是商人私下所编，其编写没有一定的体例，这让读者相当头疼。张汝霖是位高高在上的官僚，他自然看不上当时市面上通行的那些商编路程。

因为前面所提到的《朝京里程图》那样的路程也被称为"地经"，所以李有《古杭杂记》中所说的南宋《朝天里程图》中就有"白塔桥边卖地经，长亭短驿甚分明"的说法，也就用"地经"这个词来指代此类的路程图记。另外，这也说明《朝京里程图》在编纂过程中，很大程度上利用了地方志等官方编纂的档案史料，因为"地经"本来就是方志的一种代称。而商编路程则是根据商人经商的具体需要加以编写，所以与《朝京里程图》式的"地经"当然有所不同。

那么，商编路程究竟是如何编写出来的呢？

因为经商往往是到另外一个新的地方去开拓事业，各地的习惯不同，在另外一个地方经商，就必须要入乡随俗。所以首先要

---

① 明末刻本，见《四库禁毁书丛刊》史部第17册，北京出版社1997年版，第6页。

将自己走过的路程详细地记录下来，以便下次再去的时候不至于因忘记而迷路，或多走冤枉路。其次，商业经营中有许多环节，各种各样的经历都需要记录下来，作为下次外出经商时的备忘录。而且，传统的商业活动往往是父子相承、子孙世业，因此，也需要将这些经验详细地记录下来，传授给后人或自己今后使用。对于商人家庭或家族而言，这些商业文书作为重要的经商知识或经验世代相承，从而培养出一代又一代的商人。这两点，应当是这些商编路程出现的背景。

前面曾经提到，作为一种旅行指南，最简单的一种路程，就是从甲处到乙处中间的距离是几里。人们可以根据这样的记载，具体掌握旅行的时间。当然，单单是距离的记载还不够，因为旅行过程中，还有各种各样的注意事项，如什么地方有危险，什么地方应当注意些什么事情，都需要在各个地点中注明。清人徐宗幹到福建去做官，他在所撰的《黯淡滩记》中就写道："舟中读路程记，距延平九里之黯淡滩，下水尤险。"① 黯淡滩在福建南平（亦即文中的"延平"）附近，这里是闽江中颇为危险的地段，徐宗幹正是通过阅读路程记，来了解当地水路的险段。这是旅行者根据路程图记中的文字描述或图画形象，来判定其时所处的地理位置。

当时，人们为了便于记住沿途的距离、各处的地理特征以及风俗习惯等，往往将这些路程用口诀或歌谣的形式加以概括。这就像有一首《水驿捷要歌》所说的那样："逐一编歌记驿名，行

---

① 〔清〕王锡祺：《小方壶斋舆地丛钞》第 4 帙，第 1024 页上。

人识此无差错。"[1] 也就是说，人们将行程中的各个地名串起，编成诗歌的形式以便于记诵。一开始，这种概括可能相当俚俗。比如，有一册徽州文书抄本中就有这样的记载，叫《一个母猪十二奶》：

> 一个母猪十二奶，行一步时摆三摆；
> 看看摆过九里岗，问君摆了多少摆[2]。

下面答曰：一十一万六千六百四十摆。

古人对母猪身体的观察非常仔细。这道题具体的计算方法是：1 里等于 360 步，9 里也就是 3240 步。12 奶乘 3 摆等于 36 摆，3240×36=116640 摆。这是徽州文书中的记载，它用相当俚俗的诗句，概括了对路程中距离等的计算方法。

类似的歌谣，在明代著名的《算法统宗》里有相当多的例子。《算法统宗》是明代万历年间徽商程大位编纂的著作，这部书在出版之后，外出务工经商的徽州人几乎是人手一册，在全国也相当流行，甚至还传到了日本、朝鲜等地，对于东亚算术的发展具有重要的影响。当时人就认为，《算法统宗》这部书，对于做生意的人来说，就像是四书五经对于读书人那样的重要。在这部书中，就有相当多俚俗的诗歌，表达了人们对距离、数字等方面的计算方法，与上面这道《一个母猪十二奶》的算术题非常

---

① 杨正泰校注：《天下水陆路程、天下路程图引、客商一览醒迷》，山西人民出版社 1992 年版，第 398 页。
② 抄本《杂算歌诀》，私人收藏。

类似。

当然，上述这首诗歌虽然比较直观，但却相当粗俗，不太雅观。而从明清以来，携带路程外出的人们，其中有不少都有一定的文化素养，所以他们往往会根据沿途所见到的自然地理和人文景观，以更为典雅的诗文加以描述，并将这些文字也加入到路程书中，这就是路程书中相当常见的竹枝词或者是歌谣。

在这种背景下，众多的路程书花样翻新，出现了各种形式的路程，如各式各样的路程歌和路程图。

以徽州的路程歌为例，其形成大致可分为两个阶段——首先是各地点间距离几里的纯交通之记录，然后才插入各种诗歌，将途经的地名编成生动活泼的口诀，以便外出务工经商者记诵。在这一过程中，文人和"贾而好儒"的徽商显然起了相当大的作用。例如，清代有个徽商叫程之鵔，他有一部文集叫《练江诗钞》，在该书的卷6中，收录有《新安江地名杂咏十首》，对新安江沿岸的铁索港、洲头梁、老人窗、淳安县、七里泷、钓台、鸬鹚源、程坟、半边山和范村共十处地名作了细致的描述。以淳安县为例，他写道："山县无城一水斜，俗还淳朴薄纷华，米公遗爱浮桥满，崖谷春深觅锦沙。"[1] 而在现在我们所看到的新安江路程歌中，就有"县小民淳朴，无城境自偏。山灵能萃秀，竞得五星全"的描述，虽然文字不尽相同，但两相对比可

---

① 〔清〕程之鵔撰：《练江诗钞》卷6，《四库未收书辑刊》第9辑第27册，第165页。

见："县小无城""民情淳朴"，也是二者共同的主题。因此，从某种意义上讲，《新安江地名杂咏十首》也可当作路程歌来看待。事实上，不少路程歌，正是吸收了类似的一些诗歌而逐渐形成的。

我自己收藏有一种新安江商编路程，叫《一帆风顺》，前后有硬封面，版幅只有半个手机大小，中间是折页，明显是当年徽州人外出随身携带的路程抄本。此件上面有民国七年（1918年）一个自号为"留春馆主"的人抄录的一段话：

> 星江余岱雯先生作客申江，十余年未返故乡。癸酉之春，买棹归里，途间闷坐小舟，沉寂无聊，特撰《徽浙水程诗》念首，诗间包罗到处地名，丝毫不漏，可作行舟者之暗示，又可解长途荡漾中之烦闷。谚云：一字值千金。余君作此诗，足使长途旅者之茅塞豁开，实乃终身良伴，爰志之，以供同好，藉传之于后辈旅者……

"星江"也就是徽州婺源，这是说婺源理坑人余岱雯在上海经商，同治十二年（1873年），他从新安江回婺源，写下了《徽浙水程诗》二十首，对沿途地名作了详细的描述。在这个经折中，另有一段应当是余岱雯的文字，他写道：

> 徽州景致，水秀山青，异景非常，吾人旅行，虽仆仆风尘，睹此既忘其别离之苦，且使游目骋怀，恬然自乐，好事者见景生情，常有诗兴勃发，吟哦之余，为人所袭，遂传之

于仝行侣伴，积年累月，不觉成帙，择其尤者，录之于折，偶至一地，可知一地之风光也。

　　这一段话，非常直观地反映出路程歌形成的轨迹——也就是文人在旅行中因有感而发，创作了不少诗歌，因为写得很生动，后来逐渐传播出去。此类诗歌日积月累，积累到一定的数量，就将它们抄录在一个折子上。从此，也就形成了书有路程歌（或称路程诗）的经折。

　　另外，除了文字的描写之外，许多人觉得还不过瘾，因此，还有不少路程是插图的路程图记。也就是既有文字，又有手绘的地图，图文并茂。对此，清代有一册《杭州上水路程歌》① 中，就有这样的一段话：

　　　一路滔滔虽顺风，舟行遥指岸西东，
　　　津迷只把程图看，远近应无即目中。

　　这四句诗是说，一路上江水滔滔，船只顺风而下，乘船的商人坐在船上东张西望，到了有疑问的地方，就把路程图记拿出来查阅，看过之后也就明白了自己所在的位置。可见，旅行者总是根据路程图记中的文字描述以及图画形象，来判定当时所处的地理位置，以便安排自己此后的行程。

　　下面，我们就专门谈一下徽州的商编路程。

---

① 抄件，私人收藏。

二、徽州的商编路程

现代著名学者胡适先生，在晚年曾经回忆自己小时在徽州的生活，他有一段回忆提及："从前出门远行，送行的人要早上请他吃饭，吃饭之后，大家送他出村。到了桥头，远行的人向送行的道谢作揖后，就上轿了。大家都说：'徽州朝奉，自己保重。'"朝奉，是徽州人相互之间的称呼。胡适是安徽绩溪县人，他出生于徽商世家，祖先在上海川沙从事茶业经营。胡适的这段回忆，提到了徽州人外出经商时的一种习惯，也就是告别仪式。从不少文献来看，当时，徽商外出通常要带以下几种文字资料，最主要的有两类：一是起码单，二是路程。

所谓起码单，也就是随身携带的行李清单，因为出门一趟，尤其是出一趟远门很不容易，不能丢三拉四，否则，倘若忘记带了一样东西，哪怕是日常生活中极为普通的一件东西，那也会给自己的旅行生活带来极大不便。因此，"起码单"简单地理解，可以说是外出时起码要带的东西，也叫"起程计数折"或"起马折"。

除了起码单之外，还有路程，也是出门时的必备。对此，有一册徽州民间启蒙读物《六言杂字》①记载：

_____

① 抄本1册，私人收藏。

盘船行李衣扁，

铺盖脚箱路程，

烟筒烟袋烟插，

火石火刀火筒，

算盘夹剪践秤，

天平砝码称银，

水路坐船过坝，

须要把稳担心。

《六言杂字》是供徽州当地儿童学习汉字的一种教科书，因为每句是六个字，所以叫做《六言杂字》。上述这一段话，简明扼要地勾勒出徽州人外出经商必带的物品。从中可见，在传统时代坐船出门，要携带行李铺盖，路程，还有抽烟用的烟具、打火石，以及做生意的天平砝码。这些，也应当都记录在起码单内。其中，作为旅行指南的"路程"，当然也是徽州人出门时必备的文字资料。

明清以来，正是因为外出务工经商的徽州人相当之多，所以许多人每当出门，都要开具与此次外出经商活动相关的路程。这里可以举两个例子。一个例子是：清代歙县芳坑徽商江元浈，曾在苏州从事猪油买卖，他在一封写给父母双亲的信中提到：

倘是秋苟来苏，须开路程，徽至江头一水之便，再至斗

富三桥王天成船行，搭至苏州阊门外起岸，便问渡僧桥下塘
便是①。

"秋荀"是江家的后人，比较年轻，当时要从歙县芳坑外出
前来苏州经商。有鉴于此，已在苏州的江元浈，就叮嘱家里要帮
他开一张路程，"徽至江头一水之便"，说的是沿着新安江东下，
到达江头（也就是杭州的江干一带），这里有个"徽州塘"，是徽
州人上岸的地方，然后再到杭州的斗富三桥地方，找一个叫王天
成的船行，搭船沿运河北上，到苏州阊门外上岸，再到自己所在
的渡僧桥下塘。这样的路程，当然是一个抄件，目的是为了让这
个叫"秋荀"的人能顺利地到达目的地。

另外一个例子是一位婺源风水先生的例子。根据《新安嘉
福轩选单》②的记载，光绪三十三年（1907年）八月二十二日，
六十六岁高龄的婺源风水先生詹馨山，接到来自吕巷镇懋生典的
叔祖詹兆和之信函。这位詹兆和在现在上海金山区吕巷镇的一个
典当铺经商，他在信里面讲，自己代东家购地造屋，创设米行，
为此具函，礼聘詹馨山前往吕巷镇，帮他们看风水。为了便于詹
馨山顺利到达，詹兆和在信里告诉詹馨山从苏州到吕巷镇应当如
何走："由上海最便最快，苏到申，无论搭火车、附小轮舟均可。
再由申搭小轮舟到泗泾，此舟在申南十六铺新马头大达马头，早
辰【晨】九、十点开行，客舱每人小洋五角五十文，中饭小洋一

①　歙县芳坑江氏文书，安徽省歙县档案馆藏，档号：434304-Q309-005-00047-
　　022-（001）。
②　抄本1册，私人收藏。

角。洙泾隔吕巷只十二里，有航船可搭。"

而之所以能开写出这样的路程，除了日常的生活经验之外，显然还有不少是根据此前已有的路程书刊本或抄本加以斟酌、删削而成。这也就是在印刷时代，仍然会出现大批路程抄本的原因所在。

现存的商编路程，从其形式上看，既有公开出版的刊本，又有成册的抄本，还有单张的抄件和印刷品散件，以下分别论述：

（1）刊本

上个世纪九十年代，复旦大学中国历史地理研究所的杨正泰教授曾出版过两部书，其中一部是他校注的《天下水陆路程、天下路程图引、客商一览醒迷》[①]。这部书中收录的《天下水陆路程》《天下路程图引》，都是徽州人的著作。《天下水陆路程》由休宁徽商黄汴编纂，作于明隆庆四年（1570年）。而《天下路程图引》则由西陵憺漪子（汪淇）编辑，为明天启六年（1626年）刊本。另外，杨正泰还编著过《明代驿站考（附：一统路程图记、士商类要）》[②]，书中收录的《一统路程图记》（又名《新刻水陆路程便览》《图注水陆路程》），也就是前面一部书中收录的黄汴所编之《天下水陆路程》。另外，《明代驿站考》中还附有程春宇所编的《士商类要》，也是天启六年（1626年）的刊本。上述这三部著作，都是晚明以后编纂、出版的徽州商编路程，在当时及以后都相当流行。

---

① 山西人民出版社1992年版。
② 上海古籍出版社1994年版，后于2006年再版。

（2）抄件

至于单张或单份的抄件，又可分为两类，一类是比较精美的，不妨称为"考究型"；另一类则相对比较简单，不妨可称为"简单型"。考究型的都是写在折页上的，有的外面还加有封套或硬壳（如前面所引的《一帆风顺》或《杭州上水路程歌、徽州下水路程歌》）；而简单型的，有的也是写在折页上的，但这个折页是简单地包在一张纸上，而外头的这张纸，其折叠方法与包契约文书的包契纸之式样相似。但无论是考究型还是简单型，两者的版幅都非常小，这显然是为了外出经商、便于出门携带的缘故。

除此之外，还有两种路程比较特别，一种是抄写在扇面上的。如我手头有一把杭州"舒莲记"制造的扇子，上面就写有：

> 首自鱼梁坝，百里至街口，八十淳安县，茶园六十走，九十严州府，桐庐八十守。八五富阳县，九四坞江口，徽州至杭州，水路六百有。

这一段文字标作"仿录徽州水路全抄"，也就是从歙县的码头渔梁坝，经由皖浙交界处的街口，到浙江境内的淳安县（今千岛湖一带），再到茶园、建德、富阳县，经桐江、富春江、钱塘江，一直到杭州的水路，沿途距离一共有六百多里路。所以这个路程歌中说"徽州到杭州，水路六百有"。上面的这些数字，如八十、六十等，都是指两个地点之间的距离。上述这首路程歌，早在明代的商编路程中就已出现。

这把扇子是杭州扇庄"舒莲记"所制，据说，民国时期杭州最著名的扇庄有三家，其中之一就是"舒莲记"。在这把"舒莲记"扇子上抄录有徽州到杭州的水路程，而这把扇子又是在徽州发现的，这可能说明，当年来往于新安江上的不少徽商，便是摇着这样的扇子，乘着江船，徜徉于沿途的青山绿水之间。

类似于"舒莲记"所制、写有新安江水路程的扇子，目前发现有三把：一把现在收藏于安徽黄山市的中国徽州文化博物馆[1]，一把收藏在祁门县博物馆，另外一把就是我手头的这把"舒莲记"扇子。

此外，还有印刷品散件。如在我2018年主编出版的30册《徽州民间珍稀文献集成》中，收录有一份路程印刷品，这是以往较少发现的新资料——清末《杭州至徽州旱路路程表》，其路程的终点为休宁的上溪口。其中，除了地名和里程的记载之外，还有简明的特别提示，如"起旱""远""右手走""过桥""远路崎岖上岭""无店，有巡检司"等。另外一张商编路程，则是从余杭县起旱，经昌化县入昱岭关、老竹岭、杞梓里、大佛（今大阜）、章祈（今瞻淇）、稠木岭到徽州府，过河西桥，经岩寺镇、万安街、休宁县和渔亭，最后到达祁门县及黟县。值得注意的是，该路程系印刷品，而且末尾有一段说明："板在泳丰茶漆铺刊刻敬送。"这说明当时的商店（茶漆铺）也刊印此类简易的路程，供外出务工经商之人购买及利用。此一例子反映出其时在徽州外出经商之人为数众多，以至于像休宁上溪口以及黟县的泳丰

---

① 倪玉平主编：《徽州文化》，安徽省徽州文化博物馆编，2007年版，第35页。

茶漆铺，都以本地为中心印刷相关的路程。

以上这些，便是商编路程的几种形式。而从内容上看，明清以来的"路程"书，既有像《天下水陆路程》《天下路程图引》那样汇集全国诸多路程的书籍，又有记载单一线路的著作。

以其中的《天下路程图引》为例，该书也叫《士商要览》，作者是"西陵憺漪子"，这个西陵憺漪子，真正的名字叫汪淇，是明末清初活跃在杭州的徽州出版商。该书收录了江南水陆路程53条，江北水陆路程47条。也就是说，全国范围内共收入100条的路程，既有水路，又有陆路。这是汇集全国诸多路程的书籍，此类书籍在明代中后期曾一再刊印。

除此之外，不少记载单一线路的路程，则往往是徽商个人根据自己经商的需要而编写或抄录的。例如，歙县芳坑江氏文书，是二十世纪八十年代在安徽省南部新安江畔发现的一批徽州文书，目前仍保留有3300件（册），是迄今为止所见规模最大、最富学术价值的一批民间收藏。

芳坑江氏为徽商世家。此一家族早在明代起就有成员外出经商，最早的记载见于十五、十六世纪之交，其家族成员的经商地在山西、陕西一带，可能与明代"开中制度"下的粮、盐贸易有关。及至十七世纪的晚明，江氏的经商地改往辽东，主要活跃于平岛（今朝鲜的椵岛），这与明末军阀毛文龙割据皮岛（亦即平岛）以及东北亚错综复杂的政治形势，有着密切的关系[1]。十八

---

① 王振忠：《徽商·毛文龙·辽阳海神——歙县芳坑茶商江氏先世经商地"平岛"之地望考辨》，《江南社会历史评论》第6期，商务印书馆2014年版。

世纪中叶以后，江氏家族开始有成员前往辽东运销茶叶。此后，该家族长年贩茶入粤，转销外洋。太平天国兵燹战乱之后，他们又转运茶叶至上海。除了从事茶业经营之外，芳坑江氏还独资或与他人合股开设转运公司、菜油行、米行、布店和南北杂货号等。在长期的商业贸易中，江氏茶商积累了丰富的经验，他们贾而好儒，特别注意将经商心得撰述成文，并保存与贸易相关的各类契约文书。

在芳坑江氏文书中，就保留下相当多的路程，这些路程，就是他们根据自己的经商需要而编纂出来的。例如，在广州贸易时代，他们就编有与之相关的《徽州至广东路程》《万里云程》等。后来，他们更多的是通过新安江，将徽州本土的茶叶通过杭州运往上海。在这方面，既留下了水路的新安江路程，又有旱路的《杭省至徽旱程荣归》。此外，在十九世纪后期，江氏茶商还前往江西义宁州从事红茶的生产和销售。与此相关，形成了《自江西义宁州水路至吴城镇》、《自吴城至鄱阳湖及湖口至九江》和《义宁州折》等相关的路程。此外，他们还在沿江、沿海一带活动，为此，也留下了火轮船往长江路程、轮船沿海路程、《沐风栉雨之劳》等，统共有将近十种的路程。这些，都是他们自己编纂或抄录的单一路线的路程。更为重要的是，除了各种路程之外，他们还留下了与这些路程相关的日记（也就是沿着这些路程旅行时的日记），这样，我们可以参照日记，研究他们的行旅生活和商业经营。

以下，我们就分别就这些单一的路线，作一点简单的介绍，并分析它们与社会经济的关系。

三、商编路程与社会经济

就单一路线来看，明清时代的徽州商编路程，根据起始地划分，主要有以下几种路程：

（一）新安江水路程

新安江水路就是从徽州府的歙县、休宁等地，经新安江到浙江省西部，再由淳安、建德，经桐江、富春江、钱塘江到杭州的水路。这一条水路，是徽州人外出，前往长江三角洲最为重要的外出通道。从南宋以来，因当时王朝定都杭州，皖南的竹木、生漆、茶叶等物品，就源源不断地经过新安江水路运往杭州。因此，有关新安江水路的路程，现在保留下来的相当之多。这条水路，还分上水和下水。下水是从徽州前往杭州，而上水则是从杭州到徽州。

关于这一条新安江水路，早在明代，徽商黄汴编纂的《天下水陆路程》中称为"休宁县至杭州府水"，而徽商程春宇选辑的《士商类要》和徽商汪淇（西陵憺漪子）编纂的《天下路程图引》中，则称为"徽州府由严州至杭州水路程"。前者是由休宁县出发，后者则是从歙县出发到杭州。

在明代，歙县、休宁是徽州府商业最为发达的两个县，政府对这两个县的课税也最重，这当然又进一步促使这两个县的人弃本逐末，大批地外出务工经商。

到了清代以后，有关这条新安江水路的路程就更多了，而且形式也越来越多样。比如，我所收藏的徽州文书中，就有《杭州上水路程歌》和《徽州下水路程歌》，此一抄件版幅 6 cm × 12 cm，经折装，前后封面为枣红色硬皮，中有烫金长方框。正面为《杭州上水路程歌》，反面为《徽州下水路程歌》，这两部分分别抄在一个抄件的正反面，比较豪华，应是当时徽商外出时随身携带、揣在口袋里的。前面我所提到的杭州著名扇庄"舒莲记"所制的扇子，上面所抄录的也是有关新安江水路的歌谣。毋庸置疑，这种扇子也是随身携带的。

在内容上，除了一般文字的路程记录之外，还有路程歌和竹枝词。例如，有关这一条新安江水路，就有《杭至徽屯路程歌》《徽歙南浦口至杭路程竹枝词》《杭省江干至屯溪锦衣词曲》等，也就是杭州至徽州屯溪的路程歌，以及徽州歙县南乡浦口一直到杭州的竹枝词。我们知道，竹枝词是一种反映风土人情的诗歌，这种诗歌，最早应当是由文人在新安江沿途旅行时所创作，后来，因其与沿途的景色有关，所以也被人们有意识地附在商编路程中，供人们在旅途中欣赏和消遣。

另外，我还听徽州人说过，十几年前，在徽州曾经发现过一种彩色的新安江路程图。也就是用绘图的方式，刻画新安江沿途的景色。据说，这个新安江路程图后来被卖到杭州去了，揆情度理，从这么多现有的新安江路程记、路程歌来看，应当是存在这样的新安江路程图。而如果确实有这样的路程图的话，那一定会相当有价值。只是很可惜，不知道这种彩色的路程图，究竟保存在哪位收藏家或收藏机构的手中，目前我们还没有机会看到。

（二）长江水路程

长江是沟通中国西部和东部的一个重要交通动脉，自古以来，该条水路就承担着繁重的物资运输，促进着长江中下游之间彼此的经济和交流。

在明清时期，长江水路是吴楚商业与贸易的要道。在传统时代，"吴"主要是指长江三角洲，"楚"则指湖广地区，也就是湖北和湖南，甚至也可以包括江西（因为江西的一些地方被称为"吴头楚尾"）。在吴楚贸易中，粮食和盐的交易应当是最为重要的。两淮盐（亦即苏北的海盐）是供给湖北、湖南以及江西等广大地区民众日常生活的重要商品，而从长江中游洞庭湖区盛产的粮食，则源源不断地运往长江三角洲，为当地持续发展的城镇化过程以及经济作物商品化的发展，提供了重要的粮食来源。当然，除了粮食和盐的交易之外，这条长江水路上还有许多的物资运输和货品交流（如木材、瓷器等），因此相当繁忙。在这种背景下，徽商所编的长江水路也有好几种。这种长江水路，通常是由京口（今江苏镇江）或仪真（今江苏仪征）溯江而上，一直到长江中游的汉口，有的还进一步到达湖北荆州或湖南湘潭。

这一条长江水路，除了一般的文字记载之外，大多都编成了歌谣，以诗歌的形式描述沿途景致。如《湘潭至京口水程歌》，就以诗歌的形式，记录了从湖南湘潭到江苏镇江的沿途所经。除了从镇江到汉口（或湘潭、荆州）之外，还有的是从仪真到长江中游的。仪真南临大江，东有运河沟通扬州，为淮南盐运的重要枢纽，是淮盐运销长江中游的起点，大批徽州盐商占籍、定居于此。

另外，这一条水路除了路程歌之外，还有不少路程图遗存迄今。我本人收藏有明末清初西陵憺漪子的《士商要览》，这部书统共记录了全国范围内 100 条的各省路程，其后就附有《京口起至湘潭县水程图》，也就是用绘图的形式刻画沿途之所见。

类似于此的水程图还有几种，当然，基本上都是大同小异的。此前出版由我主编的《徽州民间珍稀文献集成》中，收录有一种《长江路程图》稿本 1 册，是道光年间休宁渠口佚名商人所编，内容包括"长江水运总图""湖广湖南湘潭县由大江至镇江府水路程歌"以及自休宁县前往汉口镇、襄阳府等长江中下游各地的水陆路程等。这册《长江路程图》为彩图稿本，在商编路程中别具一格，为目前所仅见。

除了新安江水程、长江水路程之外，徽州至广东路程抄本迄今保留得也较多。关于这一点，我在前述的《漂广东：徽州茶商的贸易史》一文中已有详细研究，此处不再重复。

以上提到的几种路程，即新安江路程、长江路程和徽州至广州路程，是最为常见的几种商编路程，这些路程保留至今的都不止一种，显然极大程度上反映了徽商与长江三角洲、长江中游以及鄱阳湖流域和珠江三角洲的经济交流。从中可见，在中国南部的许多地方，都曾留下徽商的足迹。

除此之外，还有不少其他的一些水陆路程，例如，在明清时期，有许多的徽州人前往景德镇务工经商，徽州人在当地除了从事瓷器生产、销售之外，还有不少人活跃于钱庄、布业、南货等行当。因此，徽商也编有多种徽州至景德镇的路程。其中的一种见于《徽州千年契约文书》，这是晚清光绪二十年（1894 年）祁门胡廷卿《进出总登》账簿中收录的"往景镇路程"。

又如，京杭大运河沿线是徽商活动频繁的地区，也留下了不少有关运河的商编路程。在黟县商人文书中，就有徽州茶商抄录的"路程"①。这份路程前面有个序文，其中提到：

> 光绪元年二月，余至上洋售绿茶，回绕在苏州写船，至杭州黑桥交卸。苏州凭官行杨万兴给有船契，至各路站数，契中概行批明，每站九十里。

光绪元年也就是 1875 年，这位黟县茶商到上洋（亦即上海）出售绿茶，回来时在苏州订立契约，租订了一船，这就是所谓的"写船"。契约上规定——到杭州一个叫黑桥的地方交卸。他在苏州订立契约时，是由一个官方认定的牙行杨万兴行来出具船契，在船契上，注明前往各处的站数以及里数。

当然，这样的路程还有很多，毋庸赘述。以上的各条商编路程，是徽州人根据外出务工经商的起点和终点来加以划分。如果是以从事商业的门类来分，虽然有的路程并非专门为某一种商业经营所编写，但也有一些路程，我们可以明确地了解到与哪种商业有关。如现存的 6 种徽州至广州路程，其中就有 5 种都与徽州茶商的广州贸易有关，还有 1 种则与徽州的瓷器商人有关。而 5 种茶商路程中，我们又能清楚地指出，其中的 2 种，与歙县著名

---

① 抄件，私人收藏。

的茶商——芳坑江氏茶商的广州贸易密切相关。

另外，木材商人也是"闭关时代三大商"之一。当时，徽州有"盐商木客，财大气粗"的说法，木客也就是木商，他们与盐商、典当商一样，都是资金雄厚的商人。在明清时期，徽州的木材，尤其是婺源的木材相当有名。除了建造宫殿、船只，以及江南各地的城镇建设需要大批木料之外，一般民众的日常生活，也与徽州人从事的木材贸易密切相关。

由于徽州木商在南方各地从事的木材贸易，提供了社会上多方面的需求。因此，徽州木商也保留下了不少路程。如有一册《婺源木商须知》（残本），内容就包括从南京等地前往湖南以及贵州一带从事木材贸易的 8 条水陆路程。这个抄本出自婺源县清华镇一带的木商之手，主要涉及清水江流域木材的开发和贸易，非常珍贵。类似的资料还见有两种，也就是我个人收藏的《江西至湖广路程》以及佚名无题抄本一种。其中，《江西至湖广路程》的内容包括：

托口至常德府水路程

德山至汉滩水路程

（鹦鹉州［洲］至仙女庙路程）

卦冶至托口水路程

九江府至临江府旱路程

德山至临江府旱路程

临江府至湖口县水路程

这也是徽商从江西、湖南、湖北到贵州从事木材经营有关的商编路程。其中的卦治，位于贵州锦屏县的清水江畔。上述的三种徽州木商文书极富学术价值，这不仅是指利用这样的资料，可以很好地研究徽商的木材贸易，以及长江中下游的商业和交通地理格局。而且，此类文书还将徽州文书和清水江文书这两种重要的地域文书联系起来，因此具有特别重要的学术价值①。

各种商编路程，都会提及沿线的市镇、物产、治安、语言、风俗以及其他的景观。以沿途的治安为例，各类商编路程，都反映了明清时代各地治安的诸多情况。例如，晚明著名文人沈德符在他所写的《万历野获编》中就曾指出：在畿辅一带，距离州县衙门稍远的一些地方，就有大批的响马盘踞其间，官府也没有去镇压，而当地的一些大家族，也往往想尽办法地庇护这些响马，所以，响马为害南来北往的商人的情况相当严重。当时的"响马"一词，甚至成了畿辅一带的地讳（所谓地讳，也就是一个地方人群的绰号，如徽州的地讳叫盐豆，这是说徽州人很节俭、很吝啬。而河北靠近北京的畿辅一带，地讳就是响马，这说明这一带的车匪路霸相当之多）。这种情况，在商编路程中也有反映。对此，明代隆庆年间徽商黄汴所编的《一统路程图记》就曾指出："自北京至徐州，响马贼时出，必须防御。"这说明当时的响马，是从徐州到北京商路沿途的一大顽症。

再以沿途的人文景观为例，例如，《徽州下水路程歌》中，

---

① 参见拙文《徽、临商帮与清水江的木材贸易及其相关问题——清代佚名商编路程抄本之整理与研究》，载《历史地理》第29辑，上海人民出版社2014年版。

就有"水碓凭船架，无人也自舂"的诗句，这是新安江沿岸时常可见的水碓景观。所谓水碓，就是利用水力旋转的舂米设施。在新安江流域，粮食加工全靠碓、碾、磨等。碓分脚碓、水碓两种，脚碓是以人的脚来踩，而水碓则以河流、溪水为动力。人们往往在水源充足的地方建造水碓，一个碓臼每一昼夜可舂谷两百多斤。除了舂米、磨面之外，还有一些榨油坊、纸坊和香料作坊等，也都利用水碓动力加工原料。一般村落都有两三处水碓，大村则更多一些。水碓大都选在离村较近的村外河边，此种选择既便于村民就近加工原材料，又可使乡村免受水碓运转时所发刺耳噪音的干扰，保持村居的宁静环境。因此，在新安江流域，哪里有水碓，附近就一定有村落，这已成了当地乡村的一大特色。

另外，各种商编路程中，还有不少涉及各地的风俗。以新安江水路来看，当时，徽州人由徽州经新安江到浙江西部，经桐江、富春江、钱塘江前往杭州，进入长江三角洲。例如，《徽州下水路程歌》中，就有这样的一段描述：

隐钓严陵近，渔歌断渡联。
今宵休秉烛，好共客星眠。

严陵亦即严子陵，是东汉会稽郡余姚县（今浙江余姚）人，叫严光，他很早时就名声鹊起，曾与东汉开国皇帝刘秀是小时同学。后来，刘秀称帝（即汉光武）。这位严光虽然与刘秀是同学，但他却不趋炎附势，反而是隐姓埋名，不想当官。虽然汉光武请他到京城去，但他最后还是不为所动，跑回到富春山一带躲了起来。富春山也就在新安江下游的富春江一带。后人为了纪念严子陵这样一位高人，所以在这一带设了严子陵钓台（又名双台垂钓）。因为严子陵是淡泊于功名，而来往于新安江上、前往杭州等地经商的徽州人，则是追求功名利禄的一群人。所以，后来就形成了一种习俗——徽州人第一次出门做生意，船只经过严子陵钓台时，这些出门做生意的人都要躲在船舱里不能出来，据说是不能让他们看到严子陵钓台。其原因是徽商出门经商是为了追逐利润的，而严子陵先生则不求名利，初次出门之人倘若看到严子陵，那他此行的经商贸易一定会失败。

除了徽商自身的商业习俗之外，一些路程对各处的民风也有所描摹。《杭州上水路程歌》在谈到杭州时，就这样刻画："武林山水甲天下，杭人俗称'奇山怪水懒妇刁民'。……"徽州人来自皖南山区，相对来说比较淳朴，而在江南，"上有天堂，下有苏杭"，杭州是天下极为繁华富丽的都会，自然景观方面有西湖以及周边的山水美景。而生活在那里的人们通常见多识广，各类欺诈以及作奸犯科之事往往层出不穷，所以，在外人看来，杭州城市是"奇山怪水懒妇刁民"。

四、小结

路程是一种旅行及商务指南，是古人外出旅行、经商时必备的资料。就目前所见，路程书最早出现于公元十二至十三世纪的南宋时代，但它的大批出现却是在十六世纪以后。中国国内的这些路程图记，甚至也影响到了域外。例如，当时日本、琉球、朝鲜、越南等国使者前来中国，也依据中国的这些路程图记，编有相关的路程，其中有不少可以与中国本土编纂的路程图记比照而观。

当时，除了科举考试之外，长距离的旅行，还有朝山进香（如善男信女前往泰山、九华山、齐云山等地烧香）[①] 等，也都需要相关的路程。不过，商编路程仍然是最为重要的行路指南。目前，以徽商和晋商（山西商人）所编的路程书为数最多。这些商人，往往根据自己的需要，将商业经营时途经的地点编成路程，有的是文字，有的还编成歌谣，供其个人和子孙师徒使用。

以徽商为例，在传统时代，徽州素有"十户人家九为商"的经商传统，也就是说几乎每家每户都有人外出经商，在长期的商业实践中，徽州人积累了相当丰富的经营文化，这主要体现在他们所编的大批商业书和商人书中。这些商业书和商人书，记录了各类的商业知识，如水陆路程、商品知识、市场信息、防盗防骗的技巧，记录了经商之道，包括经营技巧、经营思想、商业道德等方面的内容，从中颇可窥见明清时代商业、治安、社会、风俗等诸多侧面的真实状况。这些，都是我们研究明清以来中国社会经济史、文化史的重要资料。

---

① 　参见拙文：《华云进香：民间信仰、朝山习俗与明清以来徽州的日常生活》，《地域文化研究》2013 年第 2 期。

总体上看，最晚至十二至十三世纪出现的"朝京路程图"式的路程带有强烈的政治指向，它始终是以帝国的首都为其中心加以编纂，叙述的主体是中国主要的驿路，具有颇为固定的格式和内容。而十六世纪以后大批出现的商编路程，则以商人的活动为其中心加以编纂，相对比较随意，也具有更为丰富的内涵。特别是在一些抄本中，既包括以往常见的商编路程，同时还附有相关的营商规范、契约文书和诉讼案卷等，据此可以较为确切地了解该书作者（或编者）的区域社会背景，从而有助于我们将商编路程放在具体的商业环境中去考察，而不是仅仅将之视作交通地理中诸多枯燥地名的简单串连 ①。正因为如此，类似的资料，具有综合性研究的学术价值。

---

① 参见王振忠：《太平天国前后徽商在江西的木业经营——新发现的〈西河木业纂要〉抄本研究》，《历史地理》第 28 辑，上海人民出版社 2013 年版。此文后收入拙著《社会历史与人文地理：王振忠自选集》，"六零学人文集"，中西书局 2017 年版。

诗意的历史：竹枝词与地域文化

竹枝词"志土风而详习尚"，以吟咏风土为其主要特色，故与地域文化结下了不解之缘。它往往于状摹世态民情中，洋溢着鲜活的文化个性和浓厚的乡土气息，这对于许多学科特别是社会文化史和历史人文地理等领域的研究，具有极为重要的史料价值。随着近十数年来地域文化热的升温，竹枝词也愈益受到世人的关注，各类竹枝词资料集陆续编纂出版，其中，既有分地域编纂的，又有按年代汇辑者。前者以数年前出版的《中华竹枝词》为代表，后者则有 2003 年出版的《历代竹枝词》。

《中华竹枝词》是竹枝词的大型资料集，总计辑录了自唐代迄至民国初的一千二百六十多位作者之两万一千六百多首作品。计分"京津冀晋内蒙古辽吉黑"（第一册）、"沪苏"（第二册）、"浙皖闽赣"（第三册）、"鲁豫鄂湘粤桂琼"（第四册）、"川黔滇藏陕甘青新"（第五册）和"台港澳其他海外"（第六册）。而 2003 年 11 月出版的《历代竹枝词》，则辑录了从唐代到清末历代诗人所作的竹枝词二万五千余首，全书共为八编，以朝代为序，分别为唐宋元明、清顺治康熙雍正朝、清乾隆朝、清嘉庆朝、清道光朝、清咸丰同治朝、清光绪宣统朝，并将未能判别年代者，归入清代外编。

《历代竹枝词》由王利器先生倡导辑录，并提供了私人收藏及海外的一些稀见竹枝词资料。其主要编纂者王慎之、王子今两位先生，长期关注竹枝词资料的收集、整理和研究，曾于1994年10月出版了《清代海外竹枝词》(北京大学出版社)，从一个独特的角度，为中外文化交流史的研究奉献了一批资料。除此之外，王慎之女士、王子今教授还发表过二十余篇有关竹枝词研究的论文。此次，他们历经多年的悉心翻检和努力爬梳，终于完成了此一空前的集大成之作。较之《中华竹枝词》，《历代竹枝词》增加了近四千首，这是迄今为止中国国内收录竹枝词最多的一部资料集，其中有一些属首次披露的竹枝词，对于历史学、民俗学、文学等领域的研究提供了相当珍贵的史料。

《历代竹枝词》一书的编纂颇具特色，由于它是按年代排列，从中我们可以相当清晰地把握从唐宋元明迄至清末竹枝词的发展脉络。由此可见，入清以后虽然也不乏文人借题发挥、抒发个人情感的题材，但大致说来，从竹枝词的内容来看主要反映了两种趋势：一是竹枝词涉及的地域愈益广泛，内容也更加多样化，作者不仅来自全国各地，而且域外的竹枝词也层出叠现（除了《历代竹枝词》中收录的少量外国人的竹枝词外，还有如日本人的《日本竹枝词》①和朝鲜人的《海东竹枝》②等竹枝词资料汇编）。二是竹枝词写实的成分愈来愈高，诗注部分的分量明显增加，其总体趋势则是愈来愈贴近民众的日常生活，因此，从社会文化史的角度来看，清朝、民国以后的竹枝词尤其具有极高的史料价值。

一、竹枝词中的移民史料

竹枝词中包含有不少移民史的生动史料，较其他的文献更为生动。譬如，"豫楚滇黔粤陕川，山眠水宿动经年。总因地窄民贫甚，安土虽知不重迁"③。这是说江西地狭人稠，百姓背井离乡四出迁徙，无论是河南、湖北、云南、贵州、广东，还是陕西、四川，到处都有江西人的身影。"漫说玉山无玉剖，近闻梅岭有梅探。舟车经过数千里，东北浙西西粤南"④。玉山是赣东北的一个县份，当地同样是因生计问题，清代前期有大批百姓或是南下广东，或东进浙西。由此可见，江西的确是移民的主要输出地，

---

① 昭和十四年（1939年）十一月三日发行，《日本竹枝词集》一帙（全三册），编辑并校订者伊藤信。竹东散史校辑，岐阜华阳堂刊，藏日本早稻田大学高田早苗纪念馆。关于《日本竹枝词集》，参见拙文《日本人的竹枝词》，载《寻根》2000年第1期。

② 美国哈佛大学哈佛燕京图书馆有藏。

③ 江西铅山人陈文瑞：《西江竹枝辞》，《历代竹枝词》丙编，第1502页。

④ 陈文瑞：《西江竹枝辞》，《历代竹枝词》丙编，第1502页。

这造成了明清史上"江西填湖广，湖广填四川"的移民浪潮。关于这一点，在四川的省会成都，有一首竹枝词这样写道："大姨嫁陕二姨苏，大嫂江西二嫂湖。戚友初逢问原籍，现无十世老成都"①。这是说一家中的女人，或嫁与陕西人，或嫁与江苏人，而娶来的媳妇亦或是江西人，或是湖广人，家庭成员的原籍可谓五湖四海，当时已没有超过十世的"老成都"了。

"湖广填四川"的移民，不仅及于城市，在广大乡村也影响深远。"分别乡音不一般，五方杂处应声难。楚歌那得多如许，半是湖南宝老官"——这是《旌阳竹枝词》的描摹，诗中的宝老官，是指湖南宝庆府人②。从中可见，旌阳一带虽然是五方杂处，但以湖南宝庆人为数最多。康熙五十一年（1712年）绵竹县令陆箕永《绵州竹枝词十二首》："村墟零落旧遗民，课雨占晴半楚人。几处青林茅作屋，相离一坝即比邻。"诗注："川地多楚民，绵邑为最。地少村市，每一家即傍林盘一座，相隔或半里或里许，谓之一坝。"③由此可见，十八世纪初期的四川绵州一带，还是一派地广人稀的景致。而在四川达县，道光时人王正谊写道："广东湖广与江西，客籍人多未易稽。吾处土音听不得，一乡风俗最难齐。"④此时的川东达县，可谓五方杂处，方言各异。

随着移民的大批迁徙，经历明清鼎革兵燹战乱的四川，经济元气逐渐恢复，各地商人纷至沓来。在成都，字号放帐的都是山

---

① 杨燮：《锦城竹枝词百首》，《历代竹枝词》丁编，第1834页。
② 胡用宾：《旌阳竹枝词》，《历代竹枝词》辛编，第3954页。
③ 《历代竹枝词》乙编，第793页。
④ 《历代竹枝词》戊编，第2193页。

西、陕西人，当地人称"老西"、"老陕"，所谓"放帐三分利逼催，老西老陕气如雷。城乡字号盈千万，日见佗银向北回"①。从这首竹枝词所述可见，山、陕商人在成都的势力如日中天②，一般民众只能眼睁睁地看着他们将本地的财富源源不断地运回老家。作为商帮势力繁盛的标志，四川各地的会馆相当发达，"秦人会馆铁桅杆，福建山西少者般。更有堂哉难及处，千余台戏一年看"③，"会馆虽多数陕西，秦腔梆子响高低。观场人多坐板凳，炮响酬神散一齐"④。这些，都生动地描摹了成都一地会馆运作的具体细节。而在鳞栉次比的各地会馆中，陕西会馆显得鹤立鸡群。除了大商帮外，钱铺基本上为江西人所垄断，"江西老表惯营求，兑换银钱到处搜。倒帐潜逃讲帐出，蝇头鼠尾作狐谋"。诗注曰："钱铺俱江西人，谓之'老表'。"⑤后来闻名遐迩的"江西老表"是指来自江西的钱商，对此，定晋岩樵叟的《再续竹枝五十首》亦曰："银色从来有定赃，元丝九五递加升。怪他老表江西客，多认纹银是水汀。"⑥

　　除了长江流域的移民外，在西南边陲云南："少作行商多服田，穷来走□极游边。居民半是他乡籍，传说迁从洪武年。"⑦有

①　李云栋：《成都竹枝词》，《历代竹枝词》己编，第 2631 页。
②　扫花散人：《百丈竹枝词》："下苦人多半贩盐，疲商逋负课催严。几回老陕关难度，翻累官家塾养廉。"（《历代竹枝词》辛编，第 4033 页）此处所述，亦为老陕放债。
③　吴好山：《成都竹枝词》，《历代竹枝词》戊编，第 2436 页。
④　定晋岩樵叟：《成都竹枝词》，《历代竹枝词》丁编，第 1890 页。
⑤　李云栋：《成都竹枝词》，《历代竹枝词》己编，第 2631 页。
⑥　《历代竹枝词》丁编，第 1893 页。
⑦　曹春林：《云南竹枝词》，《历代竹枝词》辛编，第 4175 页。

明洪武年间曾从全国各地将不少人徙居云南，当地的汉民大多数声称自己祖籍是南京，更为具体的说法则是来自南京的柳树湾高石坎。上述的竹枝词，显然也是一条相当生动的移民史料。

随着移民的迁徙，商品的流通交易，人们之间的交流和接触空前频繁，极大地凸显了各地人群的性格特征。清代前期，绍兴师爷就受到成都人的极大瞩目："安排摆设总求工，古董诸般样不同。美服更兼穷美味，师爷气派与门公。"[1] 这首竹枝词，叙及绍兴师爷在衣食家居日用方面的与众不同。成都的幕宾都来自浙江，"幕宾半是浙西东，帽盖矜夸律例通。漫说救生莫救死，箧中存案本相同。"诗注曰："幕友初出手，谓'帽盖子'。"[2] 关于这一点，周询曾指出，四川省的刑名和钱谷师爷，"十九皆为浙籍"，而在浙江省籍中，又可分为绍兴帮和湖州帮，两帮之中"颇各树党援，互相汲引"。"刑钱为例案所关，业是者，必先随师学习，时谓之学幕，俗呼学幕者为帽辫子，即喻其不与师离也"。[3] 在"无绍不成衙"的时代，绍兴酒和绍兴师爷、绍兴方言一样通行全国，清代中叶人称"绍兴三通行"。这种情形，也在竹枝词中得到了生动的反映。在成都，"绍酒新从江上来，几家官客喜相抬"[4]，这些绍兴酒往往是由绍兴师爷和胥吏负责推销（或由其亲戚朋友兼营），所以竹枝词有曰："居然利薮轧官场，

---

① 吴好山：《成都竹枝词》，《历代竹枝词》戊编，第 2441 页。
② 李云栋：《成都竹枝词》，《历代竹枝词》己编，第 2633 页。
③ 周询：《蜀海丛谈》卷二《制度类下·幕友》，该书作于 1935 年，见沈云龙主编，"近代中国史料丛刊"第 7 册，文海出版社 1966 年版，第 385 页。
④ 《再续竹枝五十首》，《历代竹枝词》丁编，第 1895 页。

南货携来入署忙。笑问师爷生意好，回言件件出苏杭。"诗注曰：南货称"师爷"。① 可见，绍兴人因以南货业为生，故南货竟亦被直接称为"师爷"。

在绍兴，除了师爷外，当地的贱民阶层——堕民也相当活跃，对于他们的活动，竹枝词有："平民莫笑堕民低，呼马呼牛百事宜。春唱年糕秋化谷，闲来携眷钓田鸡。"② 这里的"春唱年糕"，在另一首竹枝词中作："口音清脆堕民婆，甜语如饧总要挝。一饼饧糖三句话，年糕粽子赚多多。"③ 而所谓的秋化谷，则另有："比栉崇墉庆纳禾，催租未了又催科。堕民稻熟僧香谷，进益虽多出亦多"。诗注曰："堕民每于刈稻时向各主雇乞谷，名曰收稻熟。社庙住僧亦乘刈稻时向各家化谷，名曰化谷香。"④ 堕民是浙东各地的一个贱民群体，有学者指出："堕民的服役与其说是尽对平民的伺候义务，不如说是对平民寄附的特权。"这种特权是一种排他性的服役权利，具有极强的依附性和寄生性。其依附性主要表现为：对于堕民提供的服务，平民即使心有不愿也不能拒绝，后者只有在远离故土、堕民无法上门行使服役权时才能永远摆脱堕民的服役。堕民有权不上平民家，平民却无法强制堕民上门。平民无法摆脱自己不满意的堕民之服役，而堕民却可以通过买卖"门眷"选择服役对象。而堕民的寄生性，则表现

---

① 李云栋：《成都竹枝词》，《历代竹枝词》己编，第 2632 页。"南货"指苏杭一带的货物。《南货局》："居奇无货不苏杭，三倍虾蟆价更昂。"（崔旭《津门百咏》，《历代竹枝词》丁编，第 181 页）
② 王煦：《虞江竹枝词》丐民专利，《历代竹枝词》丙编，第 1722 页。
③ 钱梦峰：《绍兴新年竹枝词》，《历代竹枝词》辛编，第 4149 页。
④ 宋梦良：《余姚竹枝词补遗》，《历代竹枝词》己编，第 2926 页。

为：服役所得的赏钱赏物远超过其劳动应得的工钱，"整个过程并没有一定的程式，也许只说上一二句口彩，主顾就得给年糕、粽子、艾饺、月饼、新谷、新豆和新麦时节的赏物"①。这一来自田野调查得出的结论，与竹枝词所述的"一饼饧糖三句话，年糕粽子赚多多"的描述颇相吻合。堕民的这种服役权随着绍兴移民和商业的发展，而日趋商业化。譬如，自明代以来，一些堕民也随着绍兴人向华北的大批迁徙，以及水田在华北部分地区的推广，而迁至北京。后来，在北京的服务业中，"缠脚梳头雇六婆，赚钱还让惰民多。珠花翠饰为长业，全仗青年话语和"②。这里的惰民，亦即堕民。

在明清时代，与绍兴师爷和堕民同样著名的还有凤阳乞丐，从竹枝词来看，她们的活动足迹遍及全国各地。在北京，"赛会时光趁踏青，记来妾住凤阳城。秧歌争道鲜花好，肠断冬冬打鼓声"③。诗注曰："打花鼓：凤阳妇人多工者，又名'秧歌'，盖农人赛会之戏。其曲有《好朵鲜花》套数。鼓形细腰，若古之搏拊然"。对此，孔尚任的《燕九竹枝词》："秧歌忽被金吾禁，袖手游春真可惜。留得凤阳旧乞婆，漫锣紧鼓拦游客。"④不仅在北京，卖艺乞讨的凤阳婆还远达山西，"凤阳少女踏春阳，踏到平阳胜故乡。舞袖弓腰都未忘，街西勾断路人肠"⑤。而在南

---

① 俞婉君：《绍兴堕民服役权"门眷"的田野调查》，载《民间文化论坛》2004年第 6 期。
② 《历代竹枝词》丁编，第 2003 页。
③ 李声振：《百戏竹枝词》，《历代竹枝词》乙编，第 754 页。
④ 《历代竹枝词》乙编，第 661 页。
⑤ 孔尚任：《平阳竹枝词》，《历代竹枝词》乙编，第 659 页。

方，"弹弦卖唱都庐橦，多半邻村逐此邦。还有逃荒好身手，生涯花鼓凤阳腔"①，凤阳花鼓也成为各地人群逃荒乞讨的重要道具。

不仅是陆上，水上也漂泊着一些边缘人群，其中浙江的江山船，便是相当有名的边缘人群。黄韶九有《江山船竹枝词》："耶自头撑娘尾摇，调停中路有娇娇。衢州以下杭州上，水面生涯船一条。"②关于江山船，另有史善长《江山船即事戏学竹枝棹歌体十二首》③、沈清瑞《江山船竹枝词七首》④和潘奕隽《江船竹枝词》⑤等均有描摹。

对于都市风俗及人群，竹枝词中也有相当多的记载。如金烺的《广陵竹枝词》："十三学画学围棋，十四弹琴工赋诗。莫管人称养瘦马，只夸家内有娇儿。"⑥养瘦马是扬州的一种畸俗，自明代以来便为世人所熟知。而在北京，与都市生活相联系，也出现了各地人群与职业相结合的人文景观。如放债的多是山西人，"借债商量折扣间，新番转票旧当删。凭他随任山西老，成例犹遵三不还"。诗注："放京债者山西人居多，折扣最甚。然旧例未到任丁艰不还，革职不还，身故不还。"⑦卖水的多是山东人，"草帽新鲜袖口宽，布衫上又著磨肩。山东人若无生意，除是京

---

① 陈文瑞：《西江竹枝辞》，《历代竹枝词》丙编，第 1502 页。

② 《历代竹枝词》辛编，第 3995 页。

③ 《历代竹枝词》丙编，第 1598—1599 页。

④ 同上书，第 1450 页。

⑤ 同上书，第 1207 页。

⑥ 《历代竹枝词》乙编，第 673 页。

⑦ 佚名：《燕台口号一百首》，《历代竹枝词》丁编，第 1856—1857 页。

师井尽干"。诗注："挑水人所穿半臂，名曰'磨肩'。京师卖水俱山东人。"① 而做老妈的则多是京南人，"脚下鲜名布褂蓝，女奴多半是京南。老妈称谓何曾老，弱齿无非廿二三"②。

综上所述，竹枝词为移民史和社会地理特别是各地人群的研究，提供了生动的史料。

二、竹枝词与历史地理研究

竹枝词还可为历史交通地理的研究提供重要的佐证，对此，王子今先生曾作有《论郑善夫〈竹枝词二首〉兼及明代浙闽交通》（载《浙江社会科学》2004 年第 2 期），此处，再举一例说明。杨载彤《大理赴乡试竹枝词》：

> 雨衣草帽短烟戈，被套新缝为赶科。请托相知权代馆，束脩支过半年多。
> ……

---

① 得硕亭：《草珠一串》，《历代竹枝词》丁编，第 2002 页。
② 《历代竹枝词》丁编，第 2003 页。除了京南的三河、顺义等县外，还有河间府的妇人。清嘉庆时人杨燮《锦城竹枝词百首》曰："北京人雇河间妇，南京人佣大脚三。西蜀省招蛮二姐，花缠细辫态多憨。"诗注曰："河间府河间县妇人，多雇役在京都内。句容县妇人多雇役在南京省城中，号'大脚三'。蜀中蛮人妇女，在省城内止肯雇用，绝少卖作婢者。"（《历代竹枝词》丁编，第 1839 页）

辞行约伴尽勾留，走马斜阳入赵州。明日泥塘深处几，
大家谦问马锅头。

红岩云驿普溯过，取次沙桥过吕河。岭下定西咸楚近，
木滂坡又广通坡。

禄丰道接老雅关，省隔安宁咫尺间。公馆流娼纷劝酒，
先生到此尽朱颜。

峰头立马万山低，阅尽雄关下碧鸡。靴裤麂皮衣毡毽，
都知来客是迤西。①

从上述的描摹中，我们可以清楚地勾勒出从大理到云南的路
程，经过赵州、红岩、云南县、普溯堡、沙桥驿、吕河、禄丰、
老雅关和碧鸡关等地一路到昆明。以往的《一统路程图记》中尽
管有"云南布政司至所属府"的"本省由各府至金齿卫"②，但所
述远没有竹枝词来得具体、生动。而在明清时代，江南一些地
区编纂的路程图记中，往往也包括竹枝词，这些竹枝词常常有
对地形、地貌、名胜等周围景观的描摹，颇具自然及人文地理
色彩。事实上，如明代宁波府鄞县人张得中的大本《北京水路
歌》③，便是七言的诗歌，这首《北京水路歌》记载了沿途"所经
之处三十六，所历之程两月矣。共经水闸七十二，约程三千七百
里"，诗歌细致描述从宁波赴北京沿途所经地名、名胜古

① 《历代竹枝词》辛编，第 4179 页。
② 杨正泰：《明代驿站考（附：一统路程图记、士商类要）》，上海古籍出版社
1994 年版，第 161 页。
③ 清曹启淑著：《水曹清暇录》卷 3，北京古籍出版社 1998 年版，第 38—39 页。

千山夕阳：明清社会与文化（全新修订版）

迹①。类似的路程歌，实际上也可以称之为竹枝词。何以见得？笔者收藏有《杭州上水程歌、徽州下水路程歌》抄件②，这是明清徽商编纂的路程歌，后来又收集到《徽歙南浦口至杭路程竹枝词》，发现其内容实际上就是《徽州下水路程歌》③。由此看来，《大理赴乡试竹枝词》显然也可以作为从大理至昆明的路程歌来看待。

不少竹枝词的作者是土生土长的在地文人，他们熟谙乡邦掌故及当地的风俗民情；而另一些作者则是外来的观察者，这些人对于异地的风俗更是充满了好奇，"沿途据所见闻，兼用方言联成绝句，随地理风物以纪游踪"④，故而竹枝词对于一地历史文化的研究，具有无可替代的史料价值。尤其是对于小社区的研究，有着极为特殊的学术价值。有的竹枝词也就相当于一地的风土志，譬如，稍早于《历代竹枝词》出版的《中国风土志丛刊》（张智主编，广陵书社，2003年5月版），就收录了大批的竹枝词，显然，这些竹枝词几乎是被直接当成为风土志。事实上，一些竹枝词，也有的就是以风土志的名目出现。如《西山渔唱》（亦作《西山樵唱》）⑤，又名《扬州西山小志》。作者林溥自称：

余家居西山陈家集三百余年，其间轶事极多，素无记

---

① 参见拙文《宁绍信客研究》，载《面向新世纪的中国历史地理学——2000年国际中国历史地理学术讨论会论文集》，齐鲁书社2001年版。
② 参见拙文《新近发现的徽商"路程"原件五种笺证》，《历史地理》第16辑，上海人民出版社2000年版。
③ 参见拙文《新安江的路程歌及其相关歌谣》，刊《史林》2005年第4期。
④ 徐世溥：《楚谣》序，《历代竹枝词》甲编，第377页。
⑤ 与《历代竹枝词》不同，《中国风土志丛刊》作"西山樵唱"。

载，强半遗忘。今年避乱家居，搜索旧闻，已百无一二。仅就记忆所及，编为韵语，略当《西山小志》云 ①。

可见，《西山渔唱》或《西山樵唱》即相当于一部风土志。其《形势六首》开头即曰："西山自古擅风流，乔木森森荣载修。甲第极多商贾盛，由来人说小扬州。"自注曰："以形势论，西山诸集土著大姓中，惟陈家集僧渡桥为最。商贾市廛甲第相属，而陈集尤为天下通衢，车马往来尤多，俗有'小扬州'之称。" ② 揆诸实际，西山十三集星罗棋布，而《西山渔唱》分"形势""沿革""古迹""名胜""人物""轶事""异闻""农事""岁时""市肆"和"嘲俗"，这对于研究清乾嘉时代扬州近郊的社区文化，具有极为重要的史料价值。二十世纪八十年代，笔者在从事苏北历史经济地理研究中，曾在扬州、淮安等地收集到一批竹枝词，如《扬州风土词萃》《邗江三百吟》和《西山樵唱》等，其中就包含了大批反映盐政制度及社会风尚的史料。以《邗江三百吟》为例，如"丸名再造二引""丹号催生二引""月折""穿店""网顶飞轿""油篓肩舆""用盐撒""抢花冠""丁家湾公店""放头桥""请皮票""滚总""提纲""賀头"和"会票"等条，这些资料，为我们提供了一个独特的角度，对于考证明清时代两淮的盐政制度、徽商活动以及淮扬的社会生活，均有极为重要的学术价值 ③。

以下再以徽州为例，进一步说明竹枝词与区域研究的关系。

----

① 《历代竹枝词》戊编，第 2578 页。
② 同上书，第 2578—2579 页。
③ 参见拙著《明清徽商与淮扬社会变迁》，"三联·哈佛燕京学术丛书"第 3 辑，生活·读书·新知三联书店 1996 年版。

《中华竹枝词》仅收有清倪伟人的《新安竹枝词》一种，而《历代竹枝词》则收集了多种徽州竹枝词，兹列表如下：

竹枝词	作者	卷帙	页　码	备　注
《新安竹枝词十三首》	张云锦	丙编	第1640—1642页	
《新安竹枝词》	倪伟人	戊编	第2383—2385页	
《黟山采茶竹枝词》	舒斯笏	庚编	第3864页	原载民国《黟县四志》卷15《杂志·诗录》，第478页
《徽城竹枝词》	吴梅颠	辛编	第4039—4055页	
《采茶曲竹枝词四首》	孙茂宽	辛编	第4075页	民国《黟县四志》卷15《杂志·诗录》，第458页
《黟山竹枝词》	佚名	辛编	第4140—4144页	

尽管《历代竹枝词》一书对徽州竹枝词的收罗仍未一网打尽 [①]，但其中也有一些为以往竹枝词资料集所未见，如第五册

[①] 《安徽竹枝词》收录了明清以还安徽72位作者撰写的831首竹枝词，全书分为三辑：第一辑是直接记述安徽风土的竹枝词；第二辑是由皖人撰写、安徽本土以外（如卜魁、建宁、秦淮、扬州、都门、吴中、汉口、南昌、四川和广州等地）的竹枝词；第三辑是竹枝词研究方面的资料。该书收录的徽州竹枝词多达16种（另有一种作者祖籍为歙县，竹枝词反映的地域不明）。只是在抄录地方志中的竹枝词时，常常删去注文，而且鲁鱼亥豕之讹亦复不少。如施源《黟山竹枝词》及孙学治的《和施明府源黟山竹枝词》中的注文均被删去。"转头新塘没榛芜"（第71页），新塘应作"新圩"；"月眉云鬟逗新妆"（第73页），"逗"应作"斗"；"谁著青囊方至今"（第74页），"方"应作"厉"。有关徽州的竹枝词，管见所及者还有：佚名《歙西竹枝词》(安徽省博物馆藏，清乾隆抄本)，见《徽学》第二卷，第372—375页。此外，同治《黟县三志》、民国《黟县四志》等方志中，尚有不少竹枝词资料。笔者此前在皖南曾收集到一册油印本，题作《旧俗竹枝词》，内容是有关歙县的竹枝词。

（辛编）辑录的佚名《黟山竹枝词》手钞本全帙[1]，即是其例，今略举数首以见其学术价值：

小东门外是侬家，一径墙阴桑与麻。早制寒衣寄郎去，不栽洛下牡丹花。（旧《府志》云，黟多牡丹，本自洛移植，其后岁盛。宋南渡，无洛花，好事者于此取之。然无益于俗，故今种者绝少。）

少妇椎妆总布裙，踏青未肯去寻春。宵来深巷月如水，同纺木棉邀比邻。（《府志》：黟、祁之俗织木棉，同巷夜从相纺绩，女工一月得四十五日。）

才交谷雨采茶忙，紫笋绿芽夸月塘。日午隔篱闻犬吠，门前又到一行商。

思量马鬣何时封，遗骨求荣蛟水冲。犹请地师丁瞎子，明朝去看梅花龙。

老妇烧香地念珠，未知净土往生无。临终更嘱儿孙辈，地狱开完破血湖。

目莲［连］戏夜跳刀门，信女施斋坐血盆。共保平安迎大士，掷金鸣鼓去收瘟。

爆竹连天旧岁除，家家户户换新符。傩神到处抛麻豆，提傀儡偏［遍］说四都。

瘠土民多籴太仓，终看仰食西江粮。价高价低由庄客，

①　安徽大学藏道光稿本清抄本一册，《徽学》2000年卷曾选抄原作若干首（第375—376页），就目前披露的部分来看，其编排顺序与此处不同。

掺土掺糠自碓坊。

　　家传一首吃亏歌，门巷萧条苦竹多。痛饮浑忘人世事，新词和就醉颜酡。（先祖有《吃亏歌》）

　　上揭的九首，对黟县俭啬的风俗、妇女的勤劳、堪舆之风、迎神赛会、粮食供应以及徽州人处事待人的态度等，都有极为翔实的描述，不啻为一幅幅生动的风俗画卷。

　　此外，张云锦的《新安竹枝词》，选自《兰玉堂诗续集》卷11，亦属首次披露的珍贵史料。其中，有对徽州府城歙县景观的描述："长桥筑石数河西，太白楼高俯碧溪。老我入城频过此，秋空惟见野云低。"河西桥在徽州府西门外，明初筑木为之，弘治间始建以石，上有太白酒楼。又如，歙县的紫阳书院，"紫阳书院崇冈上，四季都闻诵书声。尽道文风今胜昔，新来山长是康成。"歙县桂林西北有海拔六百余米的飞布山（又名飞蝠山、安勤山或安勒山），山巅有石窟，山上有主簿庙，祀主簿葛显。据称，葛显于唐天宝年间敕谥灵惠，"宋嘉祐封公萧王"，墓在县南长陔，"民间祈雨，必祭萧王"，所以竹枝词有："主簿庙中灾禳去，萧王墓上雨祈来。乡村每岁逢春夏，牢醴纷纷雇力抬"。

　　除了府城之外，《新安竹枝词》对于村落社会的记载也相当生动。如水口是徽州村落最为重要的景观之一，"村居尽处谓之'水口'"，徽州人在水口地方多栽大树，起造亭台，"以遮去水"。根据张云锦的描述：当时歙县一带最大的村落水口是唐模许氏、路口徐氏，"两家相匹"。竹枝词对徽州村落的布局作了这样的描述："乡村尽处构园亭，凿水堆山鸟梦醒。名胜谁家并称最，唐模路口俨丹青。"关于唐模的村落水口，在乾隆时代佚名所作的《歙西竹枝词》中，有："新开水口指唐模，水面亭台列画图。一带沙堤桃间柳，游人尽说小西湖。"这些，对于村落景观的研究，均有一定的史料价值。

关于徽州的风俗，明代小说家凌濛初《二刻拍案惊奇》第十五卷有曰：徽州风俗，婚礼专要闹房"炒新郎"，凡亲戚相识的，在住处所在闻知娶亲，就携了酒榼前来称庆，说话之间，名为祝颂，实半带笑耍，直到把新郎灌得烂醉方以为乐。对此，张云锦的《新安竹枝词》称："风土新安重女郎，挫针治繀守家乡。只嫌恶俗难除却，娶妇新婚夜闹房。"前半段是说徽州妇女的勤俭持家，主持门户，而后两句则是将新婚家之闹房直斥为"恶俗"。此外，对于徽州妇女生活的其他侧面，也有细致的描述。如戴在头上以避田间日色的妇用凉帽，俗呼为"阴帽"，"芝麻菽粟田多种，蔓草青青共扫除。妇女尽将阴帽戴，不辞手钏去携锄"。妇女下田干活，手上还戴着手钏，这说明一些小康之家的妇女也参与田间劳动。在清代，妇女生活可能远没有一些史学家所想象的那么封闭。清代前期歙县生员程襄龙就曾指出，徽州"女人入庙烧香，戏场观剧"颇为普遍[1]。而村落频繁的戏剧演出中，男女混杂更是在所难免："村演梨园必夜阑，不分男女绕台观。探囊肤箧能无虑，此事还应禁宰官。"虽然官方和文人都对此种现象同声遣责，但即使是三令五申也显然收效甚微。

---

[1] 《澂塘山房古文存稿》卷14，《鳏鱼集》，第4页上，刊本，哈佛燕京图书馆藏。

《新安竹枝词》对于歙县的饮食亦颇多描述。如"岩镇潮糕味特粗，枉将诗句印模糊。不如买取酥糖吃，含弄雏孙尽足娱"，岩镇自明代以来即是徽州最为重要的市镇之一，镇上出产的潮糕相当著名①。据清李斗《扬州画舫录》记载，岩镇街有没骨鱼面。而有关徽面的记载，竹枝词提供了生动的史料："早汤纷向肆中过，面长（上声）鸡鱼煮满锅。试与方家翻食谱，唐模不及竭田多"。诗注曰："歙俗晨起过面肆食面，谓之'早汤'。方君士庶谓唐模、竭田面少而味佳，今惟竭田佳，而唐模远不及矣。"文中的"方君士庶谓"，是指乾隆年间侨寓扬州的歙县人方士庶所作的《新安竹枝词》，其诗有曰："山轿平扛压两肩，中途随处索盘缠。河西桥畔簿儿面，绝胜唐模与竭田。"原诗小注曰："舆人途中飧为吃盘缠，唐模、竭田面少味佳，彼则独嗜簿儿面，盖贪多也。"上述的两首竹枝词，都是我们研究徽州饮食习俗以及考索徽馆起源的重要史料②。此外，《新安竹枝词》对于徽州人的停棺不葬等习俗，亦多所揭露③。

除了反映徽州乡土社会状况之外，有些竹枝词亦涉及侨寓徽商的活动。婺源人王友亮的《上新河竹枝词》④，描述了南京上新

①　"俗以乾糕为潮糕，印诗句其上"。所以方士庶《新安竹枝词》有"唐诗摘句印潮糕"之句。（见张海鹏、王廷元主编《明清徽商资料选编》，黄山书社1985年版，第21页）

②　参见拙文《清民国时期江浙一带的徽馆研究——以扬州、杭州和上海为例》，熊月之、熊秉真主编：《明清以来江南社会与文化论集》，上海社会科学院出版社2004年版。

③　"不葬亲缘风水淆，家家厝所姓争标。阿如就此安窀穸，免得他年劫火烧。"诗注："徽郡最讲阴地，虽富家多为厝所。"

④　《历代竹枝词》丙编，第1415—1416页。

河徽州木商聚落，兹举其中的数首：

　　密栅高旗水一湾，行人遥指是龙关。赖他舟筏常时集，点缀才成小市闉。

　　上元佳节兴堪乘，酒价还随烛价增。准备缠头休浪与，居人相约待徽灯。

　　坝开四月水如天，两岸游人喜欲颠。持比秦淮应较胜，龙船看毕又灯船。

　　人家以外有沙滩，十里周遭尽属官，非陆非舟君记取，竹篱板屋是阑干。

　　茅檐虽小惯藏春，底事蛾眉不耐贫。一掷黄金轻远去，小苏州半属徽人。

　　上新河是徽商尤其是婺源木商麇聚之地，对此，王友亮之子王凤生所著《汉江纪程》^①记载："上新河为古白鹭洲，宋初曹彬曾破南唐兵于此，今成聚落，余家在焉，向设新江关征木煤杂税，今统谓之龙江关，置江东巡司。下新河乃石桥至仪凤门外河道，向设有关，明初使张得等御陈友谅出龙江关，即此，今仍设关抽税，谓之下关，置龙江巡司，余家上新河。"《上新河竹枝词》共九首，其中的五首对于徽州研究极具价值。上揭第1、4首是有关上新河徽商聚落的竹枝词，第1首是说上新河一带因舟船云集，而市廛自成一体。第4首自注曰："徽商木筏聚此，为

---

① 刊本，上海图书馆古籍部藏。

板屋以居，名曰阑干。"在徽州本土，粉墙黛瓦马头墙的徽派建筑望衡对宇，随处可见，但在各侨寓地却形成了不同的聚落景观。木商聚居的上新河之"阑干"即是一种，而在苏北新安镇，"饶者构瓦舍，次构草舍，草舍居什七，舍盈五六百间"，另一种记载说："鱼昌口芦舍鳞次，瓦室百一"[1]。当地的聚落既有瓦房又有草舍，而以草舍居多。这些，都与徽州粉墙黛瓦的村落景观迥然有别。《上新河竹枝词》的第2、3首，则是有关徽州灯的记载。关于徽州灯，甘熙的《白下琐言》："徽州灯，皆上新河木客所为。岁四月初旬，出都天会三日，必出此灯，旗帜伞盖，人物花卉鳞毛之属，剪灯为之，五色十光，备极奇丽。"直到太平天国以后，这一带的龙灯会仍然颇为繁盛，"洪杨乱后，上新河徽州木商灯会最盛，称徽州灯。四月初旬赛都天会，亦出斯灯。迨光绪中年，湘军灯会翘然特出，及丁未年，仅有水西门木商灯会一枝矣。其灯中有纸扎戏台，安置相［像］生人物，设机运动，最称特色"[2]。另外，上揭的第5首，则与徽商的生活方式有关。该诗自注曰："前明留京士夫多觅妾于此，谓之'小苏州'。"据此，我们得知除了扬州瘦马之外，明代以来士大夫以及徽商的追欢逐艳，同样也在南京上新河一带形成了一个"小苏州"[3]。

---

[1] 《复初集》卷14《鱼昌口芦舍鳞次，瓦室百一》，第39页。当然，也有的徽商在当地构筑园亭，如《复初集》卷12《题宗弟感君鱼昌湖亭二首》（第733页），即是。

[2] 江宁潘宗鼎辑：《金陵岁时记》，第3页下—第4页上。

[3] 王廷章：《竹枝词四首》："郎去金陵三月天，劝郎莫恋长江边，江水不比塘河水，多泊金陵买妾船。"诗注："里人往来金陵多买妾者。"（《历代竹枝词》丙编，第1210页）

除了《上新河竹枝词》这样集中反映徽商聚落社会生活的资料外，其他的一些竹枝词，也可作为徽商研究的旁证史料。如新安人吴浦舟之竹枝词句 ①，就反映了徽商聚居区汉口后湖一带的景致，可以与《汉口丛谈》《汉口竹枝词》等比照而观。有的竹枝词，对于徽商的活动则提供了一些线索。如《宜黄竹枝词》中有一首诗："赌墅楸枰石未移，回龙洞口暗难窥。不知几度樵柯烂，却费仙人两局棋。"该诗自注曰："昔日宝积寺有高僧，失其名号，善棋，无与敌者。一日有俊士来与对弈，容貌甚都雅，所谈亦非世俗事，僧疑其非凡，因询其乡贯，则曰：徽州纸商。僧亦挂锡于此，念乡中无此人，他日俟其去，迹之，则见登山后小径，化为黄龙，从石孔中蜿蜒而入，因名其处为回龙洞。" ② 这段记载虽然事涉仙道，但联系到江西宜黄的物产及其交易状况 ③，我们不难窥见徽州纸商在江西的活动轨迹。

在江南，各地的盐商多数来自徽州。胡适先生曾经以非常肯定的口气对读者说："你一定听过许多讽刺'徽州盐商'的故事罢！"这一点，在竹枝词中也有不少记载，彭孙贻《海上竹枝词四首》："姜家正住南市南，鲍郎场外柳毵毵。柳梢系船鸡喔喔，知有新安人卖盐。" ④ 鲍郎场在浙江海盐县南澉浦西门外地方，鲍

---

① 《历代竹枝词》辛编，第 4021 页。

② 谢阶树：《宜黄竹枝词》，《历代竹枝词》丁编，第 1931 页。此处对原文标点有所调整。

③ 同治《宜黄县志》卷 8《地理志·风俗》："邑人安居乐业，无富商大贾，逐末之事，惟苎布、斗方纸而已。"（第 292 页）在该书卷 9《地理志·物产·货之属》条下，列有斗方纸、牛胶纸等。（第 313 页）"中国方志丛书·华中地方"第 791 号，清张兴言等修，谢煌等纂，清同治十年（1871年）刊本，成文出版社 1989 年版。

④ 《历代竹枝词》甲编，第 375 页。

郎场所出之盐，土名鲍盐，那里的盐商以徽州人居多。清风泾在嘉善县东北十八里，亦即枫泾镇，"地当浙之交，为人文之薮"①，浙江嘉善人陈祁有《清风泾竹枝词》："藤溪世德忆当年，刲股曾将节孝传。余庆既长流泽远，煌煌姓氏列乡贤。"诗注曰："余家祖居安徽休宁县之藤溪，五世祖明所公早逝，妣吴淑人守节事姑，刲股疗疾。姑亡，亦自经死。蒙恩旌表孝烈入节孝祠。子即高祖云从公，始迁枫泾。生平道义自守，殁后公举入嘉善县乡贤祠，郡县志均有列传。"②陈祁的《清风泾竹枝词》，记载了一个小社区的社会生活。首先他叙及自家的情况："四世同居屋数椽，诗书孝友是家传。"对此，他进一步解释说："余家自曾祖至余弟兄四世同居。曾祖尧阶公举孝友，祖临先公举行谊，俱载《嘉善县志·列传》。"他又说："先严好藏古器，殁时兄在京师，余年尚幼，遂至散亡。光禄公好古，工篆隶，收藏尤富，近闻亦多散失，殊深慨惜！惟篆书、石鼓文各种尚存。现与庆淮、觐天二叔共商勒石珍藏。""先严藏书颇富"③，这些，与其他各地徽商搜藏金石古玩的举措如出一辙。在当地，除了陈家外，还有其他的徽商卜居。"里中科甲北直、江、浙三闱连绵不绝，出仕者甚多，今内外现任二十余人。内阁学士嘉善许竹君先生、王献广平太守、歙县谢沐堂先生洪恩，俱新迁里中。"故曰："文笔峰尖势插天，文昌高阁应星躔。泥金帖子联南北，况有新莺乔木迁。"④这与《紫堤小志》等方志记载的情况颇相接近。另外，竹枝词还

<hr />

① 乾隆五十二年（1787年）《清风泾竹枝词自序》，《历代竹枝词》丙编，第1431页。
②③ 《历代竹枝词》丙编，第1437页。
④ 同上书，第1438页。

记载了当地的经济状况："德星桥外野航斜，白布携来换紫花。残月尚明灯火乱，鸡声遥杂市声哗。"又曰："里产布，木棉色紫者曰'紫花'。新桥一名德星桥。俗夏秋以四五更为市，乡人云集。"① 据此推测，陈姓徽商可能最先是从事布业经营。

在清代，徽商的活动遍及全国各地，但以长江流域最为集中。钱林《瞿塘竹枝词》有"本是新安人，爱作西州贾。一过瞿唐山，泪落酸肠肚"②。钱林为浙江仁和人，这一带是徽商聚居之地，从竹枝词所言推测，其人祖籍应来出徽州。

在大批移民外出的背景下，徽州的风俗也影响到侨寓地。如《邗江三百吟》称，扬州有徽面之名"三鲜"者，鸡、鱼、肉也。大连者，大碗面也。所谓三鲜大连，即受徽州影响③。直到清末，上海的徽菜馆还有不少，"徽馆申江最是多，虾仁面味果如何。油鸡烧鸭家家有，汤炒恁君点甚么。"④ 乾嘉时代在扬州流行的油篓肩舆，"用竹篾做成如围，再加黑油以防雨，此舆之取乎轻便而不取华丽者，诗曰：'细篾编成罩墨油，载途轻便仿徽州。真同露筹霜筹裹，历遍崎岖可自油。'"⑤

除了徽州之外，传统的文化中心地苏州风尚亦风靡全国。明人文震亨《秣陵竹枝词》有"梨园子弟也驰名，半是昆腔半四平。却笑定场引子后，和箫和管不分明"⑥。周蓼邮《秦淮竹枝词》：

---

① 《历代竹枝词》丙编，第 1443 页。

② 《历代竹枝词》丁编，第 1901 页。

③ 《扬州历代诗词》，人民出版社 1998 年版，第 480 页。

④ 朱文炳：《海上竹枝词》，《历代竹枝词》庚编，第 3646 页。

⑤ 林苏门：《邗江三百吟》卷 3《俗尚通行》，第 439 页。

⑥ 《历代竹枝词》甲编，第 304 页。

"昆腔幽细气氤氲,豪饮人多面不醺。水榭近来张酒席,桥头门上戏平分"。自注曰:"南俗以弋阳子弟寓水西门,呼为'门上';苏伶寓淮清桥,呼为'桥头'。"① 入清以后,以征服者面目出现的满洲人,也很快被江南生活方式所征服,对于吴侬风尚亦步亦趋,如周亮工之子周在浚所作的《秦淮竹枝词》曰:"北人才得解征鞍,也学吴侬事事酸。金碗银盘都不用,素磁月下试龙团。"②

在东海之滨,"金貂素足本风流,家住南台十锦楼。却笑城中诸女伴,弓鞋月影画苏州"。诗注反映——福州城内外的景观迥异,"城外皆素足,城中缠足学苏妆"③。在广东,"茶商盐贾及洋商,别户分门各一行。更有双门底夜市,彻宵灯火似苏杭"。当地的女子装饰,也是"苏杭髻样细盘鸦"④。在湖北,"装船生板下铁行,新从汉口讨姨娘。苏州勒子扬州袖,只有他家时世妆"⑤。在浙江桐乡一带,乾隆时人张宏范《幽湖竹枝词》:"近来风气学苏州,热闹真如大马头。南北两京十三省,满装行李置花绸。"⑥ 在浙江嘉兴,"女郎十五学梳头,长髻新兴掩镜羞。古板阿婆如动问,低低答应是苏州"⑦。在四川成都,"不乘小轿爱街行,苏样梳装花翠明。一任旁观闲指点,金莲瘦小不胜情"⑧。在天津,"妆束花销重两餐,南头北脚效时观。家家遍学苏州背,

① 《历代竹枝词》甲编,第 421 页。
② 《历代竹枝词》乙编,第 818 页。
③ 许所望:《福州竹枝词》,《历代竹枝词》丙编,第 1712 页。
④ 何渐鸿:《羊城竹枝词》,《历代竹枝词》庚编,第 3724 页。
⑤ 彭淑:《长阳竹枝词》,《历代竹枝词》丙编,第 1220 页。
⑥ 《历代竹枝词》丙编,第 1155 页。
⑦ 马寿谷:《鸳湖竹枝词》,《历代竹枝词》乙编,第 677 页。
⑧ 定晋岩樵叟:《再续竹枝十五首》,《历代竹枝词》丁编,第 1893 页。

不避旁人后面看"①。对于苏州风尚的模仿，尤其体现在曲中诸姬中。在西北，兰州女子"脚背无隆骨，一经缠裹，即纤小胜于南方。亦天工，非人力也"。俗有"苏州头，扬州脚"之说。所谓"约缣迫袜效宫妆，纤小差堪累黍量。闺阁自应推独步，更无闲梦到维扬"②。西北也有"小苏州"之称，泾州是进入甘肃的首站，州中严家山号"小苏州"，名妓都在山上。客游到此，"往往不辞折履"。有一首《赛苏》诗曰："严家山号小苏州，山上花魁李玉楼。却喜使君新姓色，应来此土领风流。"③ 在上海，"各处方言本自由，为何强学假苏州。做官也要娴官话，做妓焉能勿学不"④。这首竹枝词以调侃的口气说——苏州方言成了妓院中的标准语，其情形就像官场上通行的官话一样。在饮食方面，乾隆时代北京就有"锦华苏式新开馆"⑤，成都的"苏州馆卖好馄饨"⑥，而在差相同时的扬州，苏式茶坊的价格也比扬款更为高昂⑦。

"绍酒真同甘露浓"⑧，由于绍兴酒的盛行，各地甚至出现了一些假冒伪劣的绍兴酒。清嘉庆时人杨燮的《锦城竹枝词》曰："北人馆异南人馆，黄酒坊殊老酒坊。仿绍不真真绍有，芙蓉豆腐是名汤。"⑨ 可见，当时的绍兴酒，不仅有自绍兴来的"真绍"，

---

① 梅宝璐：《竹枝词》，《历代竹枝词》庚编，第3247页。
② 《历代竹枝词》丙编，第1717页。王煦《兰州竹枝词·弓足》。
③ 同上书，第1716页。王煦《兰州竹枝词》。
④ 朱文炳：《海上竹枝词》，《历代竹枝词》庚编，第3640页。
⑤ 杨瑛昶：《都门竹枝词》，《历代竹枝词》丙编，第1590页。
⑥ 定晋岩樵叟：《再续竹枝十五首》，《历代竹枝词》丁编，第1895页。
⑦ 《邗江竹枝词》，《历代竹枝词》丙编，第1708页。
⑧ 杨瑛昶：《都门竹枝词》，《历代竹枝词》丙编，第1591页。
⑨ 《历代竹枝词》丁编，第1841页。

还有当地仿冒的"仿绍"。这种情形不仅局限于成都一地,"陈村水似鉴湖凉,酿酒终输箬叶香"。据载,粤城所沽绍兴酒,也都是由广州附近的陈村所伪造[1]。

三、《历代竹枝词》的特色

《历代竹枝词》与先前出版的《中华竹枝词》,其编纂方式一经一纬,分别从年代和地域的角度,为学界提供了迄今为止分量最重的竹枝词资料集,的确是厥功甚伟。当然,《历代竹枝词》也仍然存在一些不足:

一是有些竹枝词的收录未得善本。如第五册所收吴梅颠的《徽城竹枝词》,其中有近四十处出现缺字。如:

> 1. 府署来龙象七星,魁杓亭竿兆文明。□□□会最高敞,恰对五魁如掌挈。
> 2. 营建东山踞上游,四溪合作练江□。□山自此称雄镇,不必城居得胜筹。
> 3. 府城多井少池塘,夏月荷花不见香。□□县城丘壑美,店多成市闹攘攘。
> ……

---

① 查嗣瑮:《广州竹枝词》,《历代竹枝词》乙编,第727页。

关于吴梅颠的《徽城竹枝词》，歙县博物馆和安徽大学徽学研究中心均有藏本，安徽大学徽学研究中心胡益民教授根据歙县博物馆藏本将之整理、标点，发表于《徽学》2000年卷①。据此，则上述第一首中的空格应作"斗山文会"。不过，后者所录仍有一些错讹，笔者指导的博士研究生陈联根据芜湖市图书馆阿英藏书室②的写刻本，对此作了较为详细的校勘（未刊）。

二是有少量的重复收录。如吕及园的《滇南竹枝词》，一收入唐宋元明的甲编（第196—200页），一收入辛编的第4161—4166页。石方洛的《楠溪竹枝词》，既收入清咸丰同治朝的己编（第3069—3070页），又收入未能判别年代的清代编（辛编第4023页）。后者之来源不一，一出自《且瓯歌》附录，一出自《待辖集》，解题亦各不相同。第一处作："石方洛，字问壶，湖南平江人。府增生，官永嘉县丞。"第二处则作："石方洛，字问壶，江苏吴县人。"想来是因吴县亦号平江，故有两说之歧异。杨载彤的《大理赴乡试竹枝词十二首》，一收在丁编的第1896—1897页，该处有作者小传："杨载彤，字管生，号巘谷。嘉庆十二年丁卯（公元一八○七年）副榜，官马龙学正。有《巘谷诗钞》六卷"。另一处则收入于辛编第4179页，被列为未能判别的清代编。

此外，《历代竹枝词》的最大特色是以朝代编排，尽管可以非常清晰地反映出竹枝词发展的脉络，但竹枝词是地域色彩极强

① 徽州文献课题组：《徽州文献与〈徽人著述叙录〉的编撰（附凡例及样稿）》，《徽学》2000卷，第377—384页。
② 《历代竹枝词》编者也曾利用芜湖市图书馆藏阿英先生遗书，见姚文起《支川竹枝词》，《历代竹枝词》戊编第2395—2396页。丏香《越南竹枝词》，《历代竹枝词》戊编，第2104—2113页。

的一种资料 ①，就其与地域文化研究的角度来看，这样的编排方式利用起来就有所不便。唯一能够弥补此一不足的，是在书后按地域编列一个索引，遗憾的是，《历代竹枝词》并未能做到这一

---

① 《中华竹枝词》也有将地区误植者。如第三册江西部分，收有清童谦孟的《龙江竹枝词》(第2382—2392页)。其中有句曰："一秋晴噪卖柴天，赶进乌山奉化船。"另一句曰："剃头店里轿堪呼，每店路头两轿夫。两上慈溪南上府，朝朝抬得气嘻吁。"另自注为："童氏剃头店，俱是路头惰民所开。"原书标点作"路头、惰民"，误。路头当为地名，惰民即浙东堕民，剃头为其职业之一，而奉化、慈溪亦均在浙东。据《龙江竹枝词》自序云：当地的地名为童家市，当在浙江慈溪县西后江南岸，祝渡镇之东，一作童家浦。故此，《龙江竹枝词》应归入《中华竹枝词》第三册浙江的"宁绍"部分。第六册清谢道承的《南台竹枝词》(第3895—3896页)，从"钓龙台"、"罗星塔"等地名来看，所述是福州南台的内容，而不是台湾的内容，故应归入第三册"福建"部分。除了省别外，还有的是地区归类错误。如吴兴是今湖州一带的别称，清人李良年的《吴兴竹枝词》，不应归入"宁绍地区"，而应该归入"嘉湖地区"。《中华竹枝词》中的"其他"是编者认为那是一些"难以明确判断地区归属的作品"。(《中华竹枝词》第一册，第7页"前言")但其中的一些实际上仍可见地域。一种情况可根据它的地理形势来断定：如清袁宝璜的《东江竹枝词》的"东江"虽然乍看无法确定是实指或虚指(即使实指也有两条)，但它是一首反映水上居民风俗的诗句。其中有"篷窗低盖首连舳，行到三河看打包。三河坝里三条水，来路汀嘉去路潮。"(第4021页)汀指福建的汀州府，嘉和潮分别指广东的嘉庆州和潮州府。从地理形势上看，"三河"当即三河镇，位于广东大埔县西南四十里，大靖溪及梅江自此东西合于韩江，故名。(见臧励龢《中国古今地名大辞典》"三河镇"条，商务印书馆香港分馆，1982年重版本，第32页)。显然，这是反映广东民俗的竹枝词，故该竹枝词应归入第四册广东部分的"潮汕梅及其他地区"。二是根据地名的别名来判定。如"庐阳"是庐州府的别称，故蔡家琬的《庐阳竹枝词》(第4026页)，吟咏的对象应是安徽合肥一带，应归入第三册的"安徽"类。一种可根据内容来断定：如清王仲儒的《东场竹枝词》首句有"吴陵北去水悠悠，也有官堤带荡舟。酒肆歌台随处胜，分司原住小扬州"，第二首有"处处官场灶火开"，第三首有"团南团北动渔船"句(第4022页)，显然，这些都是苏北盐场的景观，故应归入第二册"沪苏"类的"江北地区"。还有最后一类，可以根据竹枝词所引自的文集之作者来考证。

点。当然，中国大陆的出版物绝大部分在书后未列索引，这可能有许多方面（如篇幅和成本等）的考虑，不是编者所能决定的。

四、竹枝词资料收集的回顾与前瞻

笔者以为，《历代竹枝词》的编纂、出版，是竹枝词资料整理的一个里程碑，它必将引起多学科的关注和兴趣。就社会文化史和历史人文地理研究而言，该书应是区域研究方面的案头必备书。当然，竹枝词资料的汇纂，并不应该就此而完全结束。根据顾炳权的估计，全国范围内的《竹枝词》专书在千种上下，总数超过十万首。其中，以北京、上海及江浙一带为高产区，竹枝词书目在百种上下，总数量各有万首之多。据此看来，现有的竹枝词资料只相当于总数的四分之一。

不仅如此，地域性的竹枝词资料集仍有继续编纂的需要，此前，国内已出版《北京竹枝词》《成都竹枝词》《扬州竹枝词》《武汉竹枝词》《安徽竹枝词》《上海洋场竹枝词》[①]《上海历代竹枝词》[②] 等，但许多区域的竹枝词尚未收罗完备[③]。以《历代竹枝词》

---

① 上海书店出版社 1996 年版。

② 上海书店出版社 2001 年版。

③ 以绍兴为例，清末山阴文人胡维铨即作有《越中竹枝词》，收录竹枝词六七十种，计三千七百余首。可见，当地的竹枝词亦极为可观。参见裘士雄《关于越中竹枝词》，载《绍兴师专学报》1991 年第 1 期，见氏著《文史掇拾》，中华书局 2001 年版。

所收竹枝词来看，不仅有不少竹枝词未能收入该书，而且在地域上也有畸轻畸重的问题。如福建省竹枝词的收录就相当之少，兹以清代的府分为例，列表如下：

府	竹枝词	作者	卷帙页码	备注
福州府	《毗陵潘中丞重浚西湖余暇日出游感今追昔成诗二十首殊愧鄙俚聊当棹歌渔唱云尔》	黄任	乙编，第 735—736 页	
	《南台竹枝词》	谢道承	乙编，第 810 页	
	《福州竹枝词十八首》	杭世骏	乙编，第 932—933 页	
	《福州竹枝词》	查奕照	丙编，第 1449 页	
	《福州竹枝词》	许所望	丙编，第 1712 页	
	《福州竹枝辞四首》	钱林	丁编，第 1899 页	
	《南台杂诗》	郑开禧	丁编，第 1969 页	
	《闽南竹枝词》	袁紫卿	辛编，第 4000—4001 页	"大耳环垂一滴金，四时群服总元青。蝇头簪插田螺髻，乡下妆成别样形。""满绣花鞋赤足拖，绵蛮鸟语唱新歌。靓妆倚笑偎篷坐，道是南台科底婆。"所述为福州旧时天足的田婆和曲蹄婆，故《闽南竹枝词》一名不确，当作《闽东竹枝词》或《闽中竹枝词》。
	《南台竹枝词》	赵涵	辛编，第 4009 页	

府	竹枝词	作者	卷帙页码	备注
兴化府	《竹枝词为胡彦远纳姬赋》	周亮工	甲编，第 339—340 页	
	《木兰竹枝词》	林尧光	乙编，第 439 页	
延平府	《延平竹枝词四首》	朱克生	乙编，第 468 页	
邵武府	《光泽竹枝词》	何长诏	辛编，第 4018—4019 页	
泉州府	《厦门竹枝词》	释元璟	乙编，第 449 页	
	《泉州竹枝词》	史承楷	丙编，第 1643 页	
	《鹭门竹枝词》	郑开禧	丁编，第 1969—1970 页	
漳州府	《漳州竹枝词》	许七云	乙编，第 829 页	
不明	《闽江竹枝词十首》	钱秉镫	甲编，第 312 页	
	《闽中竹枝词八首》	康琨	乙编，第 892—893 页	
	《闽岭竹枝》	李良年	乙编，第 646 页	

明清时代福建的科举异常繁盛[①]，文人的竹枝词创作一定不在少数。而在另一方面，福建各地的风俗特色鲜明，这吸引了许多外地人，由此而留下的竹枝词应当颇为可观。而从上表可见，闽南、莆仙的竹枝词显得相当之少。以莆仙发达的区域文化，不

---

① 参见［美］何炳棣著《科举和社会流动的地域差异》，王振忠译，陈绛校，《历史地理》第 11 辑，上海人民出版社 1993 年版。

至于只有寥寥可数的几首竹枝词。再如福州，仅笔者涉猎所及，比较有价值的竹枝词就有：福建省图书馆特藏部收藏的佚名所辑《闽竹枝词》(民国年间抄本)，1962年福州乡土史家郑丽生所辑《福州竹枝词》(春欀斋写本)，等等。另外，郑丽生还作有《福州风土诗》(1963年春欀斋抄本)。这些，都可以让人清晰地勾勒出清代以来福州人的社会生活。由此可知，福建省其他地方，也一定会有大量竹枝词存世。看来，竹枝词与地域文化资料的收集和研究，仍然是大有可为。

　　除了直接标明地域的竹枝词外，由于明清时代一些行当职业与地缘的相结合，出现了闻名遐迩的区域人群，故此，一些行业性的竹枝词，也很值得关注。如徽州歙县芳坑江氏茶商文书资料中的《茶庄竹枝词》[①]，哈佛燕京图书馆收藏的《典业须知录》中的《典当竹枝词》[②]，清牛应之《雨窗消意录甲部》卷3《续文章游戏》中的《幕友竹枝词》[③]，等等，这些，对于"无徽不成镇，无绍不成衙"的研究都提供了重要的史料，值得我们费心收集、整理和研究。

[①]　此书较早提及者，见胡武林著《徽州茶经》(当代中国出版社2003年版，第199—203页)。胡氏另作有《〈茶庄竹枝词〉赏析》，载同书，第172—176页。他认为，《茶庄竹枝词》为歙县芳坑茶商江耀华所撰，今人亦多沿此说。不过，多年前笔者在收集到的晚清婺源文书中亦见到相同内容的抄件，可见，此竹枝词应为江耀华所抄录，他并不是原始作者。

[②]　参见拙文《清代江南徽州典当商的经营文化——哈佛燕京图书馆所藏典当秘籍四种研究》，载《中国学术》第25辑，商务印书馆2009年版。

[③]　清刊本，复旦大学图书馆古籍部藏，第34页上—第35页上。

《宦游笔记》：十八世纪中国的社会地理景观

近二十年前，谭其骧先生曾将历史人文地理比喻为尚待开挖的一座富矿，并预言："历史人文地理将是中国历史地理研究领域中最有希望、最繁荣的分支。"[①] 在那篇论文中，他列举了历史人文地理研究方面的几部重要著作，如丘濬的《大学衍义补》、章潢的《图书编》、谢肇淛的《五杂组》、王士性的《广志绎》、顾炎武的《天下郡国利病书》和李培的《灰画集》等。其中的一些史籍，此前已受到学界的高度重视，陆续出版了一些研究论著。不过，对相关史料的发掘和利用，显然还有极大的开拓空间。以盛清时代为例，纳兰常安的《宦游笔记》即是一部极富研究价值的原始资料。

[①] 谭其骧：《历史人文地理研究发凡与举例》，《历史地理》第10辑，上海人民出版社1992年版，第22页。

一、纳兰常安与《宦游笔记》

《宦游笔记》一书全名作《受宜堂宦游笔记》，关于此书，邓广铭先生在《桑园读书记》中曾有"受宜堂宦游笔记"一条，对作者生平及该书内容作了言简意赅的评点：

> 《受宜堂宦游笔记》四十四卷，纳兰常安撰。常安字履坦，镶红旗满洲人，由举人笔帖式，官至浙江巡抚。著有《明史评》若干卷、《受宜堂居官说》三卷、《居家说》三卷、《受宜堂集》四十卷、《诗余》三卷、《瀚海前后集》若干卷、《浑水三春集》若干卷、《班余剪烛集》十四卷、《驻淮文集》七卷、《诗》五卷。是编有常安乾隆十一年自序，及前一年陆成岑、鲁曾煜两序。陆序称其书为二十卷，盖又次第增刻也。凡为《京畿》八卷、《盛京》二卷、《山东》二卷、《山西》二卷、《河南》一卷、《江南》三卷、《浙江》十卷、《江西》三卷、湖广、广东、广西、云南各一卷，《贵州》三卷、《西陲》二卷、《北路》六卷。自谓笔记百余册，择刻十之一二，以居官久暂，分记载繁简。官浙最久，所纪最详。余以省分，浙则以地分，川、陕、福三省，以辙迹未经，故无记。西陲亦未经行而有记者，重边防也。所记之不系于地者，则统之京畿。苗疆已见《贵州通志》，《北路》已见《瀚

海集》，余亦有与诗文集详略略同者。大约《北路》一编最资考证，以身所亲历，独见真际；次则西边，亦得要领；其余山川风俗，参以旧闻，证以今事，俱资谈助。惜喜弄笔，忽论忽辨，末有门人批尾，备致揄扬，为可嗤鄙。……其所为诗文集，有全祖望序，颇称美之，今皆不易见。《笔记》尤为秘笈，惜缺《京畿》三至五卷，无从抄补，为抱残守阙耳①。

从邓氏的介绍来看，他所见到的《受宜堂宦游笔记》为残本，《京畿》三至五卷则付诸阙如。而笔者目前所见的版本，原书藏台湾师范大学，后收录于台北广文书局 1971 年印行的"笔记四编"，其中有邓广铭先生未见的《京畿》卷 3 至卷 5，当为全帙。

清乾隆十年（1745 年），会稽人鲁曾煜在该书序中，曾称赞纳兰常安其人"植姿以敏，秉性以静，读万卷书，目过不忘，著作等身，流播寰宇"。对于此书，则称"浙江大中丞常公宦辙所至，几遍天下，乃荟萃其见闻所获，名曰《宦游笔记》"。②这里的"浙江大中丞常公"，即指纳兰常安。

从纳兰常安的经历来看，他颇有"读万卷书，行万里路"的志向，其人曾自称："余性嗜书，虽暑夜不废读。"③并认为："人

---

① 邓之诚著：《桑园读书记（附：柳如是事辑）》，辽宁教育出版社 1998 年版，第 88—89 页。
② 《宦游笔记》序，广文书局 1971 年版，第 2 页。
③ 〔清〕纳兰常安：《宦游笔记》卷 4《京畿四·看书》，第 347 页。按：引文中的标点，均根据笔者个人的理解作了重新句读。

生所称乐事者，入则拥书万卷，出则遨游四方，两者迭相取资，其乐常至于不可极。太史公网罗百氏，游历名山大川，有以浚发其心思，开启其神气，故为文淋漓飞动，投之所向，无不如意；杜少陵细于诗律，自夔州以后吟咏益奇，是游历之有资于著述也，古今人岂不相及哉！"①在这里，他列举了司马迁和杜甫的例子，藉以阐述游历与著述之间的关系，并以二者之相辅相成引为至乐。从《宦游笔记》一书来看，纳兰常安似乎是个颇有情趣的人物。譬如，他在该书的《花鸟》条中就写道：

> 署中花木繁盛，当烂漫时，案牍劳形，无暇吟赏，人与花两忘若无情矣。监临一月，日在一泉亭上，盥漱之余，初无寓目，秋卉盈前，依依可玩，又花与人相值，不觉有情，而乐心生焉。夫乐心一生，足不必履丘壑，目不必睹林泉，萧然出尘之想，不啻薜裳有余韵，轩冕无营情，始知繁剧足以减性，而清闲信能写心也。②

从这段文字来看，纳兰常安之为官仕宦，力图保持一种愉悦的心态。他在各处游历时，对于自然界及人生世态均有细致的观察。从《宦游笔记》一书来看，纳兰常安对十八世纪中国社会地理景观的状摹，的确可谓"叙次如画"。

---

① 〔清〕纳兰常安：《受宜堂集》卷8《记二·南行记》，《四库未收书辑刊》第9辑第22册，北京出版社1997年版，第266页。
② 〔清〕纳兰常安：《宦游笔记》卷31《江西三·花鸟》，第1554—1555页。

二、区域人群现象与风俗文化变迁 [①]

1. 满族人以少数民族的身份入主中原，推行驻防制度，故而在清代，全国有不少地方都出现了一些俗称为"旗下街"的社区。作为一名满人，纳兰常安对于满人风俗有颇为详尽的描摹：

> 满洲祭祀，礼简而诚重，至若笾豆簠簋灌献乐奏之仪，或不尽备，然于夫子祭如在义，则甚有合。当祭期数日前，即令主中馈者亲操井臼，选梁粢，造麹蘗，以为酒糕之需。自办祭日起至正祭，不吊丧，不问疾，不施鞭挞。祭日，五更起，秉虔献牲，煮熟供祭。既彻，集亲朋食之，食罄则已，不得留余。连祭二日，有首日内祭，而次日外祭者；有首日外祭，而次日内祭者。内祭设椑屋内之西，跪拜西向，俗名曰"挑神"；外祭设椑屋外之南，跪拜南向，俗名曰"还愿"。按古称室西南隅为奥，是鬼神游降之地，故当时用此意，但在屋外则稍异耳。或曰：以阳明尊祖考也。

[①] 关于对各地人群现象的研究，笔者在业师邹逸麟教授主编的《中国历史人文地理》（科学出版社2001年版）一书中，撰写了第十章《历史文化景观形成的地理与历史背景》。此一部分文字，后被收入邹逸麟编著的《中国历史地理概述（修订版）》（上海教育出版社2005年版）第十三章第三节。

还愿，止供肉饭二具，食客亦如之，虽富贵家，亦不杂置盘盂。跳神，则增以糕饵黍酒而已。

此处提及满人的内祭（跳神）、外祭（还愿）等。对此，当时的一位文人杨永钰指出："今每见汉人旧家大族子孙既众多，吊丧问疾或不至，而祭祀必至，非诚也，其志将以求食也。当办之家，祖宗之遗业厚者粟支三年，故凡戚族有公务义举，或缩首闭户，而办祭必不少让，非孝也，亦将有以利吾家也。祭日纷纷雁集，无约束，无条款，无威仪，惟听其声啧啧不休，问所争何事，曰享馂之厚薄而已。其有至狂醉殴骂者，长老不能禁也。前辈每叹中国人礼有余而诚不足，迨其后并礼亦不足。观此，则知满洲风俗，纯是一团元气。"① 杨氏的这种评价对满族虽然颇多溢美之辞，而且，汉人的风俗在各地也有极大的差异（例如，皖南徽州的祭祀，尽管不可否认亦有经济利益的驱动，但其条款、威仪也同样具备），不过，就总体而言，上述的这段评论，也在一定程度上反映了满汉之间在祭祀礼仪上的细微差异。与汉人风俗相较，满族风俗显得更为原始和敦厚。

当然，随着满族人汉化程度的增加，双方之间的交流与互动也相当频繁，其中的重要表现之一是与汉人通谱。关于通谱，早在明代就已相当盛行，当时的不少笑话甚至用极为猥亵的故事嘲笑民间的通谱行为（具体可参见《笑林广记》等）。关于清代的满汉通谱，《异姓通谱》条曰："《南部新书》令狐绹以姓氏少族

_____

① 〔清〕纳兰常安：《宦游笔记》卷6《京畿六·满洲祀礼》，第425—426页。

人，有投者，不吝其力，由是远近皆趋之。至有姓胡冒令者，温庭筠戏为词曰：自从元老登庸后，天下诸胡悉带令。近有噶、葛二姓连宗者，予讶之。葛姓曰：家兄不过多我一口。闻者粲然。及葛遭变，噶极力营救，遂以获免。后噶身故，葛抚养其子，与犹子无异。噶、葛连姓，几与令狐同，而友爱之思，居然骨肉，患难死生，总无歧视，较之同室操戈、竟成吴越者，天壤悬矣。"①在当时，通谱联宗极为普遍。乾隆五十九年（1794年）热河安远庙大殿琉璃瓦脱落数十陇，并将下面两层檐瓦悉数砸坏。当时，清高宗正好驻跸热河，闻听此事勃然大怒，传旨严令追究责任。结果，负责此项工程的户部右侍郎、总管内务府大臣巴宁阿被革去花翎黄褂，交内务府严查治罪。顺藤摸瓜，抖出了一桩与扬州盐商交结联宗的大案②。类似于此的联宗现象，在满汉之间亦时有所见。

2. 明清以来，在中国的许多地方，都出现了具有明显区域特征、对中国社会产生不同程度影响的各类人群，他们有着纵向遗传和横向衍播的民俗传承，如徽州朝奉、绍兴师爷、凤阳乞丐和山西票商等，其名称在历史时期均约定俗成，都是蜚声远近的区域人群③。对此，纳兰常安在其著作中，留下了诸多生动的描

---

① 〔清〕纳兰常安：《宦游笔记》卷7《京畿七·异姓通谱》，第481—482页。
② 中国第一历史档案馆《乾隆五十九年查办巴宁阿与盐商交结联宗案》，《历史档案》1994年第1期。
③ 关于这一点，参见笔者所拟的《区域人群文化丛书》序，福建人民出版社1994年版。

述，如《女耕》条就写道：

> 江南庐、凤一带，其田皆妇女耕种，而男子坐食之，人家婚聘，作伐者必问男养女乎，女养男乎。男养女者，或饶于财，或男子自能经营，无烦妇力也；若女养男，此妇将有于田之责矣，其聘金必重，否则勿许。客过此地，见耕者、耘者、车戽而担粪者，无非妇女也。更有一种能出外营生，散行各省，到春时乡邻结伴，着青布袄，至人家锣鼓唱曲，名曰"打花鼓"，所得钱米，归以养其家，积久成习，遂至桑间濮上，混入烟花，其中略有姿色者，颇能修饰，到处哄观，填塞街路，此真伤风败俗一大端也。今地方官亦知禁斥，稍稍潜避，然其俗非此不足以谋生，逐去又来，畏法不至者，不过十分之一而已。①

"江南庐、凤一带"，是指清代江南省的庐州府和凤阳府（康熙以后属安徽省）。明清时代，庐州府和凤阳府的风俗颇相接近，所以凤阳乞丐所唱的花鼓歌词中有"家住庐州并凤阳，凤阳原是好地方"的句子。庐州府和凤阳府位于江淮之间，明朝弘治年间修筑太行堤之后，黄河全流夺淮，使得凤阳府等地的生态环境进一步恶化，陷入了"大雨大灾，小雨小灾，无雨旱灾"的尴尬局面。因连遭灾患，水利农桑事业废弛，当地民众遂逐渐形成一种不事产业、轻出其乡的习气。对此，明人张瀚就曾指出：

---

① 〔清〕纳兰常安：《宦游笔记》卷18《江南三》，第945—946页。

"庐、凤以北接三楚之旧，苞举淮阳，其民皆呰窳轻惰，多游手游食。"①"呰窳"亦即贪懒、不肯力作、萎靡不振的意思。因此，在庐、凤一带，女子更多地担负起生产和生活的重任，即使是外出打花鼓，主角仍是花鼓女，而作为"王八"的男子也只是以配角的身份出现②。

与凤阳乞丐齐名的还有山西票商。票商的大本营是在山西的平遥、祁县和太谷等地，他们"克勤任劳，尤为素习，孤身远出，经营数十载，不获利不还，动能素手致富，捆载以归，皆由勤俭中得来耳"。③对于他们的勤俭起家，纳兰常安指出：

> 太原《禹贡》属冀州，周成王封母弟叔虞于尧之故墟，曰唐，今太行恒山之西，太原太岳之野皆是。唐俗勤俭，《蟋蟀》良士所由赋也。今居民虽家藏甚厚，日用之间自奉甚薄，有终年不食肉、终身不衣帛者，朴陋之风，彼此各不相笑。特直率尚气，小忿辄相竞成讼。素性吝啬，而独于讼事，虽荡破家产亦不顾惜。是以对簿之中，以细事而酿巨祸者甚多，亦任气所致也。至创造室宇，动图久远，必大木高墉，恢宏完固④。

这段记载首先从先秦的文献典故中，探寻山西人勤俭持家的

---

① 〔明〕张瀚：《松窗梦语·商贾纪》，"明清笔记丛书"，上海古籍出版社 1986 年版，第 74 页。
② 参见拙文《凤阳花鼓新证》，《复旦学报》1995 年第 2 期。
③ 〔清〕纳兰常安：《宦游笔记》卷 14《山西二·民俗》，第 760—761 页。
④ 同上书，第 760 页。

历史民俗渊源，接着对盛清时代山西商人的社会生活做了相当生动的描述。其中提及的那种"恢宏完固"之"大木高墉"，迄今在晋中平遥、祁县一带仍有诸多遗存。山西人虽拥赀巨万，但自奉甚薄，只是在诉讼纠纷时不惜血本，这其实也与当地商业发达密切相关。通常说来，商业发达之地，人们的契约意识便会格外浓厚，此疆彼界的畛域也就相当严格，一旦越过了界限，人们便会通过官司诉讼来加以解决。因此，无论是皖南之徽州还是山西的晋中，都是诉讼之风炽盛的地区，这与当地经商风气之浓厚，其实是同一问题的一体两面。

盛清时代晋商的如日中天，也极大地影响了山西的风俗。"太原元宵"条曰：

> 太原民风俭朴，独于元宵灯火颇盛，会城居民，于门前用砖或坯，各垒火炉，方四五尺，高五六尺，小而圆者，亦约三尺余，炉形仿八卦，四面玲珑，腹然煤炭，名塔儿火，又曰塔塔火。炉之左右竖木杆，悬红灯，上缚松柏枝，日暮炉火齐然，照耀荧煌，可称火市。月魄下临，万户火光上达，士女游观者缤纷杂沓，暖气熏蒸，几欲汗流浃背。巨商大贾彼此争奇，购南北色灯悬铺内，设鼓乐笙歌，酒肴饤饾，邀朋集饮，遇相识者延至上座，倾三爵而去。官长经过，无论尊卑，群起捧盒执壶，长跪献爵。爆竹花筒之声，如连珠无间，此饮未罢，彼又扳辕，午夜不休。历观别省灯节，繁丽或过之，而以火为市，实无如太原者。[1]

① 〔清〕纳兰常安：《宦游笔记》卷14《山西二·太原元宵》，第761—763页。

对此，芜湖人陆成岑评点说："称元宵者曰六街灯火，他省灯则有之，火则未也。若太原方不虚此二字。"① 富商大贾从南北各地购入色灯，为节日民俗平添了诸多浓墨重彩。除了元宵的六街灯火外，太原府的送穷之俗也颇为别致。"家贫有女者，于正月初五日，作人长三四寸，以绸绢为衣，项下带银数分，或钱十数文，二三更后，折除尘土，陈列香烛，送出门外，为乞儿抢去。先是乞儿往来长街，喧呼：速送穷根离宅，不可迟滞！送者不嗔"② 。此一风俗相当独特，揆情度理，在一个富商大贾林立且贫富分化悬殊的社会中，送穷的风俗反映了挣扎在社会底层的民众摆脱贫穷之强烈渴望。

明清时代，严州府建德县一带的九姓渔户，主要活跃于杭州、绍兴、金华、衢州四府以及皖南的徽州府。对此，纳兰常安书有"九姓鱼船"条：

> 建德隳民止九姓，吏各给一纸牌，出入境土，其人既非土著，而又时时浮泛江海，性剽悍，为居民蠹，居民以为患，不齿之。于是九姓争自濯磨，相与敛戢，止于九姓内自结婚姻，若朱陈然。其初尚以捕鱼为业，近且生聚富饶，造巨艘，通盐、茶之利，相率而知礼义，重廉耻，非复囊之习气矣。然其族终身栖息篷窗中，不宅原陆，女子多修容弓

---

① 乾隆六十年（1795 年）正月十五，"元宵月色甚佳。太原每于元夜，当门攒石炭，高数尺，以火然之，名曰塔火。街衢照耀如昼，巨观也"。（〔清〕李燧：《晋游日记》卷 3，山西经济出版社 2003 年版，第 65 页）
② 〔清〕纳兰常安：《宦游笔记》卷 14《山西二·送穷》，第 763—764 页。

足，挽鬓云，颇能于险处撑篙捩柁。当其岸平潮落，风帆顺张，则又咸理女红，巧夺针神，往往客商艳之，聘以千金不屑也。①

九姓鱼船俗称江山船，在新安江流域分布广泛。根据民间传说，元末陈友谅兵败，子孙九姓（陈、钱、林、李、袁、孙、叶、许、何）家属被贬新安江——钱塘江流域舟居，以撑船、背纤谋生。此后，新安江干支流上漂泊的船民，便是"九姓渔民"之后裔。上述的这段描述，反映了随着水上交通和商业的繁荣，九姓渔户这一区域人群在清代前期已逐渐发生了变化②。

在清代，山西乐户也是著名的区域人群。对此，乔健等人认为："乐户被排除于宗族组织之外，因而在亲属关系、祖先观念及祖先崇拜上与农民迥异。同时在道德与价值观念上、人际关系上、生活习惯上、婚姻与家庭以及宗教信仰诸方面都有独特的理念与行为。"③关于这一点，纳兰常安有一段记载：

予由太原赴五台，过代州，行未十里，大雪漫空，飘扬马首，时近寒食，雪着衣，衣尽湿，因急走村庄，避庙中。庙无他神像，惟一泥塑将军，身披金铠，露顶盘坐，左手执剑，右手执金镧。怪而询之土人，曰：此村半居乐户，庙乃

① 〔清〕纳兰常安:《宦游笔记》卷27《浙江九·严州府·九姓鱼船》，第1359—1360页。
② 参见拙著《新安江》，江苏教育出版社2010年版。
③ 乔健、刘贯文、李天生著:《乐户：田野调查与历史追踪》，唐山出版社2001年版，第8页。

乐户所建,神即乐户供奉者,名柳盗跖。春秋时,柳下惠之弟聚众为盗,战北而走,值乐户报赛,避于俦众以免,殁后颇著灵异,乐户遂建庙祀之。是言也虽属荒唐,然以臆断之,乐户污贱,惟利是图,必择古今第一为利者以为祖,其奉盗跖也,不亦宜乎![1]

明清以来,对区域人群祖先之塑造的例子屡见不鲜,如前述的九姓渔户,传说中就是陈友谅兵败被贬舟居的九姓后代;在皖南的黄山白岳之间,"徽州朝奉"一词据说为皇帝金口玉言所封;而在闽江之滨的福州,由麻风病人形成的甲首组织则奉祀明代奸臣严嵩[2]……这些案例与此处的以柳盗跖为乐户之祖,皆同属于对区域人群祖先的塑造。关于山西乐户,清雍正皇帝虽然下旨削除贱籍,但似乎收效甚微。此处对乐户信仰的描摹,颇为生动。

明代以来,随着两淮盐业的发展,大批徽商西贾聚居于扬州,与此同时,不少服务性行业的手工艺人也从四面八方纷至沓来。当时,扬州城五方杂处,土著人口一度仅为侨寓游民的二十分之一。其中,自然是以男性占绝大多数,而且又以单身男子居多。再加上扬州地处运河沿岸,四方来往仕宦商贾不断,故而形成了"养瘦马"的畸俗[3]。所谓养瘦马,明人谢肇淛在《五杂组》卷8中指出:"维扬居天地之中,川泽秀媚,故女子多美丽,而

---

① 〔清〕纳兰常安:《宦游笔记》卷14《山西二·柳盗跖》,第782—783页。
② 参见拙著《近600年来自然灾害与福州社会》,福建人民出版社1996年版。
③ 参见拙著《明清徽商与淮扬社会变迁》,生活·读书·新知三联书店1996年版。

性情温柔，举止婉慧。所谓泽气多，女亦其灵淑之气所钟，诸方不能敌也。然扬人习以此为奇货，市贩各处童女，加意装束，教以书、算、琴、棋之属，以徼厚直，谓之'瘦马'。然习与性成，与亲生者亦无别矣。"①入清以后，这种风气愈煽愈炽。雍正六年（1728 年）秋，纳兰常安前往广西，其间曾"宿楚之应山界，明发遇雨，疾投旅舍，舍有南来男妇十余人，因予至，遂起去，既就室，顾见壁上墨沈淋漓，书法秀逸，读之则闺阁中怨词也。其词直而能婉，怨诽而不及于乱，庶乎有风人之旨焉。急询主人，曰：前车中女子所作。余甚叹异，观其题辞，盖以江南人远嫁岭南者也。苏、扬风气，往往养女嫁富贵人为妾，虽远而蛮狄，得金多无复顾忌，闺房弱质，沦落天涯如此女者不知凡几"。②从上揭文字来看，这些"瘦马"的确受过一定的文化培训。与扬州"瘦马"相近，在苏州也有类似的现象，所以此处笼统地称为"苏扬风气"。

明清时代，苏州为东南的文明渊薮，当地人的生活水准居于全国之首，举手投足为外方人所企慕。在当时，苏州人悉心讲求生活艺术，并使之日趋精致。对此，王士性指出："姑苏人聪慧好古，亦善仿古法为之，书画之临摹，鼎彝之冶淬，能令真赝不辨。又善操海内上下进退之权：苏人以为雅者，则四方随而雅之；俗者，则随而俗之。其赏识品第本精，故物莫能违。又如斋头清玩、几案、床榻，近皆以紫檀、花梨为尚，尚古朴不尚

---

① 〔明〕谢肇淛：《五杂组》，辽宁教育出版社 2001 年版，第 152 页。
② 〔清〕纳兰常安：《宦游笔记》卷 32《湖北·题词女子》，第 1568—1569 页。

雕镂，即物有雕镂，亦皆商、周、秦、汉之式，海内僻远皆效尤之。"①此处提及的斋头清玩，充分体现了苏州的匠役之巧。对此，纳兰常安指出：

天下匠役，非规矩不能成方员【圆】，而有神明于规矩之中，变化于运斤之外，殆亦性成之也。苏州专诸巷，自琢玉雕金、镂木刊竹，与夫髹漆装潢、像生针绣，咸类聚而列肆焉。其曰鬼工者，以显微镜烛之，方施刀错；其曰水盘者，以砂水涤滤，泯其痕纹。凡金银、琉璃、绮彩、锦绣之属，无不极其精巧，概之曰"苏作"。广东匠役，亦以巧驰名，是以有"广东匠，苏州样"之谚。凡所制作，亦概之曰"广作"。然苏人善开生面以逞新奇，粤人为其所驱使，设使令舍旧式而创一格，不能也，故苏之巧甲于天下，但所造之物只求观美，不尽坚牢且多虚假，以图网利，此又积习之薄，风气使然耳，以是知机巧者，亦开狷薄之一端。②

在这种背景下，苏州匠役以精巧著称于世。"今江南产漆之土，十有七八，所作漆器，亦巧冠天下，而在休、歙者尤盛。凡大至屏几，小至盘盂，皆以金采描画，备极工细，曰描金漆。复有雕镂之法，先铺榆粉，次施淳漆，随意刻禽虫花草，曰雕漆。最佳者无如洋漆，出诸漆器之上，其法以药调漆中，清泻如水，作器密室之内，纤尘不堕，故其色泽皎润异常，盖本西洋人法，

①〔明〕王士性：《广志绎》卷2《两都》，中华书局1981年版，第33页。
②〔清〕纳兰常安：《宦游笔记》卷18《江南三·匠役之巧》，第947—948页。

　　千山夕阳：明清社会与文化（全新修订版）

而吴中竞习之，工妙与洋物无二。然洋物体轻于苏，如以手摩拭之，洋漆无楞，苏漆花纹上微有楞，此其所以不及洋耳。近来时作，又以梨檀湘竹为边围，而施漆于其腹，藻绘居中，坚素饶外，取质而文、文而质之意，以供玩用，倍极雅致"。[1] 皖南的徽州与浙西之严州均盛产漆料，俗称"徽严生漆"。徽商外出，多从事"徽严生漆"之经销，有不少茶叶店亦兼卖生漆。由于漆料众多，徽州的漆器亦相当著名，早在明代，就已出现了徽人所著的漆器工艺专书《髹饰录》。与此同时，洋漆亦输入中国，特别是在苏州一带，出现了一些模仿东洋的漆器[2]。

由于明初江西在科举上先声夺人的骄人业绩[3]，遂使清代前期北京琉璃厂书肆的经营者素以江西人居多，其中，尤以江西省金溪县人为多。对此，纳兰常安指出："按明嘉靖志载，是邑土狭民稠，为农者一，为商者三。商以售书为专业，凡天下书肆俱此地人，即都门亦无外土售书者。倘外土人开肆，以为夺其业，群起而争之，可谓商中之近文者。然士子中又寥寥无文，何哉？"[4] 在这里，纳兰常安认为，琉璃厂的书商中以金溪人最为著名，亦最具垄断性。不过，金溪人贾而好儒，但科举却并不发达。其中的原因可能是——商业与文化结合得太过紧密，反而使

---

① 〔清〕纳兰常安：《宦游笔记》卷18《江南三·休歙漆器》，第954—955页。
② 赖惠敏：《苏州的东洋货与市民生活（1736—1795）》，《"中央研究院"近代史研究所集刊》第63期，2009年3月。
③ 参见〔美〕何炳棣《科举和社会流动的地域差异》（原文为氏著《明清社会史论》第六章），译文载《历史地理》第十一辑，王振忠译，陈绛校，上海人民出版社1993年版。
④ 〔清〕纳兰常安：《宦游笔记》卷30《江西二·金溪》，第1471—1472页。

得当地的文风不竞。这一点，对于如今身处喧嚣的当代人而言，显然并不难以理解。

3. 纳兰常安游历颇广，对各地城镇市集皆有描摹。如湖北汉口"今人烟稠密，轮蹄辐辏，不下于交广之佛山、江右之景德镇、河南之朱仙镇，所谓天下四大镇也。……每四方行客，风帆往来，未有不停泊于此。入夜，灯火纷张，喧声震动，诚一大镇会也"①。其中的"朱仙镇，在开封府城南四十五里，水陆冲衢，南舟北辕，于此分歧，商旅会集"②。另外，在全国范围的四大镇之下，还有各区域的重要市镇，如江西"铅山河口，五方杂处，烟火数千家，东南水程一大市也"；③同省的吴城，"以吴山得名，新建之一巨镇也"。④另外，江苏的"南廒，在苏城阊门外，为水陆冲要之区，凡南北舟车，外洋商贩，莫不毕集于此，居民稠密，街弄逼隘，客货一到，行人几不能掉臂。其各省大贾自为居停，亦曰会馆，极壮丽之观"⑤；浙江乍浦则作为对日贸易的重要港口，"阛阓凑密，百货成聚"⑥。这些，都是纳兰常安对各处市镇的概述性描摹。另外，他还进一步比较了苏、杭两个城市的不同：

---

① 〔清〕纳兰常安：《宦游笔记》卷 32《湖广·汉口》，第 1560—1561 页。
② 〔清〕纳兰常安：《宦游笔记》卷 15《河南·朱仙镇》，第 837—838 页。
③ 〔清〕纳兰常安：《宦游笔记》卷 30《江西二·河口》，第 1476 页。
④ 〔清〕纳兰常安：《宦游笔记》卷 30《江西二·游望湖亭》，第 1500 页。
⑤ 〔清〕纳兰常安：《宦游笔记》卷 18《江南三·南廒货物》，第 950 页。
⑥ 〔清〕纳兰常安：《宦游笔记》卷 23《浙江五·乍浦》，第 1141 页。

近人以苏、杭并称，为繁华之郡，而不知杭人不善营运，又僻在东隅，凡自四远贩运以至者，抵杭停泊，必卸而运苏，开封出售，转发于杭。即如嘉、湖产丝，而绸缎纱绫，于苏大备，价颇不昂，若赴所出之地购之，价反增重，货且不美，岂因地僻而然欤？抑或系乎经营之有善、不善也。然其人斗捷矜能，极机变之用，故往往不戒于火，每一回禄，不啻巨万，则又若以为登垄之明戒欤！①

此处分析了苏州与杭州在经济地位上的不同，颇为细致，也很值得治史者留心。对于城市与周边农村的关系，纳兰常安作有"杭州风俗"：

杭州风俗，仁、钱二县，居民殷盛，习尚华侈，为一郡最。海宁次之，富阳、余杭次之，新城、临安、昌化又次之，于潜最为硗瘠。

考仁和地多产桑麻绵茧，药物则有门冬、白芷、芡实，池荡蓄鱼苗，植菱藕，人民逐末者众，乃至脚夫、舆丁、鼓吹、员隶，无不分坊坐地。男女好穿戴，喜游玩，冠婚丧祭之事，竭力铺张，罔顾逾分，文风雄冠全省，号称极盛，盖湖山秀气所钟，非他郡可及也。

钱塘士习民风，大概与仁和等。城西一带，多栽桑麻茶竹乌桕及果蔬为利。宁吉、长寿等处，与富阳接壤，半以石

① 〔清〕纳兰常安：《宦游笔记》卷18《江南三·南廒货物》，第950—951页。

灰为业，但居钱邑之上游者，为余杭之南湖，如淫雨连朝，则天目万山之水，顺流贯注，每多泛滥，漂没田庐为患，故建议者，以南湖之浚称亟焉。

海宁逼处海滨，海南沙陂与绍接畛，称海疆重地。土性柔润，民间桑丝之利十居五六，禾稻十之三四，豆麦十之一二，每岁蚕布利计百万余金。地有盐场，其利亦计百万余金。缙绅巨族鳞次栉比，文风揣摩极熟，沨沨乎海邦之独雄者欤！而男妇力田颇勤，其致殷阜，亦有由也。

富阳滨江环山，沃硗相错，间植高粱小米，其利亦多。产桑绵茶笋纸灰之属，风俗率皆俭朴，然士习多嚚，文风亦甚不振。

余杭男女勤于耕织，俗亦俭朴，山地多产松竹茶笋，松可为薪，竹可造纸，有白土笔管可货，居民赖以资生。

新城山多田少，地瘠民贫，惟藉山花竹木，以耕樵为业，所产更有茶粟等物，民俗甚朴，士习亦颇淳。

临安与新城，风俗不甚相远，而丝绵独饶。

于潜故称杭瘠县，其地亦杂植豆黍，少桑丝之利。地势东北高峻，西南倾下，山流迅急，辄溃堤决塘，土人各踞私业，岁岁修筑，彼此津贴，以资灌溉，田之所出，不敷所用。俗虽俭朴，而狙诈成风，其好讼，颇类富、余、新三邑也。

昌化亦瘠啬之邑，民资茶薪以为生，其田皆筑堤贮溪水，旱则不给。民鲜盖藏，商贾罕至，习俗尚淳。独士子一列学校，即专理家政，故文教不振，而尊卑往来，尤多乔野之分云。①

　　杭州府下辖数县，此处分别论述了各县的物产、生计及风俗等。此外，《宦游笔记》卷28还有"处郡风土"条，对处州府风俗做了概括性的描述。通观《宦游笔记》一书，除了京畿之外，纳兰常安对全国风俗均分省记载，而且各省都是分省不分府，只有浙江一省是例外，皆分府乃至分县记载。对此，他解释说："予莅浙久，而所志事实，视诸省为较详，故特别其地，庶令观者随方指悉而不淆也。"②也就是说，他在浙江为官的时间较长，所以对当地的描摹最为详尽。

　　除了分省、分府、分县描述之外，纳兰常安对各种社会现象均有细致的观察和状摹。例如，聚落反映了人们的居住消费习俗。在北方，窑洞是分布较广的一种居住形式。对此，纳兰常安指出：

　　　　上古穴居而野处，后世圣人易之以宫室，则穴居固古制也。……至今山西居民遵循勿替，多有处地室者，名曰"窑"。盖由土性卓立，不倾不圮，故可挖地为穴，一如馆舍，且有重户可以旁通，屈曲周遭，经久不坏。夏得避炎暑，冬得纳和煦。或在路旁，往往车轮马迹之下，闻鸡鸣犬吠声。夜见灯火，光隐隐外射。……因思南省土性横，横则易塌；北省土性直，直则不堕，是以山、陕地类皆卓如壁

----

① 〔清〕纳兰常安：《宦游笔记》卷22《杭州府》，第1099—1103页。
② 〔清〕纳兰常安：《宦游笔记》凡例，第28页。

立，宜乎地窑之多也。至于因直之故而易于渗漏，北省遂多旱地；因横之故而易于围盛，南省乃多水田，则亦随地制宜，可与窑之制互相发明者矣。①

纳兰常安注意到——由于南北土质之不同，引起了人们居住习俗和生产方式的差异。另外，对于北方建筑中的取暖设备，纳兰氏亦有详细的描述：

> ……人家有炕，由来已久。惟雁门关外大同、朔平，冬极冷，独恃煤火御寒，家家俱有地炕。炉口居地之中，上有铁盖，而高炕之上，隔墙一孔，大如拳，与地炉通，地炉煤火已着，人持干草，置于墙孔，草忽燃，人曰：火已过矣。遂灭其草，将孔塞闭，火气遂先暖高炕，暖既匀，方及地炕，满室煊蒸，人无寒色，地极洁净，以油涂之。地炕之作，亦云巧矣②。

在另外一处，纳兰常安还记有"土炕"一条：

> 炕古书不载，人以为古无之，不知北地与南方不同，北地冬日，霜雪严寒，朔风凛冽，非炕不暖，因地制宜，最为尽善。如山西大同、朔平各郡，高炕之外，别有地炕，贫富俱然。又云贵昭通、大定各郡，房室之中，挖坑然火，谓之

---

① 〔清〕纳兰常安：《宦游笔记》卷14《山西二·窑》，第785—786页。
② 〔清〕纳兰常安：《宦游笔记》卷14《山西二·地炕》，第784页。

火塘，特书未及详载耳……①

　　此外，他还对满、汉聚落建筑理念之不同，做了总体上的概述：“汉人筑室，以藏风聚气为主，忌扩大。京中旗下院宇喜高广，形家多以不聚财言之，不知人生贫富荣落，实不在此。纵适逢其会，禄位升迁，亦各有定数，岂能因居室尺度，矫揉而得之哉？至于盛京产木甚富，易构大厦，惟院墙筑土，太高则患倾圮，率以五六板为度。马上行人，直窥内室，虽云淳朴，终少屏蔽，然行人多以内室，未敢轻为侧视，非即我无尔诈尔无我虞之意乎？怀葛之风，诚哉未远也。”② “怀葛”一词，即无怀氏、葛天氏之并称，二人皆为传说中的上古帝王名，古人以为其世风俗淳朴，百姓无忧无虑。在这里，纳兰常安不无种族的优越感，但他也指出了北京与盛京以及满、汉之间聚落建筑上的差异。
　　由于所种植的植物不同，也使得聚落景观产生明显的差异。纳兰常安对于各地的聚落景观亦有描述与比较，如“篱落田畔花草”条曰：

　　　　安庆、江右村落，多以木槿为篱，隔障门户，又种田畔，以分地界，兼止牛羊之践。花开时，紫白相间，亦堪寓目。滇南地界，多种金银花木香，三四月间过其地，香风不绝。滇、粤之交，则种仙人掌于墙头，谓其能辟火灾，亦种

———————

① 〔清〕纳兰常安：《宦游笔记》卷 8《京畿八·土炕》，第 508 页。
② 〔清〕纳兰常安：《宦游笔记》卷 10《盛京二·筑墙》，第 591 页。

于田畔，古人因其别致，称奇草。①

此外，消费习惯有时亦存在着地域性的差异。以钱币的使用为例，"京东通州至山海关，钱文俱以三十三文为百，曰小钱。自关外至奉天，行之更甚，若以银易钱，没去小钱之称，反云整数，穿贯以三百三十为一缗。……又，江浙用银有折扣，或七折，或八折。至于赏封，以四五钱为一两不等，甚而道涂里数，亦以九里为十里，不称十数，惟以一九、二九，虽无所妨碍，亦尚虚不实之疵"。②关于这一点，日本学者岸本美绪在研究"七折钱"惯例时指出：在 18 世纪中叶，货币流通从使用银向使用铜钱转换，这一转换在江南及福建地区非常急剧。另外，在此前后，银钱比价长期处于相当稳定的状态，保持过去用银两表示价格的方法不变，而实际支付用的是铜钱，并且采用的是过去长期习惯了的固定比价③。另外，早在晚明时期，明人谢肇淛在《五杂组》卷 12 中指出："今天下交易所通行者，钱与银耳。用钱便于贫民，然所聚之处，人多以赌废业。京师水衡日铸十余万钱，所行不过北至卢龙，南至德州，方二千余里耳，然钱不加多，何也？山东银钱杂用，其钱皆用宋年号者，每二可当新钱之一，而新钱废不用。然宋钱无铸者，多从土中掘出之，所得几何？终岁用之而钱亦不加少，又何也？南都虽铸钱而不甚多，其钱差薄于

---

① 〔清〕纳兰常安：《宦游笔记》卷 35《云南·篱落田畔花草》，第 1754—1755 页。
② 〔清〕纳兰常安：《宦游笔记》卷 10《盛京二·钱文小数》，第 591—592 页。
③ 〔日〕岸本美绪：《清代中国的物价与经济变动》，社会科学文献出版社 2010 年版，第 316 页。

千山夕阳：明清社会与文化（全新修订版）

京师者，而民间或有私铸之盗。闽、广绝不用钱，而用银低假，市肆作奸，尤可恨也！"① 可见行钱及其消费习惯亦有不同的地域差异，这显然与各地的区域社会结构、物价水平等均密切相关。

4. 社会变迁是指因各种因素的影响而引发的各类社会变动现象，举凡社会形态、社会结构、社会制度、社会关系、社会组织、生活方式、风俗时尚等一切社会现象所发生的变动，均可归入社会变迁的范畴。譬如，移民是引起区域社会变迁的一个重要因素，移民引发的一系列问题，极大地改变了中国南北的社会地理版图。

在东南，进入山区开发的棚民，就给各地的社会带来了重要的影响。"封禁山，旧名铜塘山，北属江西之饶、丰二县，东南与浙之衢、闽之建宁接界通道，周回三百余里，层峦叠嶂，密菁深林，人迹罕到。明时以匪奸藏匿，特封禁此山，故名封禁。……山中率皆陡壁悬崖，绝少平原沃土，铜塘乃适中之地，其地稍平，约仅十五六亩，其余畸零荒地，或三五段，或十余段不等，沙石壅积，垦辟殊难。且附近民山土地硗瘠，居民多不自种，每年赁与闽省篷民，佃种苎麻靛青，春聚秋散，少得租息，以完赋税，则知居民亦未必肯入深山穷谷，承种荒瘠之地"。② 此处提及的"篷民"或作"棚民"，是明清时代南方各地颇为普遍的现象——大批的棚民在各地的山间僻地搭棚居住，种麻植靛、

---

① 〔明〕谢肇淛：《五杂组》卷12，第257页。
② 〔清〕纳兰常安：《宦游笔记》卷29《江西一·封禁山》，第1406—1408页。

造纸作菰，既开发了山区，又对生态环境造成了一定的破坏。

在西北，汉族移民带来的民族间之融合和冲突前所未有，"白塔儿在西宁西北九十里，……所居土屋平房，木几木榻，且有仓廒，有小河激水转碨，于内地易驴以转磨，汉、回互处，各为村落，弓矢佩刀，未尝斯须去身。汉多西宁亡命，回则各成其俗，共居于此。而黑番、蒙古，往来如织"。① 而在新开发的东北，"盛京风俗淳美，行人投宿，主客初不谋面，竟以礼延接，具酒食，通款敬，且秄豆秣马，客临去，向主人礼谢，则答曰：此间平沙石碛，漫漫数千里，谁能携釜灶为征途计者？一夕之餐，何足言谢？客或倒囊作酬，主人转怒却之曰：是薄视我也！迨今俗寝，殷盛车骑，络绎道左，遂有客庐旅馆，远近相望，而此风亦即衰息无闻矣。然僻径邅堡，行人有至者，礼犹如故云"。② 从待客之道的变化，可以看出地区开发、移民迁徙，从而引起风俗的嬗变。

在西南，汉人的移民浪潮也同样势不可挡。"永昌风俗"条记载：

> 云南猓夷多而汉民少，惟永昌府城内尽汉民，其语言不似本土，乃明初徙南京人于此，故其音与南京相类，岁时伏腊，衣冠饮食，大都仿佛江南。至市肆货物之繁华，城池风景之阔大，人谓之"小南京"。下知尚礼，农务力田，商贾

---

① 〔清〕纳兰常安：《宦游笔记》卷 40《西陲二·白塔儿》，第 1991—1992 页。
② 〔清〕纳兰常安：《宦游笔记》卷 10《盛京二·款宾》，第 589 页。

经营，妇女纺绩，皆他郡所不及，但喜游览，每佳时胜景，则携觞挈榼，空室而往，诚有所自来也。百余里外皆蛮夷，言语不通，衣服殊制，种种不同矣。①

对此。陆成岑评论说："各处语言迥别，由水土使然，北方数百里外，不过微有不同，江南徽、宁一带，离四五十里，彼此语言即茫然不解。若广坐中值同乡二人，则鸟语缟蛮，刺刺不休，令人生厌。永昌隔金陵万里，语言宛然无异，因明初徙南京人于此，目见耳闻，皆其乡音，无众咻以乱之，所以三百余年习焉安焉，虽水土不能移之也。若将域中鸟语之区分散各直省，而以言语清楚者填实其中，则出门所向，悉是人言，庶耳根清净，不闻嘈嘈杂杂之声，岂非快事！"②陆氏的评论虽有偏见，带有汉族沙文主义的色彩，但他主张以移民来改变方言，却也别具巧思。

除了移民外，官方的教化也是移风易俗的另一种方法："温限山阻海，土地不宜粟麦，而事鱼盐，务桑麻，织席贩木，得利颇饶，地称殷富焉。然其俗务外饰而好游观，宴会必丰腆，嫁女必盛妆奁，优伶是尚，歌舞相矜。士子入泮后，求婚者累累，卖婚之议，固昔人所讥，而习俗相沿，遂恬不为怪矣。惟是家爱读书，士不入泮，终不定婚。"③这一段文字，从一些侧面反映出温州的经济、文化与风俗之基本状况。关于移风易俗，作者在此处

① 〔清〕纳兰常安：《宦游笔记》卷 35《云南·永昌风俗》，第 1701 页。
② 〔清〕纳兰常安：《宦游笔记》卷 35《云南》，第 1702—1703 页。
③ 〔清〕纳兰常安：《宦游笔记》卷 38《浙江十·温州府》，第 1378 页。

提及的具体对策是：国奢示俭，国俭示礼。

三、余论

乾隆十一年（1746年），纳兰常安的《宦游笔记》自序曰："今余所记，琐细纷纶，不成纂组，然衰其一，得一知，亦足以乩事物之繁衍，而悟化机之不息，暇时检及，如逢故人，可作卧游，庶几免池鱼林鸟之视，其乐何如耶！"所谓纂组，与《五杂组》的涵义相同，从内容上看，该书的确也与《五杂组》所述颇相类似。而且，书中亦有不少征引自《五杂组》的内容。

与《五杂组》的作者谢肇淛一样，纳兰常安也是宦辙旅迹遍于天下。在清代的疆域中，只有四川、陕西和福建三省，为纳兰常安宦辙所未经，所以没有留下任何记录。对于边疆史地，他也有所涉及，"苗疆一册，余备藩黔阳，董修通志，凡旧隶版图，新经创辟者，悉访苗情，续成全篇，故既入黔志，复载兹集"。① "塞北各条，已见之《瀚海集》中，以其绝漠殊方，风土迥异，不无小补，塞外之役，是以复载兹集"。

关于这部书的成书经过，纳兰常安在"凡例"中指出："记注之下，或文或质，或简或详，体格不一，盖以历数十年而成，随时登记，遂有异同，及付梓，则尽仍原本，不复另加斟酌

---

① 〔清〕纳兰常安：《宦游笔记》凡例，第28页。

也。"① 可见，该书之成书经历了几十年的时间。陆成岑指出，乾隆六年（1741 年）自己曾在淮阴一带做幕僚，当时纳兰常安督南漕，"始得宦游稿本读之"。过了一年，他又在杭州拜谒过纳兰，"复得所增若干首，因力请付梓，以嘉惠天下。但稿中间有遗脱，公即命成岑谬为诠次，妄识品评"。② 纳兰常安在《宦游笔记》的"凡例"中指出：

> 余阅历既多，因缘亦夥，向所笔记，总计百有余册，兹择其殊尤者，略刻十之一二。③
>
> 各省记载有繁有简，以余居官久暂不同，闻见多寡随之亦异，非谓各省事有繁简，形胜风土尽萃于是。④

"凡例"又称："受宜堂各集中，有特记其事者，兹复记之，虽词句繁简不同，而事之情形则一，非赘也。因一时以数语为小记，退食之后，复详细记之，是以刻中往往一事两记。"所谓受宜堂各集，即《受宜堂集》，共 40 卷，目录 4 卷，雍正十三年（1735 年）自刻本，被收入《四库未收书辑刊》第 9 辑第 22 册。纳兰常安还著有《受宜堂班余剪烛集》14 卷，乾隆五年（1740

---

① 〔清〕纳兰常安：《宦游笔记》凡例，第 26 页。
② 〔清〕纳兰常安：《宦游笔记》序，第 14 页。陆成岑的评论，有些颇多补充，如《宦游笔记》卷 35《云南》"槟榔"条，陆氏评曰："北方人食槟榔所以辟寒，滇中食槟榔所以消瘴，故人人习以为常举，似江浙人则不解此味矣。"（第 1784 页）这指出了同一饮食消费习俗之南北差异。
③ 〔清〕纳兰常安：《宦游笔记》凡例，第 23 页。
④ 同上书，第 24 页。

年）自刻本，被收入《四库未收书辑刊》第 9 辑第 21 册。

关于这部书的价值，陆成岑指出："公博闻强识，书无所不读，而是集也，非耳目亲历者不录，……其考据之确，则舆图、地志奔走于方寸；其训释之精，则毛笺、郑注绎络于心胸，广之为考古证今之资，精之即格物致知之要矣。"① 纳兰常安自己也说："集内不无一二奇异事迹，然皆确凿可据，以志见闻之实。至若荒唐不根，诡僻背理者，概弃而不录。"② 可见，该书所载内容真实可靠，作者记录的态度是颇为严肃的。

由于见多识广，纳兰常安在描摹各处地理景观时，颇为擅长于相互间的比较。如《山田》条即曰：

> 河南地多广衍，惟南阳一郡多山，其近山地亩，土沙厚尺余，亦可耕种。甲寅岁，予自黔经此，时秉政方议开辟，守令以余熟谙黔中形势为言：黔地山田，土沙亦无过尺余，今此地开辟，直与黔土同。予应之曰：土沙固同，但黔中称漏天，无时不雨，土沙润泽，不害其浅，反成膏沃；兹地土浅，而下皆石，或天时雨泽愆期，虽间有泉水，恐灌溉难周，秋成无几，不可不虑。倘贪目前之功，必受后日之累，累官必致累民，瘠土穷黎，培之且不给，累则无全民。守令虽一时唯唯，而究以急功为念，谬以沃土报，未几果如予言。

---

① 〔清〕纳兰常安：《宦游笔记》序，第 12—13 页。
② 〔清〕纳兰常安：《宦游笔记》凡例，第 25 页。

纳兰常安前后宦游二十七载，长年在贵州为官。他指出，贵州与河南南阳府的山田情况虽然相近，但因气候不同，不能一概而论。"寥寥数行，而天时、地利、目前情形、将来流弊，无不悉见"。[①] 可见，他对各类现象有着细致的观察和思考，故而能提出因地制宜的主张。在对土地神的描述中，他也做了细致的分梳：

> 汉末蒋子文为秣陵尉，逐贼钟山，伤额死，后故吏遇之，自云：我为此土地神，为我立庙，此后世祀土地神之始。今北直乡村，建小庙画像，以祀土地，并配甲胄将军，或曰山神，村村皆然。山西祀于家门内，砖石为堂，高二三尺，雕塑翁妪，须发皤然。贵州自省会抵镇远村庄，亦石垒小庙，塑翁一、少妇一，有相持相接之状，亵渎特甚，土人曰：不尔，则有水旱疾疫。予悉毁之，是年丰稔无灾害。江西抚署，则画冠带少年。按各省大小公署，俱供土地神，与京都部院无异，独冠带少年，仅见之江西云。

虽然土地神随处可见，但在各地表现出的形态和内涵是相当不同的，纳兰常安"考其原委，绘其形貌，并分出各疆域不同处"，[②] 他在北直隶、山西、贵州、江西等地，就看到了不同形状及具有不同内涵的土地神。在河南朱仙镇，纳兰常安还看到岳飞庙，"岳忠武庙，殿宇巍壮，入其中，不但英风如见，并精忠报

---

① 〔清〕纳兰常安：《宦游笔记》卷15《河南·山田》，第802—803 页。
② 〔清〕纳兰常安：《宦游笔记》卷29《江西一·土地》，第1423—1424 页。

国之心，亦恍然如揭。香烟缭绕，若有神明，相为陟降，其精灵之不没也固如是哉！余观忠武祠，所在多有，如汤阴以乡里而祠，湖南以破杨么、殄群盗而祠，浙江以丘垅表忠而祠，其他行师所至之地，建祠以志不朽，偏方下邑，不可殚述，而是镇战功独伟，故其祠最盛。至今庙旁居民，皆喜谈忠武战绩，一经指示，莫不感慨歔歙"。[①] 这段文字，也同样指出了岳飞庙在不同地区的不同形态。此外，在《宦游笔记》中，他还细致观察、记录了南北植物乃至浙东、浙西禾稻因土壤条件、气候寒暖的不同而出现的地域差异[②]。

当然，纳兰常安毕竟是位文人，他对不少地理现象仍然停留在描述的阶段。在《万里纪程集序》中，纳兰常安指出："古人谓游不极则诗不工，登山涉水，凌霜雪，冒风雨，遍览十五国风土民物，则骨格深厚，见闻博洽，以此驰驱翰墨之场，得名山大川以助其气，其诗未有不工者也。余年二十入仕籍，游齐鲁吴越文献之区，足迹半万里，厥后由晋至粤，由粤至滇，所行又不仅万里而已也。学不博，识不卓，纵有奇山水，且觌面失之，未能摭写其万一也。然而所过长江浩渺，洞庭弥漫，崇山绝巘，梯险缒幽，或月暗篷窗，雨昏沙岸，野花含笑，猿鸟悲啼，情之所触，有不能已于言者，言之不足则长言之，长言之不足则托诸篇什以歌咏之，期于直达其所见，与胸中郁勃而不自禁者，积久成

① 〔清〕纳兰常安：《宦游笔记》卷 15《河南·朱仙镇》，第 837—838 页。
② 〔清〕纳兰常安：《宦游笔记》卷 22《浙江四》"南北殖物不同""禾稻"条，第 1124 页、第 1127—1128 页。

千山夕阳：明清社会与文化（全新修订版）

帙，名曰万里集。"① 在数十年的仕宦生涯中，作者对于所历山川
人物、土俗民风、古迹胜概，均有详细的记录，这也就是作者自
称的"程途笔记"。在此基础上，纳兰常安遴选、提炼其中部分
内容，进而撰著而成《宦游笔记》。我们当然不能满足于对这些
地理现象的描述，但对此类的社会地理史料，显然应当加大发掘
和研究的力度。

---

① 〔清〕纳兰常安：《受宜堂集》卷5《序一》，见《四库未收书辑刊》第9辑
第22册，第226页。

南河习气：河政与清代社会

历史上的黄河以善淤、善决、善徙著称于世，见于历史记载的大小决徙约一千五六百次，多数集中在下游河道，其故道略呈一折扇形。自新石器时代至战国中期全面筑堤以前，黄河下游均取道河北平原注入渤海。此后，两千多年间决溢改道屡屡发生。明朝万历年间潘季驯治河，尽断旁出诸道，将金、元以来黄河东出徐州由泗夺淮的主流固定下来，以后二百多年，这成了下游唯一的河道（大致即今淤黄河一线），一直维持到清咸丰五年（1855 年）黄河在河南兰考县境内的铜瓦厢决口改道为止[①]。

清朝政府对黄河的治理高度重视，设有长官督理河道。雍正七年（1729 年），改河道总督为江南河道总督，通称南河河道总督（简称南河总督），所管诸河为南河，驻清江浦（今江苏淮阴市），专管防治江南（今江苏、安徽两省）境内的黄河和运河（实际上只限于江苏长江以北运河）。咸丰五年（1855 年）黄河

---

① 参见邹逸麟师《千古黄河》，中华书局 1990 年版。

北徙，十年裁南河总督。南河总督一共存在了一百二十几年。其间，在清江浦一带形成了一种官场习气，史称"南河习气"，这种习气是清代河政腐败体制下的产物，对于清代社会有着重大的负面影响。

一、清代黄河概势与河政沿革

自十五世纪初定都北京后，明清两代政府每年都必须通过运河向北方的首都源源不断地运输大批粮食和其他物资。其时，黄、运于徐州交会，至淮阴共同夺淮入海。因此，为了运河的畅通无阻，就必须确保黄河安然无恙。在清代，治河为的是保漕。具体而言，是为了确保山东境内的会通河不受黄河北决或东决的冲溃，徐州至淮阴段运河有足够的水源可以通漕。徐州至淮阴段运河也就是黄河河道，徐州以上黄河有变，本河段漕运必然受到阻塞。徐州以上黄河安澜，本河段就畅通无阻。因此，该河段之通塞，关系到黄、运二河的命运。

明代成化年间，政府开始设专官督理河道。及至清代顺治年间，河道总督驻守山东济宁。康熙十七年（1678 年）移驻清江浦。二十七年（1688 年）复移济宁州，又以侍郎协理驻清江浦。三十一年（1692 年），总河又移清江浦。三十九年（1700 年）裁协理。四十四年（1705 年），山东河道交巡抚管理。雍正二年（1724 年），设副总河于武陟。雍正七年（1729 年），分设江南河道总督，也称南河总督，驻清江浦；改副总河为山东、河南河道总督，驻济宁州。八年（1730年），设直隶河道水利总督驻天津，曰北河总督；治山东、河南者，曰东河总督；治江南者，为南河总督——这就是所谓的三河。清《国朝河臣记》："治河之官，惟国朝为密，盖以漕运为重，势不得不然也。而遇合龙大工，临时检派者，或多至二三百员。"其中，南河总督职任最为重大。

清初，康熙皇帝亲政后，以三藩、河务和漕运为三大事，但当时百废待举，河防工程费用尚少。稍后靳辅督理河道期间，虽然有所增加，但也不过60余万，约占财政收入的5%。乾隆中叶以后费用大增，此后规定每年的河防开支：

额解	60万
冬令岁料	120万
大汛冬需	150万
共计	330万

此外，还有荡柴作价20—30万。如遇大水之年，又另请拨400—500万。还有另案工程，分常年和专款两种。常年另案在上述的150万两内报销，专款另案则自行报销，不入年终清单[1]。嘉道年间河患渐趋严重，而河防糜费也越来越多。当时，东、南、北三河每年开支700—800万，居度支20%，此外，河工另案之开支也日趋频繁。据《石渠余记》卷3《直省出入岁余

---

① 〔清〕金安清：《水窗春呓》卷下《河防巨款》，"近代史料笔记丛刊"，中华书局1984年版，第63—64页；参见《魏源集·筹河篇上》，中华书局1976年版，第365—368页。

表·河工另案》载，在道光晚期单是河工另案，就占直省岁出的13.4%上下。

河政开支的逐年增加，造成了清政府财政负担的加重。此后，由于吏治腐败，冗官庸兵愈来愈多。清初无官无兵之处，至乾隆时无不添官增兵，通计上至荥泽（今河南郑州西北），下至安东（今江苏涟水），两总河所辖文武员弁300余员，河兵7000—8000名，挑夫3000余名，单单是这些人的开支，就相当于一个省一年的支出。而两河每年领取抢修银800余万两，另案工程每年200—300万两，加上廉俸兵饷每年高达1200—1300万两。而清王朝全盛时期，丰年全征仅只4000万两，"乃河工几耗三分之一"[①]。

不仅如此，清初每堵塞一次决口，或花费数十万、百万，多的也不过二、三百万。及至乾隆以后，费用急剧增加，"多或耗至三千余万，少亦千余万"[②]。费用虽然逐年增加，但黄河决口却日趋严重，开支越多，决口的次数也越频繁。据统计，自乾隆四十三年（1778年）至嘉庆十年（1805年）的28年间，黄河漫、溢频仍，其间得保安澜的年份仅只8年。嘉庆十六年（1811年）八月十二日上谕："南河近年以来，年年漫口，前此已糜费三千余万，均经竭力措支办理，毫无成效。今钜工叠出，数将千万。"当时，南河堵筑一次，通计约费700—800万两，岁修700余万。道光年间，两江总督李星沅曾指出，盐、漕、河工为

---

①② 〔清〕周馥：《河防杂著四种·黄河工段文武兵夫记略序》，民国十一年（1922年）秋浦周氏校刻本，第1页下。

江南三大政，当时生财的盐政和漕运久已困于不足，而耗财者河工之开销却越来越大[①]。以南河为例，道光二十八年（1848年）九月以前，河库历年用款多的400—500万，少的也不下300万。尽管这一开支已相当之大，但南河工用至道光二十七年（1847年）止，共不敷银88万余两。河政官员还是经常报怨河防经费不足，以至抢险无从着手[②]。那么，真实的情形是不是这样呢？

二、河政积弊及其后果

清朝政府对治理黄河虽然投入了大批资金，但其中只有极少部分真正用于河防的帮工修埽，那么，大部分资金究竟流向何处？这是我们必须加以探讨的。

河官的奢侈糜费是大部分资金的主要流向之一。据《水窗春呓》卷下《金穴》："各河员起居服食与广东洋商、两淮盐商等。"特别是清江浦的南河总督，尤为奢靡。

此外，"大工一举，集者数十万人，至使四方游士、猾商、倡优、无赖之流，无不奔走辐辏于河上"[③]。当时，清江浦为南北

---

① 《李文恭公奏议》卷19《附奏请裁河工浮费片子》，沈云龙主编"近代中国史料丛刊"第312册，文海出版社1974年版，第3205页。
② 《李文恭公奏议》卷18《恭报兼署南河总督日期并陈河工情形折子》，第3011—3017页；参见：卷19《河库动用减平银两折子》，第3059—3062页。
③ 〔清〕周馥：《河防杂著四种·黄河工段文武兵夫记略序》，第1页下。

要道，往来官绅过客，"希图沾丐，藉助旅资"①，积习成例，相沿成俗。河政官员在河防经费中"公领请库垫发，随后划扣领款"②，也就是贿赂官员、招养食客的费用也出自河防经费。当时，"凡春闱榜下之庶常及各省罢官之游士，皆以河工为金穴，视其势之显晦，为得赆之多寡"。有的帮闲食客只身南行，从东河至南河、扬州再到粤东四处抽风，就可获赍一二万金。

关于河防的糜费，道光年间两江总督李星沅曾指出："各厅领款虽多，库贮实少，幕友丁胥耗之，差委营汛耗之，摊派酬应耗之，酒食游戏骄奢淫佚又耗之，恶习相沿，牢不可破。"③同光时人欧阳昱在《见闻琐录·河员侵吞》中更具体分析道："自来国家发河工银，河督去十之一，河道、河厅、师爷、书办、胥役以次亦各去十之二。银百两，经层层侵剥，仅有二十余两，为买料给工费。"薛福成《庸庵笔记》卷3《河工奢侈之风》曰："每岁经费银数百万两，实用之工程者十不及一，其余供文武员弁挥霍，大小衙门之酬应，过客游士之余润。"黄钧宰的《金壶浪墨》卷1《河工》亦详析："南河岁修四百五十万，而决口漫溢不与焉。浙人王权斋熟于外工，谓采买竹、木、薪、石、麻、铁之属，与夫在工夫役一切公用，费帑金十之二、三，可以保安澜；十用四、五，足以书上考矣。其余三百万除各厅浮销之外，则供给院道应酬、戚友馈送、京官过客，降至丞簿、把总、胥吏、兵丁，凡有职事于河工者，皆取给焉。"所谓"决口漫溢不与焉"，

---

① 《李文恭公奏议》卷18《附奏复陈查访南河情形折子》，第2751—2752页。
② 《李文恭公奏议》卷19《附奏请裁河工浮费片子》，第3206页。
③ 《李文恭公奏议》卷18《附奏覆陈查访南河情形片子》，第2753页。

是指一旦黄河发生决口泛滥，政府还要追加河政投资。

根据当时人的记载分析，可见大部分河工经费均花在河臣及其下属僚佐奢侈糜烂的生活上，小说《儿女英雄传》第一回一针见血地指出：河工"是个有名的虚报工段、侵冒钱粮、逢迎奔走、吃喝搅扰的地方。"在这种腐败的河政体制下，就出现了几个必然的结果：

其一，夸大河防险情，多请公款，藉以中饱私囊，这成了司空见惯的事情，反对这样做的正直官员或幕僚反而受到排斥。据嘉道年间理财专家包世臣说："余往来南河二十年，所见工程有不及二、三成者，甚有领帑竟不动工者。"[①] 可见，用于河防的费用只占所领帑项的20%—30%。包世臣所认识的一个河工幕僚郭大昌，此人为江苏山阳县南乡之高良涧人，在河库道当帖书，熟谙河防工程开销。乾隆三十九年（1774年）八月，黄河在老坝口决堤，当时的南河总督吴嗣爵提出需钱粮50万，郭大昌则认为不得超过10万。嘉庆初年，黄河又在丰县决口，工员请拨帑金120万，河督议减其半，与郭氏商量，不料大昌认为："再半之足矣。"河督面有难色。郭氏曰："以十五万办工，十五万与众工员共之，尚以为少乎？"河督怫然不悦。河道总督之所以不高兴，究其原因，是因为郭氏熟悉工程开销，没有给贪污侵蚀留有更多的余地。所以郭大昌虽然以"老坝工"知名，一旦河防有警，则为当事者所倚重，"然终以工费、拙言语触众怒"[②]。不仅

---

① 〔清〕包世臣：《安吴四种》卷2《中衢一勺·南河杂记中》，"近代中国史料丛刊"正编第294册，文海出版社1968年版，第172页。

② 〔清〕包世臣：《安吴四种》卷2《中衢一勺·郭君传》，第105页。

是正直的河工幕僚受到排挤，即使是河督、巡抚如果触犯了众人的既得利益，也难以容身其间。苏廷魁为河督，某处河决，与河南巡抚某奏请银100万两堵塞。苏氏亲自督工，买料也由自己经手。工程结束后，还剩银30万两。巡抚主张瓜分，苏氏不肯，奏缴还部。不料，这下可捅下了马蜂窝。不仅该巡抚因欲望没有得到满足而挟私报复，弹劾河督。而且，由于向来河工告成，无不浮冒虚报，外间与河政有关的人员得70%，大小瓜分；另外剩下的30%贿赂户部，户部得到好处，对于河工中的贪污睁一只眼、闭一只眼，工程奏销很容易就能通过。然而，此次苏氏缴还余银，户部也就得不到这笔陋规，所以对他切齿痛恨。于是对苏氏的奏疏百般挑剔，举出几条不符旧例的做法严加参劾，结果苏廷魁竟被革职。后来又有任道镕为河南巡抚，亦碰上某处河流决口，他的做法也和前述的苏氏相同。不过，这次是河督贪婪，巡抚清廉。但结局仍旧是清廉者被参劾革职。由此可见，在腐败的河政体制下，不肯同流合污者是绝没有好下场的。当时，河政官场上流传着这样一句话："糜费罪小，节省罪大。"[1] 这即使是在当时的封建官僚体制下，也称得上是一件咄咄怪事！

其二，河防工程每况愈下。据魏源说，自靳辅以后，历任河员不治海口，而只注重于泄涨，"涨愈泄，溜愈缓，海口渐淤，河底亦渐高，则又惟事增堤"。从海口起，至荥泽、武陟两堤，绵亘二千余里，各增五、六丈。至道光年间，单是这项加堤费用就不下三亿。根据历任河臣的奏报，堤高应有二、三十丈，

---

① 《魏源集·筹河篇上》，第367页。

但当时堤高不及十分之二。河臣称汛水淤垫或风月剥蚀，以掩盖其偷工减料的丑行。由于河身既淤，大溜偶弯，即成新险，于是又不得不增加另案开支；河堤既高，清水不出，高堰石堤也逐年加高，于是又增湖堰之费，也不下三、五亿。从此，每年汛期必涨，每涨必定出现险情，没有一年不称"河涨异常"。每年两河另案岁修，南河计四百万。东河二三百万。"堤日增，工日险"，一河督不能兼顾，于是分设东、南两河，置两河督，增设各道、各厅。康熙初，东河只四厅，南河只六厅；及至道光年间，则东河十五厅，南河二十二厅。凡南岸、北岸，皆析一为二，"厅设而营从之，文武数百员，河兵万数千，皆数倍其旧。其不肖者，甚至以有险工、有另案为己幸"。南河在道光中叶，淤垫还不过安东上下百余里，比嘉庆年间淤高一丈三四尺；至道光二十二年（1842年），自徐州、归德以上，无不淤积，淤高二丈以上。魏源认为，在道光中叶，如果及时整治，还能够有所作为；及至道光二十二年前后，"下游固守，则溃于上；上游固守，则溃于下，故曰：由今之河，无变今之道，虽神禹复生不能治，断非改道不为功"[1]。

　　其三，虽然乾嘉以还河政越来越坏，如果吏治清明，完全有可能制止。当时，河员自知侵蚀太过，"深畏人言，尤惧科道闻之，故京官过浦者馈遗甚厚"[2]。过往官僚得此巨贿，便与河政吏胥沆瀣一气，致使河政愈益窳坏。河防工程仅仅装饰门面，敷衍

---

① 《魏源集·筹河篇上》，第366—368页。
② 〔清〕黄钧宰：《金壶浪墨》卷5《十二红》，"近代中国史料丛刊"第428册，文海出版社1969年版，第95—96页。

千山夕阳：明清社会与文化（全新修订版）

了事，"岁修积弊，各有传授。筑堤则削浜增顶，挑河则垫崖贴腮，买料则虚堆假垛"。①以工程买料为例，据《河上语·语正料第十》记载，当时各处河工弊窦都有"虚空架井"一名，山东又多一弊，称为"捆枕"。"虚空架井之弊在垛内，履而后知，捆枕之弊在垛外，望而可见"。但当时"大吏临工查验，奉行故事，势不能亲发其藏。当局者张皇补苴，沿为积习。上下欺弊，瘠公肥私，而河工不败不止矣"②。乾嘉时期，这种河工积习就很严重。但直到道光十一年（1831年）林则徐为东河总督，奏言："秸料乃河工第一弊端，其门垛、滩垛、并垛诸名目，非抽拨拆视，难知底里。"有鉴于此，遂将南北十五厅各垛逐一检查，作弊者一经发现，严惩不贷，"所属憬然，岁省度支无算"。后来官方声称："向来河臣，从未有如此精核者。"③可见，有清一代绝大部分的河臣都是尸位素餐的等闲之辈。

俗话说得好："千里之堤，溃于蚁穴。"河防工程贵在防微杜渐，一旦发现小的险情，就要及时防堵。光绪十三年（1887年），郑下汛决口，就是因为一大鼠穴而引起的。当时夫头估价需钱二百千方能填实，但厅员发价时层层回扣，工人只到手四十千，因此就用树枝架入穴内，然后盖上土敷衍了事。后来正好大溜顶中，由此穴决口，造成了巨大的灾祸④。也有的决口则是

---

① ② 〔清〕黄钧宰：《金壶浪墨》卷1《河工》，第26页。

③ 〔清〕陈康祺：《郎潜闻二笔》卷13《林文忠公办理河工之精核》，"清代史料笔记"，中华书局1984年版，第562页。

④ 〔清〕于廷鉴：《治河刍议》不分卷，北平文岚簃印书局，1930年铅印本，第3页上。

下级工员欲壑难填所致。如乾隆十年（1745 年），陈家浦未决以前，工员四次禀请发帑，河臣只给银数千，以致缓不济急，造成决口。原来，该河臣系河员出身，熟谙工程利弊，对预算估计得太紧，以致工员无从贪污，所以他们都忿忿不平，幸灾乐祸，虽然河堤出现险情，却按兵不动，听任险情扩大，以便申请兴工，侵渔公帑。有时是工员挪用救灾用款造成决口。如某年郑工失事，肇因于一獾洞渗漏。原先估计用二十余千就可以堵塞，但工友李竹君私吞该款，不费分文，仅仅用浮土掩盖。后来大溜由此穿溃，流毒千里，耗费千万。甚至有时久不溃决，"河员与书办及丁役，必从水急处私穿一小洞，不出一月，必决矣。决则此辈私欢，谓从此侵吞有路矣"[1]。河政弊端，凡此种种，不一而足。

其四，河政成了位置闲人的最好场所，河政官员不仅升迁迅速，而且待遇优厚。嘉、道年间有一副著名的对联这样写道："捷径不在终南，河水洋洋大有佳处；补缺何须吏部，睢工衮衮竟开便门。"[2] 当时士人官吏所赌的《升官图》中，就有河防一路，选官得河员者，无不弹冠相庆："此发财升官之要途也!"[3] 因此，河政衙门成了众人趋之若鹜的最佳场所。

其五，自清初至咸丰五年（1855 年）铜瓦厢决口的 211 年间，黄河的决口泛滥多达 230 多次，平均每年一次还要多一些。

---

① 〔清〕欧阳昱：《见闻琐录·河员侵吞》，岳麓书社 1986 年版，第 167 页。
② 〔清〕梁章钜：《浪迹丛谈》卷 6《睢工神》《升官图》，"清代史料笔记丛刊"，中华书局 1981 年版，第 97—98 页。
③ 〔清〕欧阳昱：《见闻琐录·河员侵吞》，第 167 页。

千山夕阳：明清社会与文化（全新修订版）

因此，"治河无善策"^①是河政衙门中广为流传的一句口头禅。在治河工程中，到处洋溢着神秘主义的色彩。有一首《秦邮竹枝词》这样写道："岁发金钱筑要工，河营剥蚀总成空，不谈保障谈占验，小暑时防西北风。"^②很明显，老百姓对官营河防的"保障"作用是相当失望的，他们只能以一种侥幸的心理，惴惴不安地占验着小暑前后的风向。当时的生产力水平低下，抗灾能力极为薄弱，人们对灾害的认识也十分有限，总是认为在自然灾害的背后，有着种种神怪在支配着。

根据方志、文集和笔记的记载，江淮地区最为常见的灾害神崇拜为河神、海神、龙王神、五龙神、金龙四大王、晏公、天后、潮神、八蜡神和刘猛将军等，这些，都是因苏北地区江湖泛涨、海潮倒灌、黄淮河道移徙、运堤溃决和蝗虫肆虐而人为树立的神祇。

由于黄河是苏北水灾形成的关键因素，对它的顶礼膜拜也最为兴盛。新莅任的河员，总是先祭祀河神，然后才处理政事。在清代河臣奏疏中，时常看到为河神、风神请封赐匾的奏疏。有一句俗谚："日费斗金，不敌西风一浪。"^③黄河堤上每隔数里就有一具铁犀，回首西望，"逆流而号，以禳水势"。犀腹铸字云："维金克木蛟龙藏，维木制水龟蛇降。铸犀作镇奠淮扬，永除昏垫报吾

---

① 〔清〕于廷鉴：《治河刍议》，第 1 页上。
② 民国《三续高邮州志》卷 7《艺文》，"中国地方志集成"江苏府县志辑第 47 册，江苏古籍出版社 1991 年版，第 549 页。
③ 〔清〕靳辅：《靳文襄公治河方略》卷 9《河防述言·估计第三》，乾隆三十二年（1767 年）听泉斋刊本，第 9 页下。

皇。"①金龙四大王的信仰盛行，庙宇随处可见，顶礼膜拜的烟雾缭绕，长年不断。据说，该神常化身为金色小蛇，故曰"金龙"。南河每年霜降安澜，演剧赛神，清江浦的都天会之盛，在东南一带仅次于镇江，"每年有抬阁一二十架，皆扮演故事，分上中下四层，最上一层高至四丈，可过市房楼檐，皆用童男女为之，远观亭亭然如彩山之移动也。此外旗伞旌幢，绵亘数里，香亭数十座无一同者。又有坐马二十四匹，执辔者皆华服少年。又有玉器担十数挑，珍奇罗列，无所不备。每年例于四月十八日举行"。传说每当赛神演戏时，"居民辄见神来，供奉高座，上杂书戏目进之，神以口衔一二，即知所点之剧"②。河员藉此名目，公款演戏享乐③。这与两淮盐商借口备演大戏，用盐务经费蓄养昆班的做法，如出一辙。嘉庆二十四年（1819年）皇上下令将天后、惠济龙神像摹绘于大内及御园，并将清江浦殿宇规制绘制成图，大内

---

① 〔清〕黄钧宰：《金壶浪墨》卷5《铁犀》，第103页。还有的铸词为"维金克木，蛟龙远藏，土能制水，永镇此邦。"朱自清有篇散文叫《我是扬州人》，文中说到四岁的时候父亲到邵伯镇当小官，"邵伯有个铁牛湾，那儿有一条铁牛镇压着，父亲当差常抱我去看它，骑它，抚摩它。"邵伯在扬州以北，运河沿岸。我曾多次途经其地，但行色匆匆，"铁牛"是否尚存，未及搜访。不过，在洪泽湖大堤边的三河闸，我曾看到同样的两只"铁牛"。洪泽湖大堤古称高家堰，明清时期当地的一句俗语称："倒了高家堰，淮扬不见面。"清康熙四十年（1701年），因洪水为患，铸造了"九牛二虎一只鸡"，分置于洪泽湖和里运河的险要地段。其中的"牛"当指犀牛。铸犀，或借通天神物祈祷上苍保佑。

② 〔清〕黄钧宰：《金壶浪墨》卷8《金龙四大王》，第169—170页。

③ 〔清〕张曾勤：《秦邮竹枝词》："风雨西来万户愁，河员避险泛轻舟。安澜多半邀天幸，招集梨园谢耿侯。"民国《三续高邮州志》卷7《艺文》，第549页。

仿造华盖，以便随时瞻礼，为民祈福①。显然，举国上下都希望通过人、神间的沟通，以达到风调雨顺、河清海晏的太平盛世②。

三、河政与清代社会

清江浦原是淮安城西淮河南岸的一条支流，建有二闸，明永乐二年（1404 年）曾加修筑。永乐七年（1409 年）又在清江浦附近造船厂，专造南直隶、浙江、江西和湖广各省运船。永乐十三年（1415 年）开清江浦河（渠），可能就利用了原清江浦的一段河道，故因其名。其中清江闸当即在原清江浦附近，并在"浦旁置仓积粮以备转兑"。成化七年（1471 年），因清江浦的新庄运口被河沙所淤，不通运舟。于是在清江闸置东西二坝（在清江船厂北一里许），以备新庄运口淤塞时，漕船可由此车盘入河。清江闸附近遂为交通要津，以清江浦为名的聚落也由此发展起来③。康熙年间，以安徽巡抚靳辅为河道总督，设行署于清江浦。此后清江浦成为河院所在重地，"舟车鳞集，冠盖喧阗，两河市肆栉比，数十里不绝。北负大河，南临运河，淮南扼塞以此为最"④。

---

① 〔清〕周馥：《河防杂著四种·水府诸神祀典记》，第 6 页。
② 参见拙文《近五百年来自然灾害与苏北社会》，载中国水利学会水利史研究会、江苏省水利学会、淮阴市水利学会编《江淮水利史论文集》，1993 年 5 月。
③ 参见邹逸麟师《淮河下游南北运口的变迁和城镇兴衰》，载《历史地理》第 6 辑，上海人民出版社 1988 年版。
④ 乾隆《淮安府志》卷 5《城池》。

南河总督既开府清江浦，文武厅营，星罗棋布。据道光年间李星沅的调查显示，南河四道管辖同知通判23员，旧例应常年驻守各地，随时实力修防。但"近年以来，惟徐州、常镇道属十厅照旧分驻工次。至淮扬道属七厅、淮海道属六厅，率多聚处清江，厅署几同虚设。非遇盛涨抢险，皆不到工。因而实任佐杂各官营汛，备弁协力，鲜不尤而效之，视堤防如传舍，即奏委防汛候补人员，亦多安坐寓中，并不亲往帮办，殊非慎重要工之道。且清江人稠地隘，风气虚浮，厅员本有职司，乃若一无所事，游戏征逐，耗费实繁。甚或竞尚夤缘，希图侵冒，群居终日，弊不胜言。……又淮海兵备道旧驻海州所属之安东县，原为弹压海疆，近亦常年在浦"①。由于大批河政官僚胥役麇集于此，"冠盖相望，市廛杂沓"②，浦上"俨然一省会"。这里"春夏有漕艘之载挽，秋冬有盐引之经通，河防草土之事，四时之中，无日休息"，尤其是河政"帮工修埽，无事之岁费辄数百万金，有事则动至千万。与郡治（淮安）相望于三十里间，榷关居其中，搜刮留滞，所在舟车阗咽，利之所在，百族聚焉，第宅服食，嬉游歌舞，视徐、海特为侈靡"③。当时有"清江占得小扬州，长街也自繁歌吹"④的说法。河政官员席丰履厚，恣情声色。

由于他们的奢侈淫糜，使得清江浦的冶游日益盛行。据嘉道

---

① 《李文恭公奏议》卷19《附奏通饬河工员弁各驻工次片子》，第3075—3077页。
② 〔清〕鲁一同：《清河风俗物产志》，见王锡祺辑《小方壶斋舆地丛钞》第6帙，杭州古籍出版社1985年版，第1832页。
③ 光绪《淮安府志》卷2《疆域》，第26页。
④ 〔清〕范一煦：《淮壖小记》卷4。扬州师范学院（今扬州大学）图书馆特藏部藏本。

年间包世臣的描述："清江弹丸之地，旧无声乐，近日流倡数至三千，计每人日费一金，则合计岁费当百万矣。清江民人不耕不织，衣食皆倚河饷。旧例南河库贮修银五十二万，而官俸兵饷与焉。今倍之，始足以给娼妓，宜河饷之日告匮乏也……"①。大量原以拯救黎民于洪涛的财富，却被那些贪婪的官吏挪为奢侈浪费的囊中之物，这导致了城市的畸形繁荣：

> 清江上下十数里，街市之繁，食货之富，五方辐辏，户摩毂击，甚盛也！曲廊高厦，食客盈门，细毂丰毛，山腴海馔，扬扬然意气自得也。青楼绮阁之中，鬓云朝飞，眉月夜朗，悲管清瑟，华烛通宵，一日之内，不知其几十、百家也。梨园丽质，贡媚于后堂；琳宫缁流，抗颜为上客。长袖利屣，飒沓如云……②

这就是嘉道年间朝野有识之士孜孜引以为戒的"南河习气"，它与淮扬一带"盐商派"的生活方式相得益彰，导致了乾嘉时期社会风气的进一步窳坏③。晚清时期著名学者鲁一同认为："不思天下之困，不专银少，由衣食之源不足，衣食不足，由物力之艰，物力之艰，由糜费之众，糜费之众，由风俗之奢，风俗之奢，由百官之侈。官侈于上，士华于下，工作于市，农效于野，

---

① 〔清〕包世臣：《安吴四种》卷1《中衢一勺·策河四略·守成总略》，第87—88页。
② 〔清〕黄钧宰：《金壶浪墨》卷1《河工》，第26页。
③ 参见拙文《明清扬州盐商社区文化及其影响》，载《中国史研究》1992年第2期。

斫朴为雕，皆官之由。以今日河员言之，一饭之费，八口数月之食也；一衣之费，中人一家之产也。河水非金穴，堤防非银矿，何由而致哉！"① 显然，"南河习气"对于清代前期中国社会风俗的隆窳，风尚之演替，有着极为深刻的影响。

河院机构庞大，"各河员起居服食与广东之洋商、两淮之盐商等"②。据河工幕僚金安清描述：

> 河厅当日之奢侈，乾隆末年，首厅必蓄梨园，有所谓院班、道班者。嘉庆一朝尤甚，有积赀至百万者。绍兴人张松庵尤善会计，垄断通工之财贿，凡买燕窝皆以箱计，一箱则数千金，建兰、牡丹亦盈千。霜降后，则以数万金至苏召名优，为安澜演戏之用。九、十、十一三阅月，即席间之柳木牙签，一钱可购十余枝者，亦开报至数百千。海参、鱼翅之费则更及万矣。其肴馔则客至自辰至夜半不罢不止，小碗可至百数十者。厨中煤炉数十具，一人专司一肴，目不旁及，其所司之肴进，则飘然出而狎游矣。河厅之裘，率不求之市，皆于夏秋间各挈数万金出关购全狐皮归，令毛毛匠就其皮之大小，各从其类，分大毛、中毛、小毛，故毛片颜色皆匀净无疵，虽京师大皮货店无其完美也。苏杭绸缎，每年必自定花样颜色，使机坊另织，一样五件，盖大衿、缺衿、一果元、外褂、马褂也。其尤侈者，宅门以内，上房之中，无

---

① 〔清〕鲁一同：《通甫类稿》卷2《与左君第二书》，"近代中国史料丛刊"第368册，文海出版社1969年版，第71—72页。
② 〔清〕金安清：《水窗春呓》卷下《金穴》，第34页。

　　　　　　　　　　　　千山夕阳：明清社会与文化（全新修订版）

油灯，无布缕，盖上下皆秉烛，即缠足之帛亦不用布。珠
翠金玉则更不可胜计，朝珠、带板、攀指动辄千金。若琪瑸
珠，加以披霞挂件则必三千金，悬之胸间，香闻半里外，如
入芝兰之室也。衙参之期，群坐官厅，则各贾云集，书画玩
好，无不具备……①

有一次，某河督设宴，座客都称赞席间的一道豚肉美味无
比。酒阑，一客起去，偶见院中有豕尸数十具，枕藉阶下，大
感惊异，于是向厨师打探究竟，才知道刚才席次所陈的一簋豚
肉，原来是集众豕背肉而成。具体的做法是将猪关在房间里，由
屠夫手拿竹竿，追着猪拼命猛捶，猪被打痛，必然四处逃窜，叫
号奔跑。它跑得愈快，便被打得愈急，直到最终跑不动为止。屠
夫一见其毙命，就赶紧将猪背上的那块肉割下来。然后再接着追
打其他的猪，一共要打死五十余头猪，方能做成席间的那样一簋
豚肉。之所以要赶着猪打，据说是因为"其猪受挞，以全力护
痛，则全体精华皆萃于背，甘腴无比"。而经此折腾，猪身上的
其他部位皆腥恶失味，不堪烹饪，所以只能委弃于阶下。在清江
浦，烹调鹅掌的方法相当特别。具体做法是用铁笼将鹅罩在地
上，下面烧着炭火，旁边放些醋和酱。过一会儿，地上渐热，鹅
便来回奔走，由于又热又痛，只好饮用醋和酱以自救，就这样一
直到死，于是全身的精华都集中在鹅的两掌上，其厚度可达好几
寸，而身上其他部分的肉就都不能吃了。当时还盛行吃骆驼的驼

---

① 〔清〕金安清：《水窗春呓》卷下《河厅奢侈》，第41—42页。

峰，是选健壮的骆驼绑在柱子上，用热水浇在它的背上，骆驼即刻死去，据说菁华皆在驼峰之上。这样的吃法，河政官员一顿筵席，一般需要三四只骆驼。还有围聚一起吸食猴脑——通常是选一只俊猴，让它穿上华丽的衣服，将方桌中间挖个圆孔，使猴脑正好放在圆孔中，旁边用木头支好，使猴子不能进退，再用刀将猴脑上的毛剃光，刮去其皮。此时的猴子痛苦不堪，极力哀号，但这丝毫不能改变它的命运。接着，厨人会以沸水浇灌猴顶，并用铁锥凿破猴子的颅骨。至此，围坐在四周的食客，便纷纷拿起手中的银勺伸入猴头内，在活猴的痛苦挣扎中，舀出其脑髓脑浆而吸食之，虽然，每客所吸的只有数勺而已……。"他如食一豆腐，制法有数十种之多，且须数月前购集材料，选派工人，统计所需，非数百金不能餐来其一箸也。食品既繁，一席之宴，恒历三昼夜不能毕，往往酒阑人倦，各自引去，从未有终席者"[1]。这些，都反映了河政官僚之骄奢淫逸。

　　然而，与清江浦的畸形繁荣形成极大的反差，黄河改道所经由的广大农村却呈现出一派萧条景致。以苏北地区为例，自从黄河全流夺淮入海，淮河故道淤塞，每年雨水集中的季节，淮水大涨，时常因排泄不畅而在高邮、宝应一带漫决河堤，横流东下，首当其冲的就是苏北的里下河地区。该处由于地势低洼平坦，泄水缓，极易形成严重的涝灾。而在滨海地区，也常常困于水厄，苍茫四顾，一片泽国。春秋季节，因雨量稀疏，里下河等地又往

---

① 　徐珂：《清稗类钞》第7册《豪侈类·南河官吏之食品》，中华书局1986年版，第3283—3284页。

往形成旱灾，并出现严重的土壤返盐现象。由于自然环境明显恶化，苏北粮食生产受到极大的影响。因水旱频繁，农业生产水平极为低下。如高邮州一带，早在明代，"民之生计，惟视岁之丰凶"①，但因粮田常被洪水淹没，百姓以编织盐包为业，以"代纳粮差"。及至清代嘉庆前后，当地的粮食价格仍然"时或踊贵，甚于他方，惟丰年差足一年之食"。②高邮素称"米乡"，情况如此，其他下河洼地就更是可想而知了。

由于农作耕耘收获既微，因此，农业人口纷纷弃本逐末，流入城市，以末作依附商家，苟图温饱，甚或远至他乡谋生。清初江都人张标作有《农丹自序》曰："天下本富出于农，……今则不然，富者连阡盈陌，贫者至无立锥。又疑力田未必逢年，相与弃本逐末，必材智最驽下，资身绝无策者，始甘心为人佣耕而不辞。"③因此，在扬州一带，"农不勤亩，妇不织机"④，蔚成一时风尚。淮安百姓，"惟市井是食，语及田夫，则退让不屑"⑤，"游手贫民皆资生于漕河、盐筴"⑥。即使是清江浦所在的清河县农村，

---

① 嘉庆《重修扬州府志》卷60《风俗志》引隆庆《高邮志》，"中国地方志集成"江苏府县志辑，第41册，江苏古籍出版社1991年版，第369页。
② 嘉庆《高邮州志》卷4《物产》，"中国地方志集成"江苏府县志辑第46册，江苏古籍出版社1991年版，第173页。
③ 民国《江都县续志》卷14《艺文考》，"中国地方志集成"江苏府县志辑第67册，江苏古籍出版社1991年版，第581页。
④〔清〕吴锡祺：《广陵赋并序》，见同治《续纂扬州府志》卷23《艺文志下》，"中国地方志集成"江苏府县志辑第42册，江苏古籍出版社1991年版，第968页。
⑤ 乾隆《淮安府志》卷15《风俗叙·农业》。
⑥ 光绪《淮安府志》卷2《疆域》，"中国地方志集成"江苏府县志辑第54册，江苏古籍出版社1991年版，第26页。

也有"四乡无十里之田，中农无一岁之蓄"①的说法。这使得苏北地区每年需要输入大量粮食，以满足基本的生活需求。这种情形，在黄河泛滥决徙的广大地区都颇为普遍。

　　道光年间，由于国家财政负担越来越重，一些人也殚思竭虑地想方设法加以改革。道光末年，李星沅为两江总督，幕僚金安清曾提出一个为期十年的改革方案，分三步走。前三年定年额300万两。这一方案实行三年后，凡是紧要工程都已办好，减为200万。再三四年减为150万，再三年减为100万。在这十年之间，崇实黜华，慎选人才，省官并职，以改变风气。十年之后，每年只需100万，就可以永保安澜。在这100万中，帮工修埽只要50万就够了，其他50万仍然是用"赡公中之私"。据金安清声称，李星沅对他的建议极为欣赏，只是不久因离任而不了了之。不过，从实际情况来看，即使是李氏未曾离职，这一改革是否能够推行，也很值得怀疑。道光二十二年（1842年），魏源也曾提出过类似的改革方案，主要内容也是裁撤冗员和删减浮费。但他接着又指出，这实际上办不到，因为河员惧其裁缺减费，必然竭力反对。朝中官僚多一事不如少一事，也必然以不符旧例阻止。不过，由此却可以看出，嘉道年间清政府对黄河的投资中，真正用于河防的经费还不足六分之一。虽然乾隆四十七年（1782年）以后的治河经费，比起清初高出数倍；嘉庆十一年（1806年）的开支，又大大高于乾隆时期；到道光二十二年（1842年）更是有增无减。但在很大程度上，这并不说明真正用于治理黄河

---

① 咸丰《清河县志》卷1《疆域》。

的费用在增加，而只能说明清王朝吏治腐败速度的加快。

由于河政的窳坏，大批冗官庸吏和无籍游民窟穴其中，因此，河政积重难返。早在道光二十二年（1842年），魏源就曾预言："仰食河工之人，惧河北徙，由地中行，则南河、东河数十、百冗员，数百万冗费，数百年巢窟，一朝扫荡，故簧鼓箕张，恐喝挟制，使人口慑而不敢议。"[①] 因此，改革只能是假手于天灾人祝。果然！咸丰五年（1855年），黄河北徙。咸丰十年（1860年），撤销江南河道总督，裁撤文武46缺，额兵1090名，堡夫724名，以漕运总督兼管河务。河防经费也改发官票，而过惯锦衣玉食生活的河员，一下子变得贫困不堪，主要依赖微薄的滩租、厘金和防寇经费为生计。当时，清江浦"僚吏商民无不行叹坐愁，冀幸北水之南归，南粮之北上"[②]。这真是一种可怜而又荒唐的心理！

河政素称东南三大政之一，自乾嘉以来，河政的日渐窳坏，影响极为重大。据嘉庆十二年（1807年）包世臣记载，此前，南河每岁数决口，"一口辄费帑二三百万，户部筹拨不能给，常经年敞口门"[③]。由于户部捉襟见肘，只能四处筹措，挖肉补疮。其中，盐政是开辟财源的重要途径。据景本白《票本问题·两淮引商报效一览表》的粗略统计，自雍正十一年（1733年）起至嘉庆九年（1804年）止，两淮盐商共报效银两达26150000两，其中，有不少用于河防。另据嘉庆《两淮盐法志》卷42《捐输》

① 《魏源集·筹河篇下》，第378—379页。
② 《江苏清河县志》附编卷1《建置》。
③ 〔清〕包世臣：《安吴四种》卷2《中衢一勺·郭君传》，第106页。

的不完全统计，乾、嘉时期盐商捐输、报效中用于河工的主要有以下几次：

乾隆三年	黄仁德等	30万两	兴修淮扬水利以佐大工
乾隆四十七年	江广达等	200万两	充山东工赈
嘉庆五年	洪箴远等	50万两	邵家坝工需
嘉庆八年	洪箴远等	110万两	备衡家楼工需
嘉庆九年	洪箴远等	100万两	衡工合龙以备善后
嘉庆九年	黄潆德、程俭德	40万两	佐高堰工用

由于捐输、报效日趋频繁，动辄捐款数百万以上，惯例是由运库垫解，让商人分年带缴，按引派捐，致使盐商成本加重，积欠累累，而日渐疲乏。以乾隆年间数度领头捐输的大盐商江广达（即江春）为例，在他当两淮总商的四十年中，"国家有大典礼及工程、灾赈、兵河、饷捐，上官有所筹画，春皆指顾集事"[1]。由于捐输、报效频繁，到他去世时，家产荡然，嗣子江振鸿生计艰窘，名园康山草堂荒废，本家竟无力修葺。虽然在乾隆的扶植下，江氏后人仍以盐务总商的面目出现，但财力却远逊于从前。到道光中叶陶澍改革、籍没江春后裔江铺家产时，"得银不及四万，而所亏之课乃过四十万"[2]。江氏本是挟赀千万的盐务总商，下场尚且如此，其他中小盐商的命运，也就更是可想而

---

① 同治《续纂扬州府志》卷15《人物志七·流寓》"江春"条，第839页。
② 〔清〕平步青：《霞外捃屑》卷1《盐商捐输多虚伪》，"明清笔记丛刊"，中华书局1959年版。

千山夕阳：明清社会与文化（全新修订版）

知了。

除了盐政遭受了破坏性打击之外，漕运也受到严重的影响。康熙年间，《河防疏略》姜希辙序曰："朝廷兴数百万役，糜数十万金钱，岁岁而治河不得休息，不过为挽漕计。"嘉道以还，由于河政的败坏，河防工程质量每况愈下，河堤愈筑愈高，清口淤垫日渐严重，直接威胁着漕运的畅通。终于在道光五年（1825年），因黄河大水，漕运梗阻，清政府不得不于次年将江南漕粮改由海道北上，河运呈动摇之势。

河、漕、盐政的变化，使得许多城镇都趋于衰落。霎时间，清江浦"冠盖萧索，市井凄凉，日蹙蹙矣。……长街十里，顷刻风烟，屋宇十存二、三，士民百余一、二。昔时金穴，遂邱墟矣"[①]。又如，临清钞关征收户部税银原定正税盈余及铜斤水脚，共银五万六千数百两，一向是靠运河商船征税。自咸丰五年（1855年）黄河在铜瓦厢决口，穿越运河自张秋镇迤北至临清州。运河无水，各关税收大减。再如，淮安关额征银至三十六万余两，晚清时期每年仅征到四五万两，只占原额的11%—14%。虽然极力整顿，但始终毫无起色。到光绪三十年（1904年）不得不下令裁撤淮安关监督，裁汰该处关丁书役1300余名。由于河、漕、盐政的衰落，运河沿岸城市的萧条，原先依倚盐务、漕运和河工为生的大批人口，一时间成了无业游民，这些人给本来已经不太安定的晚清社会又加入了许多动荡的成分。停漕的运丁、失业的盐场工人、捆掣夫役，成了"盐枭"和青洪帮竞相招

---

① 《江苏清河县志》附编卷 1《建置》。

聘的后备人员。清末民初以扬州为巢穴的盐枭巨魁徐宝山麾下的数万喽啰，就是上述的这些无籍游民。庚子事变时，徐宝山在江淮间蠢蠢欲动，辛亥革命时又独立于扬州，在淮扬一带声威赫然，地方赖以镇服。由盐枭一变而为割据一方的地方首脑，显然反映了清末民初中央政权对淮扬社会的失控。而这一切，又与河、漕、盐政的衰落密切相关。

综上所述，作为清王朝三大支柱的河、漕、盐政，到嘉、道年间已摇摇欲坠，这显然标志着大清帝国正走向穷途末路。河政的窳坏，就从一个侧面反映了这一日薄西山的历史进程。

再版后记

　　本书最早于 2007 年由香港城市大学出版社出版，书名作
《千山夕阳：明清社会与文化十题》，后改副标题作"王振忠论明
清社会与文化"，由广西师范大学出版社于 2009 年出版。

　　此次再版，对原书中的七篇文章做了一些修订，补充了一些
新见的史料。不过，因这些文章作于十多年前，有些表述若骤然
改动或增删，不仅于前后文牵涉面较大，而且也未必完全妥当。
例如，书中的第二篇《徽州文书的再发现：民间文献与传统中国
研究》曾提及："在二十世纪五六十年代，大批文书陆续被各图
书馆、博物馆、档案馆和大学研究机构收藏，这可以说是徽州文
书一次大规模的发现。据中国社会科学院历史研究所周绍泉先生
的估计，已被图书馆、博物馆、档案馆等国内收藏机构收藏的徽
州文书大约有二十万件（册）。"此一数据基本上反映了二十世纪
九十年代末的认识，而今，随着近三十年公私收藏之增加，特别
是国内大学、研究机构的大批收集徽州文书，相关规模已完全改
观。以安徽大学徽学研究中心为例，该中心于 2017 年之后先后

三度购置徽州文书，加上原先的 1 万多件（册），目前的收藏数量已超过 10 万件（册）；安徽师范大学在 20 世纪 50 年代购藏的 2 千余件文书的基础上，近年来又陆续购置了 1.3 万余件[①]；黄山学院从世纪之交开始收集徽州文书，目前的收藏也在 10 万件上下。除此之外，安徽省外的一些机构也颇多收藏，如陈春声教授曾于 2019 年透露，迄至当年，中山大学约收藏了 39 万件的徽州文书[②]。所以一般认为，目前已被国内收藏机构购藏的徽州文书总量，大约在 100 万件（册）。

除了一些技术上的处理之外，全书篇目也有所改动。原书第七讲《小说中的徽商与徽商撰写的小说》和第九讲《无绍不成衙：绍兴师爷与明清社会》，因本人此前已有相关论文及专书出版，将来也可能会将其收入本著作集系列，为避免重复，故将其抽出，另行替换了两篇文章：一是《千里之行：明清徽商与商编路程图记》，二是《〈宦游笔记〉：十八世纪中国的社会地理景观》。前者系欧洲汉学研究中心、中科院自然科学史所主办的"历史、考古与社会"中欧学术系列讲座第 191 讲演讲稿，曾于 2018 年 10 月 18 日在中国人民大学清史研究所发表；后者则收入北京大学中国古代史研究中心所编的《舆地、考古与史学新论——李孝聪教授荣休纪念论文集》（中华书局 2012 年版），该文以清代纳兰常安的《宦游笔记》为例，爬梳相关史料，藉以勾

---

① 以上这些数据，承安徽大学徽学研究中心张小坡教授、安徽师范大学历史学院刘道胜教授、黄山学院冯剑辉教授提示，特此致谢。
② 参见陈春声《徽州文书研究与中国底蕴学术体系建设》，2019 年 6 月在合肥召开的徽学大会之主题报告。

勒十八世纪中国纷繁复杂的社会地理景观。

值此第三版付梓之际，最应当感谢的当然是郑培凯先生，本书最早便是在他的悉心组织、认真督促下才得以完稿成书。此次再次修订出版，又承其在百忙之中拨冗审阅，在此谨致谢忱！

甲辰初春于浦东张江

图书在版编目(CIP)数据

千山夕阳 ：明清社会与文化 ：全新修订版 / 王振
忠著. -- 上海 ：上海人民出版社，2024. --（王振忠著
作集）. -- ISBN 978-7-208-19143-3

Ⅰ. K248.07

中国国家版本馆 CIP 数据核字第 2024VG0040 号

责任编辑 马瑞瑞
封扉设计 人马艺术设计·储平

王振忠著作集

千山夕阳:明清社会与文化(全新修订版)

王振忠 著

出　　版　上海人&出版社
　　　　　　（201101　上海市闵行区号景路 159 弄 C 座）
发　　行　上海人民出版社发行中心
印　　刷　上海中华印刷有限公司
开　　本　890×1240　1/32
印　　张　11.75
插　　页　14
字　　数　250,000
版　　次　2024 年 11 月第 1 版
印　　次　2024 年 11 月第 1 次印刷
ISBN 978 - 7 - 208 - 19143 - 3/K·3420
定　　价　88.00 元